W0326138

Das bietet Ihnen die CD-ROM

Muster-BWAs

- Kurzfristige Erfolgsrechnung
- Bewegungsbilanz
- Vorläufige BWA
- Rating-BWA u. v. m.

Kennzahlenrechner

- Liquidität und Cashflow
- Deckungsbeitrag-Erfolgsrechnung
- Chefkennzahlen u. v. m.

Präsentationsvorlagen

- Ausführlicher Controlling-Bericht
- Power-Point-Vorlagen für ein Strategiemeeting
- Power-Point-Vorlagen für ein Vertriebsmeeting

Checklisten, Übersichten

- Forderungsmanagement und Verkürzung der Debitorenlaufzeit
- Aufwendungen erfassen
- Checklisten zur Erstellung analysefähiger BWAs

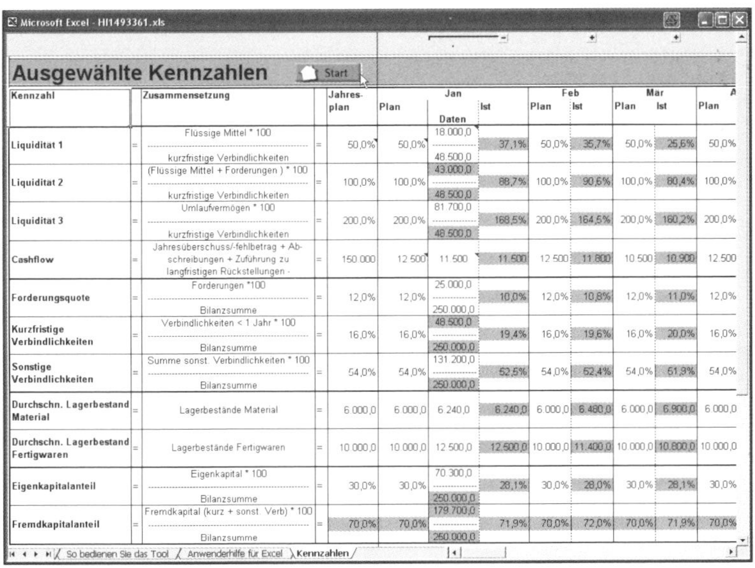

Kennzahl	Zusammensetzung	Jahresplan	Jan Plan	Jan Daten	Jan Ist	Feb Plan	Feb Ist	Mär Plan	Mär Ist	A… Plan
Liquidität 1	Flüssige Mittel * 100 / kurzfristige Verbindlichkeiten	50,0%	50,0%	18.000,0 / 48.500,0	37,1%	50,0%	35,7%	50,0%	25,6%	50,0%
Liquidität 2	(Flüssige Mittel + Forderungen) * 100 / kurzfristige Verbindlichkeiten	100,0%	100,0%	43.000,0 / 48.500,0	88,7%	100,0%	90,6%	100,0%	80,4%	100,0%
Liquidität 3	Umlaufvermögen * 100 / kurzfristige Verbindlichkeiten	200,0%	200,0%	81.700,0 / 48.500,0	168,5%	200,0%	164,5%	200,0%	160,2%	200,0%
Cashflow	Jahresüberschuss/-fehlbetrag + Abschreibungen + Zuführung zu langfristigen Rückstellungen -	150.000	12.500	11.500	11.500	12.500	11.800	10.500	10.900	12.500
Forderungsquote	Forderungen *100 / Bilanzsumme	12,0%	12,0%	25.000,0 / 250.000,0	10,0%	12,0%	10,8%	12,0%	11,0%	12,0%
Kurzfristige Verbindlichkeiten	Verbindlichkeiten < 1 Jahr * 100 / Bilanzsumme	16,0%	16,0%	48.500,0 / 250.000,0	19,4%	16,0%	19,6%	16,0%	20,0%	16,0%
Sonstige Verbindlichkeiten	Summe sonst. Verbindlichkeiten * 100 / Bilanzsumme	54,0%	54,0%	131.200,0 / 250.000,0	52,5%	54,0%	52,4%	54,0%	51,9%	54,0%
Durchschn. Lagerbestand Material	Lagerbestände Material	6.000,0	6.000,0	6.240,0	6.240,0	6.000,0	6.480,0	6.000,0	6.900,0	6.000,0
Durchschn. Lagerbestand Fertigwaren	Lagerbestände Fertigwaren	10.000,0	10.000,0	12.500,0	12.500,0	10.000,0	11.400,0	10.000,0	10.800,0	10.000,0
Eigenkapitalanteil	Eigenkapital * 100 / Bilanzsumme	30,0%	30,0%	70.300,0 / 250.000,0	28,1%	30,0%	28,0%	30,0%	28,1%	30,0%
Fremdkapitalanteil	Fremdkapital (kurz + sonst. Verb) * 100 / Bilanzsumme	70,0%	70,0%	179.700,0 / 250.000,0	71,9%	70,0%	72,0%	70,0%	71,9%	70,0%

Screenshot der CD-ROM: Sie sehen die Kennzahlenrechner im Überblick. Diese helfen Ihnen, Ihren Betrieb zu analysieren. Um die Rechner einsetzen zu können, öffnen Sie diese einfach per Mausklick auf den Button „Rechner öffnen".

Bibliografische Information Der Deutschen Bibliothek

Die Deutsche Bibliothek verzeichnet diese Publikation in der Deutschen Nationalbibliografie; detaillierte bibliografische Daten sind im Internet über http://dnb.ddb.de abrufbar.

ISBN 978-3-448-07970-8 Bestell-Nr. 01446-0001

1. Auflage 2007

Niederlassung München
Redaktionsanschrift: Postfach, 82142 Planegg
Hausanschrift: Fraunhoferstraße 5, 82152 Planegg
Telefon: (089) 895 17-0,
Telefax: (089) 895 17-290
www.haufe.de
online@haufe.de
Lektorat: Dipl.-Kffr. Kathrin Menzel-Salpietro

Redaktion und DTP: Peter Böke, 10961 Berlin
Umschlag: HERMANNKIENLE, 70199 Stuttgart
Druck: Bosch-Druck GmbH, 84030 Ergolding

Zur Herstellung dieses Buches wurde alterungsbeständiges Papier verwendet.

Schnelleinstieg BWA

Die Betriebswirtschaftliche Auswertung lesen, beurteilen und erstellen

von

Gertrud K. Deffner

Haufe Mediengruppe

Freiburg · Berlin · München

Inhaltsverzeichnis

Vorwort

„Betriebswirtschaftliche Auswertung – eigentlich weiß ich ganz gut, was das ist und wie man das isst. Ein Zahlensalat, der einmal im Monat auf den Schreibtisch kommt und den ich gewissenhaft überlese, loche und ablege …“ Es ist schwer zu sagen, wie viele Chefs sich bisher die monatliche oder vierteljährliche BWA überhaupt näher zu Gemüte führen, Schätzungen gehen von der Hälfte aus, in den Klein- und Mittelbetrieben sind es vielleicht weniger.

Die meisten denken mit Unbehagen an zweierlei, wenn sie von betriebswirtschaftlichen Auswertungen hören: Da ist einmal der Banker, der immer wieder mal danach fragt, und da ist die Buchhaltung, die einem regelmäßig die Umsatzsteuer-Voranmeldung zusammen mit dem Zahlensalat à la BWA als Beilage vorsetzt.

Folgender Rückblick: Die betriebswirtschaftlichen Auswertungen sind ein Kind der Finanzbuchhaltung und der elektronischen Datenverarbeitung. Zwar gibt es die doppelte Buchhaltung seit dem 16. Jahrhundert, die erste BWA erblickte das Schreibtischlicht der Welt aber erst irgendwann in den 1970er Jahren, als Ausgeburt irgendeines regalschrankgroßen Rechnerdinosauriers.

Seither ist viel passiert, Computer sind persönlich geworden und Buchhaltung verbindet man heute untrennbar mit Namen wie Lexware oder DATEV, den Marktführern in Sachen Buchhalter-Software.

Da sich die Räder in der schönen, neuen Welt schneller drehen als in der guten alten Zeit, lag es nahe, die Software so zu nutzen, dass die Daten aus der Buchhaltung per Mausklick so zusammengefasst werden, dass ein „monatlicher Jahresabschluss“ herauskommt.

Damit die BWA aber wirklich den Gebrauchswert des herkömmlichen Jahresabschlusses hat – nur eben im Monatsturnus wiederkehrend – bedarf es etwas kaufmännischen Know-hows, das Ihnen dieses Buch vermitteln wird.

Ein herzlicher Dank an Heinz-Werner, Alexandra, meine Kolleginnen und Kollegen sowie an meine Mandantinnen und Mandanten.

Viel Erfolg wünscht Ihnen

Ihre *Gertrud Deffner*

So arbeiten Sie mit Buch und CD

Der „Schnelleinstieg BWA“ ist als Arbeitsbuch angelegt: Er behandelt das Thema *Betriebswirtschaftliche Auswertung* (BWA) in sieben Kapiteln, die alle relevanten Aspekte zur BWA aufgreifen. Für das Verständnis ist unerlässlich, wenn Sie sich mit dem Beispiel des (fiktiven) Unternehmers Hubert Huber auseinandersetzen, der Sie durch alle Kapitel begleiten wird. Die Icons an den Seitenrändern des Buches verweisen auf BWA-Auszüge und Arbeitsmittel, die Sie auf der beiliegenden CD finden. Drucken Sie diese für das Durcharbeiten des Buches aus oder schlagen Sie in der Datensammlung im Buchanhang nach. So können Sie Zusammenhänge und Buchungsvorgänge schnell nachvollziehen.

Die CD enthält zu den Kapiteln 2 bis 7 Ordner mit Arbeitshilfen, Ergänzungen und Hinweisen, die Ihnen den Zugang zu den einzelnen Themen des Buches erleichtern:

Ordner 2 – „Die BWA lesen und verstehen“ enthält die vollständigen Auswertungen, die im Buch oft nur auszugsweise abgedruckt sind.

Siehe CD-ROM

Ordner 3 – „Die Summen- und Saldenliste als Datenpool für die BWA“ enthält eine 7-seitige Auflistung aller im Betrieb des Hubert Huber bebuchten Konten.

Siehe CD-ROM

Ordner 4 – „Unternehmensanalyse mithilfe der BWA-Kennzahlen“ enthält eine Wiederholung der BWA aus Ordner 2, wobei diese jedoch so aufbereitet ist, dass die zur Unternehmenssteuerung relevanten Kennzahlen hervorgehoben sind. Zudem finden Sie ergänzende Anwendungsbeispiele.

Siehe CD-ROM

Ordner 5 – „Die Deckungsbeitrag-Erfolgsrechnung“ enthält ein Hilfsprogramm, in das Sie die Daten Ihres Buchhaltungsprogramms überführen, um eine Profi-BWA inkl. Analysen und QuickCheck zu erhalten.

Siehe CD-ROM

Siehe CD-ROM

Ordner 6 – „BWA selbst erstellen und optimieren" enthält Checklisten, die Ihre Buchhaltung darin unterstützen, analysefähige BWAs zu erstellen.

Siehe CD-ROM

Ordner 7 – „Die Präsentation der BWA" enthält Module und Programme, um einen tadellosen Controlling-Bericht zur Vorlage bei der Bank, sowie Powerpoint-Präsentationen für innerbetriebliche Informationsgespräche zu erstellen.

1 Die BWA – Was ist das eigentlich?

Wofür steht die Abkürzung BWA? Würde man eine Straßenumfrage starten, wären die Kandidaten für die häufigste Antwort wahlweise „BWA = Bundeswehrangehöriger“ und „BWA = Autokennzeichen für Botswana“. Die richtige Antwort lautet:

BWA = Zusammenfassung der Zahlen

Eine BWA ist die „betriebswirtschaftliche Auswertung“, basierend auf den Daten aus der Finanzbuchhaltung. Sie gibt dem Unternehmer während des laufenden Geschäftsjahres Auskunft über seine Aufwands- und Erlössituation sowie über die Vermögens- und Schuldverhältnisse.

Die BWA ist ein Dossier verschiedener Einzelauswertungen mit Zahlen, die Ertrag, Liquidität und Vermögen eines Unternehmens betreffen. Der Inhalt einer BWA ist vielschichtig und vor allem auch abhängig davon, was Ihr Steuerberater oder Ihre Buchhaltungsabteilung Ihnen vorlegt bzw. was Sie als Chef verlangen.

Eine gut und gewissenhaft aufbereitete BWA ist …

- ein Informationsmedium! Alle wichtigen Unternehmenszahlen sind auf maximal fünf Seiten zusammengefasst.
- ein Controllingmedium! Sie kann das Fundament für operative und strategische Entscheidungen sein.
- ein Präsentationsmedium! Eine professionelle BWA ist ein gutes Argument für die Kreditzusage Ihrer Bank.

Viele Unternehmer beschäftigen sich jedoch nur ungern mit ihrer BWA. Landauf, landab wird sie als „Abfallprodukt“ angesehen, das monatlich oder vierteljährlich bei der Erstellung der Umsatzsteuer-Voranmeldung abfällt. Wer allerdings die der BWA zu Grunde liegenden Prinzipien verstanden hat, erkennt in ihr ein einfaches, aber vielfältig einsetzbares Medium. Da das Verständnis für das Medium

BWA am leichtesten im Kontext der Geschäftspraxis entsteht, begleitet Sie der fiktive Unternehmer Hubert Huber durch das Buch und gewährt Einblick in seine Gedanken und Geschäfte.

„Darf ich vorstellen: Hubert Huber, Computerfachmann"

Hubert Huber hat sein Unternehmen *PC all inklusive* vor drei Jahren gegründet. Mit nunmehr sechs Mitarbeitern, darunter auch Teilzeitkräfte, bedient er seine Kunden in drei Geschäftsbereichen:

1. Verkauf und Installation von Netzwerken, Hardware und Software u. a. direkt beim Kunden
2. Das zukunftsträchtige Produktsegment Computersicherheit baut er zurzeit auf und hofft, dies werde seine Cash Cow.
3. In seinem Ladengeschäft bietet er Kleinteile rund um den Computer an.

Um für die Zukunft gerüstet zu sein, strukturierte er zu Beginn des Jahres sein Geschäft um. Er startete Werbemaßnahmen und stellte zwei neue Mitarbeiter – einen Techniker und einen Vertriebler – ein.

Den Schwerpunkt sieht er derzeit im Bereich Netzwerke, Hardware, Software, aber mittelfristig möchte er umfassende Dienstleistungen in dem aktuellen Produktsegment Computersicherheit anbieten.

Da er das diffuse Gefühl nicht los wird, dass die Geschäfte „irgendwie" besser laufen könnten, setzt er sich zur Jahresmitte erstmalig mit der BWA des Monats Juni auseinander.

Zu Ihrer Orientierung

Dass das Praxisbeispiel Hubert Huber ausschließlich eine Personengesellschaft (Einzelunternehmen) abbildet, ist unerheblich, denn anders als die Jahresabschlüsse sind die monatlichen Auswertungen bei Personen- und Kapitalgesellschaften identisch. An den wenigen Stellen, an denen Unterschiede bestehen, wird darauf im Text oder in den Fußnoten eingegangen.

1.1 Die BWA – ein Informationsmedium

Nichts liefert Ihnen so umfangreiche und vielschichtige Informationen über Ihr Unternehmen in komprimierter und strukturierter Form wie die BWA.

Die BWA-Gehaltszettel Ihres Unternehmens

Kurzfristige Erfolgsrechnung

Durch die Gegenüberstellung der Erlöse und Kosten bietet die *kurzfristige Erfolgsrechnung* – die „Mutter der BWAs" – eine Kurzübersicht über den Erfolg während einer Geschäftsperiode. So beantwortet sich die Frage, was Sie mit Ihrem Unternehmen verdienen (Kapitel 2.1).

Beispiel: Hubers Verdienst im Juni

Erst die Frage nach dem Geschäftserfolg veranlasst Hubert Huber, einen Blick auf die *kurzfristige Erfolgsrechnung* zu werfen. Dabei stellt er fest, dass aus einem Monat harter Arbeit in seinem Unternehmen nur 1.500 € übrig geblieben sind. Dass er dafür einen ganzen Monat gearbeitet hat, verunsichert ihn.

Die BWA-Vermögensentwicklung auf einen Blick

Bewegungsbilanz

Wie hat sich Ihr Vermögen auf dem Kapitalkonto während einer Geschäftsperiode verändert? Einen schnellen Einblick in die Entwicklung einzelner Vermögens- und Kapitalpositionen bietet die *Bewegungsbilanz* (Kapitel 2.1).

Beispiel: Hubers Forderungsstand

Aus der Bewegungsbilanz wird schnell ersichtlich, dass der Forderungsbestand gegenüber seinen Kunden gestiegen ist. Hubert Huber ist gut beraten, seine Offene-Posten-Liste durchzuarbeiten.

Die BWA–Liquidität fest im Griff

Statische Liquidität

Über die Zahlungsfähigkeit Ihres Unternehmens gibt das BWA-Modul *statische Liquidität* Auskunft (Kapitel 2.1), in dem zu erwartende Geldzu- und -abflüsse gegenüber gestellt werden.

Beispiel: Hubers Liquiditätsreserve

Ein Blick in die *statische Liquidität* gibt Huber Auskunft darüber, ob er seinen Zahlungsverpflichtungen aus den bereits bestehenden Zahlungsansprüchen (Geldvermögen und Forderungen) nachkommen kann.

1.2 Die BWA – ein Controllingmedium

Controlling im Sinne der Steuerung Ihres Unternehmens setzt natürlich voraus, dass Sie das Ziel festsetzen und den Kurs danach bestimmen.

Soll-/Ist-Vergleich

In der Praxis geschieht dies durch die BWA-Form des Soll-/Ist-Vergleichs. Er stellt die aktuellen Geschäftszahlen den Soll-Zahlen gegenüber, die im Geschäftsplan formuliert sind (Kapitel 2.2).

Kennzahlen

Weiteres Steuerungspotenzial bieten die BWA-Kennzahlen, überwiegend in der *kurzfristigen Erfolgsrechnung*. Sie benennen Wechselbeziehungen zwischen einzelnen Positionen, z. B. die Relation zwischen Gesamtleistung und Wareneinsatz oder den Anteil der Personalkosten an den Gesamtkosten (Kapitel 4).

DB-Erfolgsrechnung

Eine optimierte BWA-Lösung – manche sprechen von der Profi-Version – ist die *Deckungsbeitrag-Erfolgsrechnung*, kurz DBE genannt (Kapitel 5). Durch sie lassen sich die Analyseergebnisse vervielfachen.

Beispiel: Huber arbeitet an seinem Unternehmen

Schon die Aufstellung des Geschäftsplans für das Geschäftsjahr zwingt Hubert Huber, nicht nur *in* seinem Unternehmen, sondern auch *an* seinem Unternehmen zu arbeiten. Er muss genau über seine beruflichen Ziele und Möglichkeiten reflektieren, diese formulieren und auch Planzahlen konkretisieren. Dadurch kann er regelmäßig verifizieren, wie die erreichten Zahlen einzelner Positionen von den Planzahlen abweichen. In der besonderen BWA, der DB-Erfolgsrechnung (Kapitel 5), lässt sich die Abweichung sogar bezogen auf einzelne Geschäftsbereiche analysiseren und gegebenenfalls zielgerichtet und zeitnah gegensteuern.

1.3 Die BWA – ein Präsentationsmedium

Weil das Zahlenwerk ein Abbild der aktuellen Geschäftslage Ihres Unternehmens ist, ist die BWA ein ausgezeichnetes Mittel, um ihr Unternehmen zu präsentieren – nach innen und nach außen.

Für eine ansprechende Präsentation, z. B. gegenüber Banken oder Geldgebern, genügen die üblichen BWA-Formen oftmals nicht. Ein aussagekräftiges Informations- und ansprechendes Darstellungsinstrument ist der so genannte Controlling-Bericht.

Als Diskussionsgrundlage für Mitarbeiterbesprechungen, insbesondere für den Vertrieb, reichen im Normalfall wenige, ausgewählte Zahlen. Auch für Sie persönlich gibt es Darstellungsformen, die sich auf wichtige Chef-Kennzahlen konzentrieren und diese optisch aufbereitet wiedergeben, wie z. B. durch die so genannte Ampel-Präsentation (Kapitel 7).

1.4 Die BWA – ein Produkt Ihrer Finanzbuchhaltung

Die Finanzbuchhaltung ist gesetzlich vorgeschrieben und muss in erster Linie den Grundsätzen ordnungsmäßiger Buchführung nach Handels- und Steuerrecht genügen. Erst in zweiter Linie dient sie den individuellen Erfordernissen Ihres Betriebs. Die Konsequenz daraus ist, dass eine „normale" Buchhaltungsabteilung sicherlich tadellos im Sinne von Steuer- und Handelsrecht arbeitet, den spezifischen Bedürfnissen der BWA aber nicht ohne weiteres Rechnung trägt. Deshalb ist es sinnvoll, wenn Sie Ihre Buchhaltung auf die *Stolpersteine auf dem Weg zu einer guten BWA* hinweisen (Kapitel 6).

Zu Ihrer Orientierung

Wenn Sie sich zum Monatsende nicht durch einen Stapel von Blättern und Papieren arbeiten wollen, sollten Sie sich ein individuelles BWA-Paket zusammenstellen.

Denn *die BWA* gibt es nicht, sondern viele verschiedene Formen, Arten und Variationen. Je nach Buchhaltungsprogramm können Sie aus einer Vielzahl von BWA-Formen wählen; die wichtigsten sind in diesem Buch beschrieben.

2 Die BWA lesen und verstehen

Kapitel 1 hat gezeigt, dass das Zahlenwerk der BWA mehr sein kann und mehr sein sollte als nur ein „Abfallprodukt", das bei der monatlichen bzw. vierteljährlichen Erstellung der Umsatzsteuer-Voranmeldung entsteht.

Dass die BWA ein zentrales Instrument für die Steuerung eines Unternehmens sein kann, lässt sich am besten durch das Bild des Schiffskapitäns belegen. Ein regelmäßiger Blick ins Logbuch, aus dem sich alle wichtigen nautischen Daten wie Grundtiefe, Geschwindigkeit, Dünung etc. ergeben, ermöglicht es ihm, den Kurs seines Schiffes zu prüfen und gegebenenfalls zu korrigieren. Nutzen Sie die BWA wie der Kapitän sein Logbuch. Die BWA-Daten geben Ihnen rechtzeitig Auskunft, ob Sie die gesetzten Unternehmensziele erreichen können bzw. welche Korrekturen gegebenenfalls angeraten sind. Hierzu müssen Sie sich näher mit der BWA Ihres Unternehmens befassen.

Dies erfordert, dass Sie Ihre BWA ...

- konsequent lesen!
  Reservieren Sie pro Monat mindestens eine Stunde für das Studium Ihrer betriebswirtschaftlichen Auswertung.
- zeitnah lesen!
  Die Auswertung sollte Ihnen nicht erst bei Fälligkeit der Umsatzsteuer-Voranmeldung vorliegen, sondern schon zwei bis drei Wochen nach dem Abrechnungszeitraum.
- situationsabhängig lesen!
  Halten Sie die BWA griffbereit für den Fall, dass eine unternehmerische Entscheidung konkrete Daten verlangt.
- selektiv lesen!
  Schenken Sie jenen BWA-Daten, die die „Problemzonen" Ihres Unternehmens abbilden, erhöhte Aufmerksamkeit.

Überblick über die BWA-Formen

Die Vielzahl möglicher Formen von betriebswirtschaftlichen Auswertungen, die bei der Bewertung und Betrachtung eines Unternehmens unterschiedliche Schwerpunkte setzen, und die von den Buchhaltungsprogrammen per Mausklick generiert werden, sind in der folgenden Tabelle zusammengestellt:

Grundform der BWA	Vergleichende BWAs	Weitere BWA Formen
• Kurzfristige Erfolgsrechnung • Bewegungsbilanz • Statische Liquidität	• Soll-/Ist-Vergleich • Vorjahresvergleich • Branchenvergleich	• Betriebswirtschaftlicher Kurzbericht • Branchen-BWA • Kapitalflussrechnung-BWA • Rating-BWA • u. v. m.

Zu Ihrer Orientierung

Dieser Praxisratgeber orientiert sich an den Begriffen der Steuerberatersoftware der DATEV e. G. Viele andere Softwareanbieter lehnen sich ebenfalls an DATEV an, insbesondere die beim Klein- und Mittelstand beliebte Buchhaltungssoftware von Lexware.

2.1 Die Grundform der BWA und ihre Module

Im Wirtschaftsleben hat sich eine *Grundform der BWA* etabliert, die als „Grundauswertung“ oder auch als „Kostenstatistik“ bezeichnet wird. Die Terminologie und Systematik variiert je nach Buchhaltungsprogramm. Grundform der BWA

Diese Grundform besteht in der Regel aus drei Modulen, die sich gegenseitig ergänzen, da sie das Unternehmen aus unterschiedlichen Perspektiven beleuchten.

1. Die *kurzfristige Erfolgsrechnung* spiegelt die Ertragslage eines Unternehmens wider. Dieses Modul, von Lexware „Kostenstatistik I“ genannt, fasst sämtliche Ertrags- und Aufwandskonten zusammen und ist Hauptbestandteil der BWA.

2. Die *Bewegungsbilanz* sagt aus, wie sich die Vermögens- und Kapitallage eines Unternehmens verändert hat. In ihr werden alle jene Kontenbewegungen zusammengefasst, die nicht in der *kurzfristigen Erfolgsrechnung* enthalten sind.

3. Die *statische Liquidität* gibt Auskunft über die Liquiditätslage. Sie zeigt an, inwieweit die kurzfristigen Verbindlichkeiten durch das Umlaufvermögen (v. a. Geldmittel und Forderungen) gedeckt sind. Bei Lexware sind diese Aussagen über den Button „Kennzahlen" abrufbar.

BWA-Modul 1: Kurzfristige Erfolgsrechnung

Da dieses Modul die aktuelle Ertragslage des Unternehmens abbildet, genießt es in der Praxis Priorität. Vielfach meint man ausschließlich dieses Modul, wenn von BWA die Rede ist, was aber eine bedenkliche Verkürzung ist, weil erst die anderen Module das Bild abrunden.

Vorläufiges Ergebnis

Das Lesen der *kurzfristigen Erfolgsrechnung*, auf ein bis zwei Seiten zusammengefasst, beginnt mit dem Blick auf die unterste Zeile und dem dort ausgewiesenen *vorläufigen Ergebnis*. Dies ist nichts anderes als der Ertrag, der im Abrechnungszeitraum im unternehmerischen Alltag mit Kunden, Lieferanten und Mitarbeitern erarbeitet wurde. Isoliert betrachtet ist der Aussagewert dieser Zahl jedoch durchaus begrenzt – weit mehr interessieren den umsichtigen Unternehmer die Fakten und Faktoren, die zu dem *vorläufigen Ergebnis* geführt haben.

Beispiel: Huber untersucht seine kurzfristige Erfolgsrechnung

Hubert Huber nimmt die *kurzfristige Erfolgsrechnung* vom Juni zur Hand und wirft einen Blick auf die letzte Zeile des Zahlenwerks. Er weiß, dass nur die eingehende Betrachtung der Zahlen, Zeilen und Spalten seiner BWA ein klares Bild der wirtschaftlichen Lage seines Unternehmens liefern kann.

Grundvoraussetzung dafür ist natürlich, dass der BWA, die Monat für Monat auf Hubers Chefschreibtisch landet, lückenlos und vollständig aufbereitetes Datenmaterial zu Grunde liegt.

Siehe Anhang

Im Anhang dieses Buches ist die *kurzfristige Erfolgsrechnung* des fiktiven Unternehmers Hubert Huber in zweifacher Ausführung abgedruckt – einmal erstellt mit der DATEV-Software und einmal erstellt mit der Lexware-Software. Die Unterschiede zwischen diesen beiden gängigen Anbietern sind eher unwesentlich. Deshalb geht die folgende Darstellung von der DATEV-Version aus, während die Unterschiede zu Lexware auf Seite 40 nur kurz angesprochen werden.

Siehe CD-ROM

Bitte schlagen Sie nun die *kurzfristige Erfolgsrechnung* im Buchanhang nach und nehmen Sie das Zahlenwerk genauer unter die Lupe (S. 194 f.). Weiterführende Daten befinden sich auf der CD.

Kopfzeile

Die Kopfzeile des DATEV-Blattes benennt das Unternehmen („Hubert Huber e. K.“) und den Abrechnungszeitraum (Juni). Alle weiteren Abkürzungen in der Kopfzeile sind als so genannte Systeminformationen von sekundärer Bedeutung. Diese variieren von Programm zu Programm, Lexware verzichtet ganz auf sie.

BWA-Positionen

In der linken Textspalte finden Sie eine Liste der so genannten *BWA-Positionen*; dahinter verbergen sich sowohl Erlöse als auch Kosten.

Wie hoch diese im Abrechnungsmonat waren, weist die Zahlenspalte 1 als absolute Euro-Beträge aus, die für jede Position separat erfasst und teilweise zu Zwischenergebnissen zusammengefasst sind. Die Höhe dieser Erlöse und Kosten im laufenden Geschäftsjahr (inkl. des Abrechnungsmonats) zeigt die Zahlenspalte 6.

Zu Ihrer Orientierung

Konzentrieren Sie sich zunächst auf die links stehende Liste der Positionen mit den dazugehörenden Zahlenspalten 1 und 6. Die anderen acht Spalten weisen so genannte *Kennzahlen* aus, die von den Buchhaltungsprogrammen automatisch errechnet werden. Einige Kennzahlen haben für die Geschäftsführung praktische Bedeutung.

Die Positionen der kurzfristigen Erfolgsrechnung

Eine *kurzfristige Erfolgsrechnung* umfasst, je nachdem, ob sie mit DATEV, Lexware oder einem anderen Computerprogramm erstellt wurde, etwa 25 bis 35 Positionen – von A wie Abschreibungen bis Z wie Zinsaufwendungen.

Im Anhang des Buchs sind manche Positionen abgekürzt, in Anlehnung an die Schreibweise, die in der Software verwendet wird. Damit Sie sich innerhalb des Buchs leichter orientieren können, wurden aber alle Positionen in den folgenden Überschriften ausgeschrieben. Sofern es Abweichungen zwischen der Überschrift und der Schreibweise im Anhang gibt, werden Sie darauf hingewiesen.

Wie gesagt fällt der erste Blick beim Lesen der *kurzfristigen Erfolgsrechnung* auf die unterste Zeile und das *vorläufige Ergebnis.* Dieses ist das Resultat der einzelnen Erlös- und Aufwandspositionen, die die *kurzfristige Erfolgsrechnung* – ausgehend von den Umsatzerlösen in der ersten Zeile – der Reihe nach „abarbeitet".

Umsatzerlöse (Zeile 1)

Zur Position *Umsatzerlöse* zählen alle Lieferungen und Leistungen, die ein Unternehmen gemäß seines Betriebszwecks im Rahmen seiner gewöhnlichen Geschäftstätigkeit erbringt.

Während Lieferung immer die Übergabe von Ware bedeutet, gehören Beratung, Nutzungsüberlassung und Ähnliches zu den Leistungen.

Bezeichnung	01.06.–30.06.	01.01.–30.06.
Umsatzerlöse	57.419,32	288.147,63

Durch den Handel mit Computern und den dazugehörenden Leistungen hat Hubert Huber im Monat Juni Umsätze in Höhe von 57.419 € erwirtschaftet. Im laufenden Geschäftsjahr, von Januar bis einschließlich Juni, kumulieren sich seine Umsätze auf 288.147 €.

Es gibt auch Erträge, die nicht durch Umsätze entstehen und folglich nicht zu den Umsatzerlösen zählen. Hierzu zwei Beispiele aus dem Geschäftsalltag des Computerfachmanns Hubert Huber:

Abgrenzung zu den Umsatzerlösen

- Huber nutzt seinen Firmen-Pkw regelmäßig für Privatfahrten. Diese Privatnutzung in Höhe von 301 € pro Monat, errechnet nach den steuerrechtlichen Vorgaben, ist als „geldwerter Vorteil" zu sehen und dem Chef in Rechnung zu stellen. Aus Unternehmenssicht handelt es sich hierbei um *sonstige betriebliche Erlöse.*

- Huber verkauft seinen Firmentransporter für 12.931 € zzgl. MwSt. Dies ist weder als Umsatzerlös noch als sonstiger betrieblicher Erlös zu behandeln. Der Verkauf ist ein einmaliger Vorgang, der außerhalb der laufenden Betriebstätigkeit stattfindet. Der Veräußerungserlös wird dementsprechend in der Position *sonstiger neutraler Ertrag* ausgewiesen.

Bestandsveränderung fertige/unfertige Erzeugnisse (Zeile 2)

Gegenstand der Position *Bestandsveränderung fertige/unfertige Erzeugnisse* (Anhang: „Best. Verdg. FE/UE“) ist nicht der *Bestand*, sondern die Bestands-*veränderung*. Das soll heißen: Diese Zeile gibt Auskunft, in welcher Höhe der Gesamtwert der fertigen sowie der unfertigen Waren und Leistungen sich innerhalb der BWA-Periode verändert hat.

Von fertigen und unfertigen Waren und Leistungen spricht man, wenn diese erbracht sind, der Kunde sie aber, im Gegensatz zu den Umsatzerlösen, noch nicht abgenommen hat.

Bezeichnung	01.06.–30.06.	01.01.–30.06.
Best. Vg FE/UE	3.500,00	1.000,00

Zusätzlich zu den Umsatzerlösen in Höhe von 57.419 € (siehe oben), die die *erbrachten* Lieferungen und Leistungen ausmachen, hat Huber im Juni noch Leistungen in Höhe von 3.500 € getätigt, die vom Kunden aber noch nicht abgenommen wurden.

Auf das gesamte Geschäftsjahr von Januar bis Juni gesehen, beläuft sich die Zunahme der getätigten, aber noch nicht abgenommenen Leistungen jedoch lediglich auf 1.000 €.

Die Bewertung der fertigen und unfertigen Leistungen richtet sich i. d. R. nicht nach den zu erwartenden Erlösen, sondern sie beschränkt sich im Wesentlichen auf die Kosten, die bis dato mit dem Auftrag entstanden sind.[1]

[1] Den Gesamtbestand an fertigen und unfertigen Leistungen finden Sie in der Summen- und Saldenliste (Konto 1140 ff). Zur wertmäßigen Erfassung dieser Leistungen siehe Kapitel 6.

Aktivierte Eigenleistungen (Zeile 3)

Die Position *aktivierte Eigenleistungen* bleibt in der Praxis meist unbesetzt. Denn dahinter steht der eher selten auftretende Sachverhalt, dass Arbeiten eines Unternehmers oder seiner Mitarbeiter nicht für einen Kunden getätigt werden, sondern dafür, materielle Anlagegüter (Gebäude, Maschinen) für das eigene Unternehmen herzustellen.

Bezeichnung	01.06.–30.06.	01.01.–30.06.
Akt. Eigenleistungen	0,00	0,00

Wie die meisten Unternehmer hat auch der Computerfachhändler Hubert Huber als exakten Betrag hier eine runde 0 stehen. Dies wäre anders, wenn er zusätzlich zu seiner normalen Kundenarbeit auch Computer für den eigenen Bürogebrauch zusammengebaut hätte.

Zu Ihrer Orientierung

Die nachfolgende Position 4 *Gesamtleistung* gehört zu den so genannten Zwischenergebnis-Positionen, da sie die Umsatzerlöse und die Bestandsveränderungen (evtl. noch die aktivierten Eigenleistungen) aufaddiert.

Gesamtleistung (Zeile 4)

Die Position *Gesamtleistung* benennt nichts Geringeres als die Summe aller Lieferungen und Leistungen, die ein Unternehmen im Betrachtungszeitraum getätigt hat – gleichgültig, ob diese noch in der Fertigung sind, schon im Warenlager liegen oder vom Kunden bereits abgenommen wurden.

Bezeichnung	01.06.–30.06.	01.01.–30.06.
Gesamtleistung	60.919,32	289.147,63

Im Juni haben Hubert Huber und sein Team Computerprodukte und assoziierte Dienstleistungen im Wert von 60.919 € geliefert bzw. erbracht. Ein Blick auf die oberen Positionen seiner *kurzfristigen Erfolgsrechnung* sagt Herrn Huber, dass davon Umsätze in Höhe von 57.419 € realisiert werden konnten, während lediglich im Wert von 3.500 € für den Lagerbestand gearbeitet wurde.

Material- und Wareneinsatz (Zeile 5)

Die Position *Material- und Wareneinsatz* (Anhang: „Mat./Wareneinsatz") erfasst alle Materialien und Waren, die zur Erbringung der Gesamtleistung verwendet wurden. Nicht zu verwechseln mit dem Waren*einsatz* ist der Waren*einkauf*.

Vereinfachend wird der Wareneinsatz häufig mit den *variablen Kosten* gleichgesetzt, weil er den Löwenanteil der „Nicht-Fixkosten" beinhaltet.[2]

Der Wareneinsatz ist die Grundlage für die Preiskalkulation.

Bezeichnung	01.06.–30.06.	01.01.–30.06.
Mat./Wareneinsatz	31.968,96	138.124,10

> Hubert Huber verkauft bzw. verarbeitet im Monat Juni Software, Computerzubehör und anderes Material im Wert von 31.968 €. In welchem Monat dieses Material eingekauft worden ist, ist in diesem Kontext unerheblich.

Fremdleistungen

Außer Material und Waren werden zu dieser Position (unter Abzug von Skonti und Boni) auch *Fremdleistungen* gerechnet, sofern sie zur Leistungserbringung eingesetzt wurden.

Nicht in diese Rubrik gehören Waren und Leistungen, deren Verwendung in keinem direkten Zusammenhang mit dem „unternehmerischen Output" steht:

Abgrenzung

- Fremdarbeiten, von der Putzkolonne bis hin zum Büroservice, haben nicht unmittelbar mit dem Umsatzerzielungsprozess zu tun und werden demnach unter *sonstige Kosten* (Zeile 19) subsumiert.
- Ebenfalls in die Position *sonstige Kosten* gehören bspw. Computerkabel, wenn Herr Huber diese nicht für seine Kunden gekauft hat, sondern für sein eigenes Büro.

[2] In geringerem Maße verstecken sich variable Kosten aber auch in nahezu allen anderen Positionen der kurzfristigen Erfolgsrechnung. Details hierzu finden Sie in Kapitel 5.

Zu Ihrer Orientierung

Der Rohertrag ist, wie die Gesamtleistung, eine „Zwischenergebnis-Position" – er errechnet sich als Differenz aus Gesamtleistung (Zeile 4) minus Materialeinsatz (Zeile 5).

Rohertrag (Zeile 6)

Die Position *Rohertrag* entspricht näherungsweise dem Mehrwert, der auch das eingesetzte Material erwirtschaften würde:

Da man in der Praxis davon ausgeht, dass der Materialeinsatz mit den variablen Kosten identisch ist, zeigt der Rohertrag an, wie hoch die Fixkosten maximal sein dürfen, um keine Verluste einzufahren.[3] Deshalb kommt dem Rohertrag eine zentrale Bedeutung zu.

Bezeichnung	01.06.–30.06.	01.01.–30.06.
Rohertrag	28.950,36	151.023,53

Zwar betrug im Juni die Gesamtleistung des Unternehmens von Hubert Huber 60.919 €; es mussten dafür aber Waren und Leistungen im Wert von 31.968 € eingesetzt werden, wodurch sich ein Rohertrag von 28.950 € ergab. Für seine Kostenkalkulation bedeutet dies, dass Huber maximal diesen Betrag in Höhe von 28.950 € für Fixkosten wie Personal, Ladenmiete etc. ausgeben darf, um nicht in die Verlustzone zu geraten.

Sonstige betriebliche Erlöse (Zeile 7)

Unter die *sonstigen betrieblichen Erlöse* (Anhang: „So. betr. Erlöse") fallen diejenigen Erlöse, die zwar keine Umsatzerlöse sind, weil sie nicht gemäß des üblichen Geschäftszwecks generiert werden, andererseits aber durch den Geschäftsbetrieb entstehen. Die Abgrenzung zwischen beiden Erlös-Positionen ist klar definiert (siehe oben Zeile 1 „Umsatzerlöse").

Bezeichnung	01.06.–30.06.	01.01.–30.06.
So. betr. Erlöse	301,72	1.810,32

Wie auch in den Vormonaten weist die *kurzfristige Erfolgsrechnung* des Herrn Huber für den Juni einen sonstigen betrieblichen Erlös in Höhe von 301 € aus. Darunter verbirgt sich der private Nutzungsanteil am Firmen-Pkw, der mit 301 € pro Monat zu veranschlagen ist.

---

[3] Eine feinere Abgrenzung ergibt sich aus der Ermittlung des Deckungsbeitrags innerhalb der DBE in Kapitel 5.

Zu Ihrer Orientierung

Beachten Sie die Unterscheidung zwischen dem Rohertrag und dem *betrieblichen* Rohertrag – letzterer behandelt zusätzlich die Sonstigen betrieblichen Erlöse der Zeile 7. Hier handelt es sich um eine weitere „Zwischenergebnis-Position".

Betrieblicher Rohertrag (Zeile 8)

Die Begrifflichkeit der Position *betrieblicher Rohertrag* (Anhang: „Betriebl. Rohertrag") ist etwas irreführend: Im Mittelpunkt des Unternehmerinteresses steht nicht der betriebliche Rohertrag, sondern der sich aus Gesamtleistung und Materialeinsatz ergebende Rohertrag.

Die hinzuaddierten *sonstigen betrieblichen Erlöse* sind oft zufallsbedingt und betragsmäßig in der Regel gering.

Bezeichnung	01.06.–30.06.	01.01.–30.06.
Betriebl. Rohertrag	29.252,08	152.833,85

Hubert Huber nimmt die 29.252 € betrieblicher Rohertrag nur beiläufig zur Kenntnis. Was ihn interessiert, ist der Rohertrag in Zeile 6.

Zu Ihrer Orientierung

Die elf im Anschluss diskutierten Kostenarten sind Fixkosten; die variablen Kosten entsprechen dem Wareneinsatz und sind in Zeile 5 (Material- und Wareneinsatz) berücksichtigt.[4]

Personalkosten (Zeile 9)

Die Position *Personalkosten*, also die Löhne und Gehälter für die Mitarbeiter, sind das Schwergewicht im Kostenblock der meisten Unternehmen. In diese Position gehören auch Lohnelemente, die über die Bruttogehälter und gesetzlichen Arbeitgeberanteile hinaus-

[4] Aus Gründen der Vereinfachung verwenden wir den Begriff der Fixkosten auch an dieser Stelle nicht ganz definitionsgerecht; die Gleichsetzung Material- und Wareneinsatz (Zeile 5) = variable Kosten sowie Gesamtkosten (Zeile 20) = Fixkosten stellt eine Verallgemeinerung dar. Details dazu finden Sie in Kapitel 5.

gehen, vor allem die vermögenswirksamen Leistungen und die betriebliche Altersvorsorge.

Verbucht werden die Personalkosten für denjenigen Monat, in dem der Mitarbeiter seine Arbeitsleistung erbracht hat – unabhängig davon, wann die Zahlungen geflossen fließen.

Bezeichnung	01.06.–30.06.	01.01.–30.06.
Personalkosten	17.381,71	88.991,15

Der Gesamtaufwand der im Juni erbrachten Arbeitsleistung seiner Belegschaft beträgt im Juni 17.381 €. Der Betrag enthält nicht nur die Nettolöhne, die zum 28. Juni auf die Bankkonten seiner Mitarbeiter überwiesen wurden, sondern auch die Sozialversicherungsbeiträge, die die Krankenkassen ebenfalls zum Ende des Monats eingezogen haben.

Abgrenzung der Personalkosten

Im Folgenden finden Sie einige Beispiele für *lohnähnliche* Zahlungen, die nicht unter die Personalkosten fallen:

- Bei Einzelunternehmern und Personengesellschaften betrachtet man das Geld, das der Chef aus seiner Firma bezieht, als Privatentnahme, die das *vorläufige Ergebnis* nicht betrifft. Ausnahme: Es wird ein kalkulatorischer Unternehmerlohn gebucht.
- Reisekosten, die der Computerfachmann Huber für seine Vertriebsmitarbeiter bezahlt, werden als separate Position in Zeile 15 erfasst.
- Aufwendungen für Subunternehmer, deren Tätigkeit nicht auf einem Arbeitsvertrag, sondern auf einem Werk- oder Dienstleistungsvertrag.
- Forderungen von Subunternehmern werden unter der Position *Materialeinsatz* (Zeile 5) oder *Kosten der Warenabgabe* (Zeile 16) verbucht.

Raumkosten (Zeile 10)

Die Position *Raumkosten* beinhaltet alle Aufwendungen, die im Abrechnungszeitraum für die gemieteten Räumlichkeiten angefallen sind. Nicht nur die Miete, auch alle Nebenkosten, die Stromrechnung des kommunalen Elektrizitätswerkes, die Müllabfuhr etc. erscheinen in dieser Zeile.

Des Weiteren zählen die Instandhaltungskosten, z. B. Aufwendungen für Malerarbeiten, zu den Raumkosten.

Auch die Maklergebühren werden als Raumkosten verbucht.

Bezeichnung	**01.06.–30.06.**	**01.01.–30.06.**
Raumkosten	1.781,03	9.227,24

Der Blick in die Summen- und Saldenliste (vgl. Kapitel 3 und Anhang) zeigt, wie sich die 1.781 € Raumkosten verteilen: 1.150 € fallen auf die Mieten der drei Büroräume, der Rest auf Nebenkosten. Instandhaltungskosten sind im Monat Juni nicht angefallen.

Abgrenzung der Raumkosten

Nicht zu den Raumkosten zählen die unter der Position *Versicherungen/Beiträge* (Zeile 12) berücksichtigten Gebäude- und Inventarversicherungen.

Betriebliche Steuern (Zeile 11)

Die Position der *betrieblichen Steuern* (Anhang: „Betriebl. Steuern") ist ein Relikt aus jenen Zeiten, in denen der Betrieb in seiner Gesamtheit noch mit Vermögensteuer und Gewerbekapitalsteuer belastet wurde. Seit diese abgeschafft worden sind, sollte der Betrag dieser Zeile 0,00 € betragen.

Bezeichnung	01.06.–30.06.	01.01.–30.06.
Betriebl. Steuern	0,00	0,00

Hubert Hubers *kurzfristige Erfolgsrechnung* weist hier eine „0" aus.

Zuordnung der Steuern

Eine moderne Buchführung ordnet alle im Geschäftsbetrieb vorkommenden Steuern den entsprechenden steuerverursachenden BWA-Positionen zu. Dies macht die Kostenstruktur transparent und weist die Steuern verursachungsgerecht aus.

- Zumindest rein buchhalterisch ist der Verursacher von Kfz-Steuern natürlich der Fuhrpark (und nicht der Fiskus) weshalb sie den Kfz-Kosten zuzuschlagen sind (Zeile 14).

- Die Grundsteuer gehört in die Position *Raumkosten* (Zeile 10).
- Die Ertragsteuern erscheinen ohnehin als separate Position in Zeile 31.

Versicherungen und Beiträge (Zeile 12)

Unter der Position *Versicherungen und Beiträge* (Anhang: "Versich./Beiträge") erscheinen primär die betrieblich veranlassten Versicherungen sowie die Beiträge für diverse Wirtschafts- und Unternehmensverbände.

Bezeichnung	01.06.–30.06.	01.01.–30.06.
Versich./Beiträge	430,00	2.580,00

In dieser Position fast Huber die Prämien für alle Betriebsversicherungen zusammen. Erst der Blick in die Summen- und Saldenliste enthüllt, welche unterschiedlichen Versicherungen sich dahinter verbergen.

Andere Versicherungen

In einer Reihe von Fällen werden die Versicherungen verursachungsgerecht zugeordnet und erscheinen daher nicht in Zeile 12:

- Die Aufwendungen für die Altersvorsorge der Mitarbeiter werden unter der Position *Personalkosten* ausgewiesen (Zeile 9).
- Auch die Kfz-Versicherungsbeiträge für den betrieblichen Fuhrpark werden aus diesen Gründen unter der Position *Kfz-Kosten* ausgewiesen (Zeile 14).
- Ebenfalls nicht zu dieser Position gehören alle privaten Versicherungen, wie z. B. Haftpflicht, Krankenversicherung.

Besondere Kosten (Zeile 13)

Ziemlich unscharf definiert ist die Position *besondere Kosten*, die ohnehin nicht bei allen Buchhaltungsprogrammen als eigenständige Position auftaucht (z. B. nicht bei Lexware).

Bezeichnung	01.06.–30.06.	01.01.–30.06.
Besondere Kosten	0,00	0,00

In Hubert Hubers Buchhaltung findet man keine Aufwendungen unter der Position *besondere Kosten*, weil ihm in seinem Unternehmen keine „Kosten" bekannt sind, denen er den Status „besonders" zuordnen möchte.

Die Autoren der Buchhaltungsprogramme haben dieser – in den Augen mancher Fachleute überflüssigen – Position zwei Konten der Summen- und Saldenliste zugeordnet: Das Konto 6300 für *sonstige betriebliche Aufwendungen* sowie das Konto 6304 für *sonstige Aufwendungen, betrieblich und regelmäßig.*

Kfz-Kosten (Zeile 14)

Die Position *Kfz-Kosten* fasst alle Aufwendungen zusammen, die während des Betrachtungszeitraums für den firmeneigenen Fuhrpark angefallen sind: Benzin, Reparaturen, Versicherungen, Kfz-Steuern, Leasingraten, Autowäsche etc.

Bezeichnung	01.06.–30.06.	01.01.–30.06.
Kfz-Kosten	863,80	4.832,93

> Im Juni verursachen beide Firmenwagen Kosten in Höhe von 863 €. Auch hier erfährt Huber nur aus den individuellen Konten der Summen- und Saldenliste, wie sich dieser Kostenposten zusammensetzt.

Keine Kfz-Kosten

Die nachfolgenden Beispiele beschreiben Kosten aus dem Umkreis des Fuhrparks, die nicht in die Position der *Kfz-Kosten* einfließen:

- Die Zinsen für die Fremdfinanzierung des Transporters sind unter der Position *Zinsaufwand* auszuweisen (Zeile 22).
- Die Abschreibung der Firmenwagen wird unter der Position *Abschreibungen* ausgewiesen (Zeile 17).

Werbe- und Reisekosten (Zeile 15)

Warum viele Buchhaltungsprogramme die *Werbe- und Reisekosten* (Anhang: " Werbe-/Reisekosten") in einer einzigen Kostenposition zusammenfassen, soll das Geheimnis der Autoren dieser Programme bleiben. Denn diese Zusammenfassung macht wenig Sinn, weil beide Kostenposten im richtigen Unternehmerleben nichts miteinander zu tun haben: Die Werbekosten werden von der Marketingabteilung verursacht, die Reisekosten vornehmlich von den Vertriebsmitarbeitern.

Bezeichnung	01.06.–30.06.	01.01.–30.06.
Werbe-/Reisekosten	2.646,54	10.801,66

Diese Position der *Werbe- und Reisekosten* in Höhe 2.646 € im Monat Juni hat eigentlich gar keine Aussagekraft, weil hier Äpfel und Birnen in einem Korb liegen. Damit Hubert Huber Klarheit bekommt, ist es für ihn doppelt notwendig, in die Summen- und Saldenliste zu schauen.

Kosten Warenabgabe (Zeile 16)

Hinter der Position *Kosten der Warenabgabe* verstecken sich nicht nur Frachtkosten und Kosten für Verpackungsmaterialien, sondern auch die Aufwendungen für Gewährleistungshaftung.

Die Verkaufsprovisionen erscheinen bei DATEV wie bei Lexware ebenfalls unter dieser Position, obwohl es sich um variable Kosten handelt. Besser wäre es, die Verkaufsprovisionen der Position *Material- und Wareneinsatz* zuzuordnen, wie dies die DBE bietet (Kapitel 5).

Bezeichnung	01.06.–30.06.	01.01.–30.06.
Kosten der Warenabgabe	0,00	600,00

Die Juni-Buchhaltung weist keine Kosten unter dieser Position aus. Das Engagement eines freien Handelsvertreters entlohnt Hubert Huber im Jahresverlauf mit 600 € erfolgsabhängiger Provisionen, im Juni konnte er allerdings keinen Auftrag akquirieren.

Abschreibungen (Zeile 17)

Unter der Position *Abschreibungen* wird die Abnutzung des Anlagevermögens in der *kurzfristigen Erfolgsrechnung* berücksichtigt. Eine zeitgemäße *kurzfristige Erfolgsrechnung* weist die Abschreibungsraten nicht erst im Jahresabschluss, sondern monatlich aus. Dieser Position werden neben den *Abschreibungen des Anlagevermögens* auch die *Abschreibungen der uneinbringlichen Forderungen* (Forderungsverluste) zugeordnet.

Bezeichnung	01.06.–30.06.	01.01.–30.06.
Abschreibungen	1.000,00	6.603,44

Huber berücksichtigt im Juni 1.000 € Abschreibungen für die Abschreibung seines Anlagevermögens. Dass die kumulierten Abschreibungen des ersten Geschäftshalbjahres sich auf 6.603 € summieren statt auf 6.000 €, liegt daran, dass in einem der Vormonate Forderungen in Höhe von 603 € als uneinbringbar abgeschrieben werden mussten.

Reparatur und Instandhaltung (Zeile 18)

Alles was mit *Reparatur und Instandhaltung* (Anhang: „Reparatur/Instandh.") des Anlagevermögens, also der gesamten Betriebs- und Geschäftsausstattung zu tun hat, wird unter dieser Position subsumiert. Auch die Wartungskosten der Hard- und Software fallen in diese Rubrik, von der Reparatur eines Bürocomputers bis hin zu den Updates des Buchhaltungsprogramms von Lexware.

Bezeichnung	01.06.–30.06.	01.01.–30.06.
Reparatur/Instandhaltung	172,41	1.853,45

Im Juni hatte Huber nur 172 € Reparatur- und Instandhaltungskosten, während er im Halbjahresdurchschnitt mit monatlich ca. 310 € belastet ist.

Verursachungsprinzip

Grundsätzlich ist der Aufwand für Reparatur und Instandhaltung den Kostenarten verursachungsgerecht zuzuordnen.

- Wenn Hubert Huber seinen Firmentransporter in die Werkstatt bringt, werden Kfz-Kosten gebucht (Zeile 17).
- Wie oben zu Position *Raumkosten* bereits erwähnt, sind auch Maler- und Tapezierarbeiten dort auszuweisen (Zeile 10).

Sonstige Kosten (Zeile 19)

Die Position *sonstige Kosten* ist eine „Auffangposition" für all jene (Fix)kosten, die sich in den anderen Kostenarten nicht ansiedeln lassen. In der Praxis fällt der Hauptanteil dieser Kosten auf Verwaltungskosten.

Bezeichnung	01.06.–30.06.	01.01.–30.06.
Sonstige Kosten	2.381,03	13.864,22

In diese „Blackbox" von monatlich 2.381 € und aufgelaufenen 13.864 € fällt erst dann Licht, wenn Hubert Huber einen Blick in seine Summen- und Saldenliste wirft (Konto 6800 – 6865).

Die Position *sonstige Kosten* (Zeile 19) scheint sich mit den *besonderen Kosten* (Zeile 13) zu überschneiden. Dies ist bei näherer Betrachtung aber nicht der Fall:

- Sonstige Kosten kommen im Buchungsalltag ständig vor, z. B. Bürobedarf, Telefon und Internet, Portokosten, Kosten für Fachliteratur, Leasingkosten von Büromaschinen (Kopierer), Kosten für den Steuerberater etc.
- Besondere Kosten treten nur auf, wenn bewusst auf eines der beiden Konten Nr. 6300 oder 6304 gebucht wird (Zeile 13).

Zu Ihrer Orientierung

Die elf oben diskutierten Kostenarten, von den Personalkosten in Zeile 9 bis zu den sonstigen Kosten in Zeile 19, werden aufaddiert und in Zeile 20 summarisch als Gesamtkosten ausgewiesen.

Gesamtkosten (Zeile 20)

Die Position *Gesamtkosten* enthält die Summen aller Kostenarten und gibt somit den Gesamtaufwand für die bestehende Betriebsstruktur wieder. Deshalb wird diese Position aus Gründen der Vereinfachung oft gleichgesetzt mit der Summe der betrieblichen Fixkosten. Die variablen Anteile sollten, soweit wie möglich, nicht darunter subsumiert werden, sondern unter der Position *Mat./Wareneinsatz* den Rohertrag reduzieren (Zeile 6).[5]

Bezeichnung	01.06.–30.06.	01.01.–30.06.
Gesamtkosten	27.106,52	139.354,09

Die Gesamtkosten im Juni in Höhe von 27.106 € liegen bedeutend über den durchschnittlichen Gesamtkosten des ersten Halbjahres in Höhe von 23.225 €. Hubert Huber muss ein Augenmerk darauf werfen, weil diese Kosten durch den Rohertrag gedeckt werden müssen.

Zu Ihrer Orientierung

Das Betriebsergebnis (Zeile 21) ist eine der wichtigsten Ergebnis-Positionen, weil es das Ergebnis der Umsatztätigkeit nach Abzug aller variablen und fixen Kosten abbildet.

[5] Siehe Deckungsbeitrags-Erfolgsrechnung in Kapitel 5.

Betriebsergebnis (Zeile 21)

Die Position *Betriebsergebnis* weist das aus dem operativen Geschäftszweck erzielte Ergebnis aus. Nicht enthalten sind beispielsweise Zinsaufwendungen oder sog. *neutrale Erträge* wie etwa Erlöse aus dem Verkauf von Anlagevermögen. Gerade, weil das Betriebsergebnis keine Sondersachverhalte enthält, gilt es als „reproduzierbar". Es steht deshalb im Mittelpunkt von vielen Diskussionen und Analysen.

Bezeichnung	01.06.–30.06.	01.01.–30.06.
Betriebsergebnis	2.145,56	13.479,76

Im Juni erwirtschaftete das Computergeschäft von Huber ein Betriebsergebnis von 2.145 €. Diese Zahl ist deshalb so entscheidend, weil der Betrag allein durch das Tagesgeschäft mit Computern erwirtschaftet wird, so wie es dem Betriebszweck seines Unternehmens entspricht. Einschränkend ist jedoch hinzuzufügen, dass das Betriebsergebnis die laufenden Zinsaufwendungen, die ja durchaus erheblich sein können, nicht berücksichtigt.

Zinsaufwand (Zeile 22)

Die Position *Zinsaufwand* umfasst alle Zinsen für Fremdkapital, gleichgültig, ob für den laufenden Kontokorrent oder für langfristige Darlehen der Bank bzw. eines (Mit-)Gesellschafters. Auch das Disagio des Bankdarlehens, das auf die gesamte Darlehenslaufzeit verrechnet wird, ist pro rata temporis (entsprechend dem Zeitablauf) zu verbuchen. Stundungszinsen oder Säumniszuschläge zu Gunsten des Finanzamts für nicht rechtzeitig geleistete Steuervorauszahlungen gehören auch in diese Sparte.

Bezeichnung	01.06.–30.06.	01.01.–30.06.
Zinsaufwand	500,00	3.000,00

Der Zinsaufwand dokumentiert eine Belastung von monatlich 500 €, weil Hubert Huber zur Vorfinanzierung von Aufträgen oder zur Anschaffung von Betriebsausstattung offensichtlich Fremdkapital in Anspruch genommen hat.[6]

[6] Die monatlich wiederkehrenden Buchungen errechnet Kapitel 6.

Gebühren sind kein Zinsaufwand

Jedoch sind nicht alle Kosten, die durch den Geldverkehr entstehen, als Zinsaufwand zu klassifizieren:

- Gebühren für die Kontoführung oder für die EC-Karte fallen als Nebenkosten des Geldverkehrs unter die Position *sonstige Kosten* (Zeile 18).
- Anders als die Stundungszinsen sind vom Finanzamt erhobene Verspätungszuschläge keine Zinsaufwendungen, sondern ebenfalls „Nebenkosten des Geldverkehrs" im Rahmen der sonstigen Kosten (Zeile 19).

Sonstiger neutraler Aufwand (Zeile 23)

Unter Position *sonstiger neutraler Aufwand*[7] (Anhang: „Sonst. neutr. Aufw.") werden alle erfolgsmindernden Sachverhalte subsummiert, die *nicht* durch das operative Geschäft und den normalen Geschäftsbetrieb entstanden sind. Beispiele sind vom Unternehmen getätigte Spenden oder der Verlust aus dem Abgang einzelner Wirtschaftsgüter des Anlagevermögens.

Bezeichnung	**01.06.–30.06.**	**01.01.–30.06.**
Sonst. neutr. Aufw.	0,00	0,00

Nicht anders als in vielen anderen Kleinunternehmen hat Hubert Hubers Computerfachbetrieb keine sonstigen neutralen Aufwendungen, Spenden oder dergleichen zu verbuchen.

Verkauf von Anlagevermögen

Die Position *sonstiger neutraler Aufwand* kommt dann in Betracht, wenn Teile des Anlagevermögens (z. B. Bürogeräte, Gebäude) verkauft werden und der realisierte Preis unter dem in den Büchern stehenden Wert liegt.

- Der Differenzbetrag zwischen Verkaufspreis und Buchwert erscheint als *sonstiger neutraler Aufwand* in Zeile 23.
- Liegt der Verkaufspreis *über* dem Buchwert, erscheint der Differenzbetrag als *sonstiger neutraler Ertrag* in Zeile 26.

[7] Während man von „Aufwand" bei betriebsfremden, periodenfremden oder außerordentlichen Sachverhalten spricht, entstehen Kosten im Rahmen der betrieblichen Leistungserstellung (variable + fixe Kosten).

Neutraler Aufwand (Zeile 24)

Der *neutrale Aufwand* ist eine rechnerische Größe, die die Beträge der beiden oben diskutierten Positionen *Zinsaufwand* und *sonstiger neutraler Aufwand* zusammenfasst.

Da letzterer nicht kontinuierlich auftritt, ist die Position *neutraler Aufwand* betragsmäßig oft identisch mit dem *Zinsaufwand* (Zeile 22).

Bezeichnung	01.06.–30.06.	01.01.–30.06.
Neutraler Aufwand	500,00	3.000,00

> Bei Hubert Huber entspricht der neutrale Aufwand dem Zinsaufwand.

Zinserträge (Zeile 25)

Die Position *Zinserträge* ist das positive Pendant zum Zinsaufwand: In dieser Position werden Erträge erfasst, die aus jeglicher denkbaren Geldanlageform erwirtschaftet werden, sei es als Kontokorrent, in Form von Tagesgeld, als Investmentzertifikate oder aus anderen Beteiligungen.

Bezeichnung	01.06.–30.06.	01.01.–30.06.
Zinserträge	0,00	0,00

> Diese Position führt bei Hubert Huber eine glatte Null, weil sein Unternehmen – ein durchaus bedenklicher Zustand – keine flüssigen Geldmittel zur Verfügung hat. Weiteres dazu erfahren Sie in Kapitel 2.1 zu den BWA-Modulen „Bewegungsbilanz" und *„statische Liquidität"*.

Sonstige neutrale Erträge (Zeile 26)

Die Position *sonstige neutrale Erträge* (Anhang: „Sonst. neutr. Ertr.") als Pendant zur Position *neutraler Aufwand* (Zeile 24) subsumiert alle Erträge außerhalb des normalen Geschäftsbetriebs. Beispiele hierfür sind die Auflösung von Rücklagen und Rückstellungen oder die Untervermietung von Büroräumen.

Bezeichnung	01.06.–30.06.	01.01.–30.06.
Sonst. neutr. Ertrag	150,00	7.081,03

Im Juni, wie seit Beginn dieses Jahres, hat Huber zwei Räume seines Büros untervermietet und den erhaltenen Mietzins in Höhe von 150 € ordnungsgemäß verbucht. Hohe *sonstige neutrale Erträge* hat es aber auch schon im ersten Geschäftshalbjahr gegeben – vor allem durch den Gewinn aus dem Verkauf seines verschrotteten Lieferwagens (siehe Zeile 1 „Umsatzerlöse"). Ein Autoverwerter hat dafür 12.351 € bezahlt. Außerdem hat Hubers Versicherung eine Entschädigung bezahlt. Des Weiteren wurden in den Vormonaten Rücklagen in Höhe von 2.000 € aufgelöst.

Die *sonstigen neutralen Erträge* enthalten – entsprechend der Abgrenzung zwischen Aufwand und Kosten – betriebsfremde, periodenfremde und außergewöhnliche Sachverhalte:

- Provisionserlöse stellen in Abgrenzung zu den Umsatzerlösen Sonstige betriebliche Erlöse dar, weil sie i. d R. aus dem eigentlichen Geschäftsbetrieb entstanden sind (Zeile 6).
- Auch außerordentliche Erträge, wie z.B. Erträge aus außergewöhnlich großen Schadensfällen werden unter *sonstigen neutralen Erträgen* ausgewiesen.

Verrechnete kalkulatorische Kosten (Zeile 27)

Ertragsposition

Die Position *verrechnete kalkulatorische Kosten* (Anhang: „Verr. kalk. Kosten") ist buchhalterisch keine Kostenposition, sondern eine *Ertragsposition*, die alle in der Buchhaltung erfassten kalkulatorischen Kosten korrigiert. Dies gilt es näher zu erläutern: Es ist auch für Kleinunternehmer überlegenswert, kalkulatorische Kosten zu verbuchen – etwa den kalkulatorischen Unternehmerlohn für die eigene Arbeit, die kalkulatorische Miete für die Geschäftsräume in der eigenen Immobilie oder den kalkulatorischen Zinsaufwand für das Eigenkapital. Diese kalkulatorischen Kosten werden nicht anders verbucht als tatsächliche Kosten. Sie erscheinen bei den jeweiligen Kostenarten und reduzieren das Betriebsergebnis (Zeile 21). Da sie nie zu Ausgaben werden, werden sie in der Praxis in Zeile 27 als (kalkulatorischer) Ertrag gegengebucht.

Bezeichnung	01.06.–30.06.	01.01.–30.06.
Verr. kalk. Kosten	0,00	0,00

Da Huber weder einen kalkulatorischen Unternehmerlohn für seine eigene Tätigkeit noch andere kalkulatorische Kosten verbucht hat, entfallen auch die Buchungen in der Korrekturposition *verrechnete kalkulatorische Kosten.*

Neutraler Ertrag (Zeile 28)

Der „Neutrale Ertrag“ fasst Zinserträge, *sonstige neutrale Erträge* und Verrechnete kalkulatorische Kosten zusammen.

Er ist die positive Entsprechung zum *neutralen Aufwand*, der in Zeile 24 gelistet ist. Da beide Positionen Sachverhalte erfassen, die nicht durch den originären Betriebszweck entstehen, berühren sie nicht das Betriebsergebnis (Zeile 21).

Bezeichnung	01.06.–30.06.	01.01.–30.06.
Neutraler Ertrag	150,00	7.081,03

> Der „Neutrale Ertrag" entspricht betragsmäßig dem *sonstigen neutralen Ertrag*, da Huber in seinen Büchern weder Zinserträge noch Erträge aus verrechneten kalkulatorischen Kosten stehen hat.

Kontenklasse 8 (Zeile 29)

Die Position *Kontenklasse 8* gibt es nur bei BWAs von DATEV, nicht bei Ausdrucken des Buchhaltungsprogramms Lexware. Es handelt sich dabei um eine „Leerzeile“, der vom Programm keine Standardkonten zugeordnet sind. Sie können sie aber für individuell angelegte Konten nutzen.[8]

Bezeichnung	01.06.–30.06.	01.01.–30.06.
Kontenklasse 8	0,00	0,00

> Huber lässt, wie fast alle Unternehmer, die Position ungenutzt. Ihm sind keine Geschäftsvorfälle in seinem Betrieb bekannt, die nicht Teil des Geschäftsbetriebs wären.

Allerdings fließt die Kontenklasse 8 weder ins Betriebsergebnis noch in den *neutralen Aufwand* oder Ertrag. Deshalb kann diese Position nur für Geschäftsvorfälle genutzt werden, die vom Betriebsgeschehen isoliert betrachtet werden sollten.

Zu Ihrer Orientierung

Das Ergebnis vor Steuern ist eine Zusammenfassung aller Erträge und Aufwendungen eines Betriebs, abgesehen von den Zugriffen des Fiskus.

[8] DATEV hält die so genannte unbesetzte Kontenklassen (Nr. 8000-8999) bereit.

Ergebnis vor Steuern (Zeile 30)

Die Position *Ergebnis vor Steuern* entspricht dem erwirtschafteten Ergebnis Ihrer unternehmerischen Tätigkeit. Da dieses Ergebnis noch nicht durch Ertragsteuern belastet ist, wird es oft als Parameter herangezogen, wenn der wirtschaftliche Erfolg unterschiedlicher Unternehmen verglichen werden soll.

Bezeichnung	01.06.–30.06.	01.01.–30.06.
Ergebnis vor Steuern	1.795,56	17.560,79

Das „zu versteuernde Unternehmenseinkommen" des Computerfachgeschäfts von Herrn Huber beläuft sich auf 1.795 €. Wie viel am Ende davon übrig bleibt, hängt ab von den Steuersätzen der Gemeinde und des Landes.

Steuern vom Einkommen und Ertrag (Zeile 31)

Die Position *Steuern vom Einkommen und Ertrag* (Anhang: „Steuern Eink. u. Ertr.") berücksichtigt nur die Ertragsteuern, die auf das erwirtschaftete Ergebnis erhoben werden:

Bezeichnung	01.06.–30.06.	01.01.–30.06.
Steuern Eink. u. Ertr.	300,00	1.800,00

Die 300 € in der *kurzfristigen Erfolgsrechnung* des Herrn Huber sind eine rein rechnerische Größe – die Buchung dieses Betrags im Juni beruht auf Berechnungen. Wie viel er im Monat Juni de facto ans Finanzamt überweist, ist daraus nicht ersichtlich.[9]

Abgrenzung der Ertragsteuern

Welche Steuerarten in dieser Position verbucht sind, hängt vor allen Dingen von der Gesellschaftsform Ihres Betriebs ab:

- Bei Kapitalgesellschaften sind dies die Gewerbe- und die Körperschaftsteuer
- Bei Personengesellschaften und Einzelunternehmern ist dies die Gewerbesteuer. Da die Einkommensteuer keine Betriebssteuer ist, sondern auf die Gesamtheit aller betrieblichen und privaten Einkünfte erhoben wird, wird sie nicht gebucht, so dass in der Zeile 31 allein die Gewerbesteuer erscheint.

9 Die Berechnung der monatlichen Steuerbuchungen (Kapitel 6).

Zu Ihrer Orientierung

Das „*vorläufige Ergebnis*" ist das Ergebnis aus Ihrer wirtschaftlichen Tätigkeit. „Vorläufig" nennt man das Ergebnis deshalb, weil aus Gründen der Vereinfachung unterjährig nicht alle exakten Bewertungen vorgenommen werden und sich nachträglich noch kleinere Korrekturen ergeben können.

Vorläufiges Ergebnis (Zeile 32)

Mit dem Blick auf die Position *vorläufiges Ergebnis* beginnt und endet das Studium jeder *kurzfristigen Erfolgsrechnung* – nicht weil es die erstbeste Zahl ist, sondern weil es die erste und die beste Zahl ist:

- Sie gibt den Verdienst Ihres Unternehmens wieder.
- Sie ist die Grundlage Ihrer Investitions- und Liquiditätsplanung.
- Sie sagt Ihnen, in welcher Höhe Sie sich Privatentnahmen gestatten dürfen.

Bezeichnung	01.06.–30.06.	01.01.–30.06.
Vorläufiges Ergebnis	1.495,56	15.760,79

Das aufgelaufene *vorläufige Ergebnis* von Hubert Huber beläuft sich auf 15.760 €. Dies ergibt ein Durchschnittsergebnis von monatlich 2.626 €. Der Juni mit einem *vorläufigen Ergebnis* von nur 1.495 € war demnach kein besonders guter Geschäftsmonat. Diese Summe liegt aber nicht als verfügbarer Geldbetrag irgendwo in Kassen und auf Konten, sondern ist eingebunden in das Betriebsvermögen des Herrn Huber.

Schlussfolgerung: Kurzfristige Erfolgsrechnung

Hubert Huber vergleicht in seiner *kurzfristigen Erfolgsrechnung* die „Juni-Zahlen" mit den „Zahlen des Geschäftsjahres:

Er stellt erstaunt fest, dass von der überdurchschnittlich guten *Gesamtleistung* des Monats Juni in Höhe von 60.919 € (im Halbjahresdurchschnitt pro Monat: 48.191 €) ein unterdurchschnittliches *vorläufiges Ergebnis* in Höhe von 1.495 € (monatliches Durchschnittsergebnis pro Monat 2.626 €) übrig geblieben ist. Das veranlasst ihn, sich näher mit den dazugehörigen Kennzahlen in Kapitel 4 auseinanderzusetzen.

Diese Zahlen werfen aber auch die Frage auf, wo das im ersten Halbjahr erwirtschaftete Ergebnis in Höhe von 15.760 € geblieben ist. Die Antwort darauf verspricht die Bewegungsbilanz.

Exkurs: Die Besonderheiten von Lexware

Die Kostenstatistik I, die das Buchhaltungsprogramm von Lexware generiert, ist weitgehend identisch mit der *kurzfristigen Erfolgsrechnung* des DATEV-Programms.

Einteilung der Kostenarten

Es gibt marginale Unterschiede bei der Einteilung der Kostenarten:

- Bei Lexware ist die Position *Werbe-/Reisekosten*, die DATEV in Zeile 15 auflistet, in drei separate Positionen *Reisekosten*, *Geschenke* und *Bewirtungskosten* aufgesplittet. Allerdings sind die Werbekosten – eine Kostenart, die in manchen Branchen schon Platz zwei hinter den Personalkosten einnimmt – bei Lexware in die Auffangposition *sonstige Kosten* verbannt. Dafür macht Lexware aus den Telefonkosten eine eigenständige Position. Andererseits verzichtet Lexware auf die Position *besondere Kosten* (Zeile 13 bei DATEV) und packt die entsprechenden Buchungs- und Geschäftsvorgänge in die Position *sonstige Kosten* (Zeile 19 bei DATEV).

Kalkulatorische Kosten

- Zwei DATEV-Positionen fallen bei Lexware völlig weg: die ohnehin obsolete „Kontenklasse 8" (Zeile 29 bei DATEV), aber auch die *verrechneten kalkulatorischen Kosten* (Zeile 27 bei DATEV). Wenn also kalkulatorische Kosten angesetzt werden, dann verringern sie bei Lexware das *vorläufige Ergebnis*, während sie bei DATEV durch diese Position korrigiert werden. Das bedeutet, dass die Berücksichtigung von kalkulatorischen Kosten in beiden Auswertungen zu einem anderen *vorläufigen Ergebnis* führt.

BWA-Modul 2: Bewegungsbilanz

Veränderung der Vermögenslage

Gemeinhin führt dieses BWA-Modul ein Schattendasein. Häufig werden die Bewegungsbilanzen von den Buchhaltern gar nicht erst ausgedruckt, so dass sie nie auf den Chefschreibtischen ankommen. Dabei gibt die Bewegungsbilanz wertvolle Informationen über die *Veränderung der Vermögenslage* eines Unternehmens. Sie bildet die

Bewegungen der Aktiva und Passiva ab und zeigt, ob und in welcher Höhe die Aktiv- und Passivpositionen ab- bzw. zugenommen haben.[10]

Beispiel: Herr Huber sucht seinen Gewinn ...

Huber sitzt nach Feierabend über seiner BWA. Zehn Minuten hat er als gewissenhafter Unternehmer für das Studium der *kurzfristigen Erfolgsrechnung* aufgewendet. Sein *vorläufiges Ergebnis*: 1.495 € im Juni und im aufgelaufenen Geschäftsjahr 15.760 €. Um Klarheit zu bekommen, wo diese 15.760 € abgeblieben sind, nimmt er die Bewegungsbilanz zur Hand.

Siehe CD-ROM

Bitte schlagen Sie die leserfreundlich aufbereitete Juni-Bewegungsbilanz von Huber im Anhang nach (S. 198) und nehmen Sie das Zahlenwerk genauer unter die Lupe. Das Original finden Sie auf der CD.

Die Bewegungsbilanz wird, auf einer Seite ausgedruckt, von jeder Buchhaltungssoftware in nahezu identischer Form präsentiert – einerlei ob DATEV, Lexware oder ein anderes Programm.

Die folgende Tabelle zeigt die vereinfachte Darstellung der Kopfleiste der DATEV-Bewegungsbilanz des fiktiven Computerfachmanns Hubert Huber.

Bezeichnung	Mittelverwendung	Mittelherkunft
	Erh. Aktiva/Mind. Passiva	Erh. Passiva/Mind. Aktiva

Bezeichnung (linke Spalte)

Vermögens- und Kapitalpositionen

In der linken Textspalte sind sämtliche Vermögenspositionen und Kapitalpositionen des Unternehmens zu Einheiten zusammengefasst, bezeichnet und aufgelistet.

- *Vermögenspositionen* sind Aktiva: Maschinenpark und Bürogeräte unter Anlagevermögen; Warenbestand, Bankguthaben, Forderungen etc. unter Umlaufvermögen ausgewiesen.

[10] Die *Bewegungs*bilanz hat nichts zu tun mit der *Jahres*bilanz – sie ist auch keineswegs der „Monatsausschnitt" der Jahresbilanz. Der Name Bewegungs*bilanz* kommt daher, dass die beiden Zahlenwerte in der letzten Zeile (Mittelverwendung und Mittelherkunft) identisch sein müssen – so wie dies bei jeder Bilanz der Fall ist.

- *Kapitalpositionen* sind Passiva: Eigenkapital, *vorläufiges Ergebnis* und Fremdkapital in Form von Verbindlichkeiten gegenüber der Bank, den Lieferanten etc.

Diesen über zwanzig Einzelpositionen sind in den rechten Spalten Euro-Beträge zugeordnet, die die Zu- oder Abnahme der Position zum Ende des aufgelaufenen Geschäftsjahrs angeben.[11] Sie finden in der Liste der Positionen einen „alten Bekannten“: Es ist die Position *vorl. Gewinn/Verlust* in der vorletzten Zeile, die identisch ist mit dem *vorläufigen Ergebnis* der *kurzfristigen Erfolgsrechnung*.

Seinen vorläufigen Gewinn in Höhe von 15.760 € hat Hubert Huber entweder entnommen. Er könnte aber auch auf dem Firmenkonto liegen oder in den laufenden Investitionen, in offenen Kundenrechnungen etc. stecken. Der sachkundige BWA-Leser formuliert es präzise: Auskunft über den Verbleib des vorläufigen Gewinns gibt die Mittelverwendung, dokumentiert durch die Erhöhung der Aktiva oder die Minderung der Passiva.

Mittelverwendung (mittlere Spalte)

Durch die Erhöhung der Aktiva, z. B. durch die Erhöhung des Forderungsbestands, können ebenso Geldmittel gebunden sein wie durch die Minderung von Passiva, v. a. durch Rückführung von Verbindlichkeiten und auch durch das Tätigen von Privatentnahmen.[12]

Erhöhung der Aktiva

Nachfolgend finden Sie Beispiele für die *Erhöhung der Aktiva*, also für die Zunahme von Vermögenspositionen in der Bewegungsbilanz des Herrn Huber:

---

[11] Neben den Euro-Zahlen stehen noch Prozentzahlen, die den prozentualen Anteil der Veränderung einer Position an der Gesamtveränderung im Unternehmen angeben (Kapitel 4).

[12] Privatentnahmen gibt es nur bei Einzelunternehmern und Personengesellschaften. Bei Kapitalgesellschaften entsprechen diese den Gewinnausschüttungen, die durch mehr Kontrollinstanzen erschwert werden.

Bezeichnung	Mittelverwendung	
	Erhöhung der Aktiva	Prozent
RHB-Stoffe/Waren	6.000	12,50
Forderungen L. u. L.	5.400	11,25

Um 6.000 € nahm der Wert der Position *Roh-, Hilfs- und Betriebsstoffe/Waren* zu. Demnach ist der Lagerbestand um diesen Betrag angewachsen. Auch die Forderungen aus Lieferung und Leistung sind in der Zeit von Januar bis Juni um stattliche 5.400 € angestiegen.

Minderung der Passiva

Beispiele für die *Minderung der Passiva*, d. h. für die Abnahme von Kapitalpositionen in Herrn Hubers Bewegungsbilanz sind:

Bezeichnung	Mittelverwendung	
	Minderung der Passiva	Prozent
Anleihen/Kredite	6.500	13,54
Privatentnahmen	26.100	54,37

Die Position *Anleihen/Kredite* minderte sich durch die Tilgung von Bankverbindlichkeiten in Höhe von 6.500 €. Der weitaus größte Betrag (54,37 %) wurde dem Unternehmen durch Privatentnahmen „entzogen“: Insgesamt 26.100 € hat Herr Huber im ersten Halbjahr für seinen privaten Lebensunterhalt verwendet.

Summe Mittelverwendung

Die Schlusszeile der Bewegungsbilanz summiert die Mittelverwendung des aufgelaufenen Geschäftsjahres:

Bezeichnung	Mittelverwendung	
	Erh. Aktiva/Min. Passiva	Prozent
Summe Mittelverwendung	48.000,42	100

Im abgelaufenen Jahr wurden 48.000 € für die Erhöhung von Aktiva bzw. für die Minderung von Passiva verwendet.

Mittelherkunft

Die Frage nach dem Woher der Summe Mittelverwendung beantwortet die rechte Spalte *Mittelherkunft*: Der vorläufige Gewinn beträgt nur 15.760 €, so dass zur Summe Mittelverwendung ein Differenzbetrag von 32.240 € fehlt.

Mittelherkunft (rechte Spalte)

Die Mittelherkunft resultiert aus der Minderung der Aktiva, z. B. durch Bezahlung von Kundenforderungen oder aus der Erhöhung der Passiva durch Zufluss von Fremd- oder Eigenkapital.

Minderung der Aktiva

Die nachfolgenden Beispiele für eine *Minderung der Aktiva* sind laut Bewegungsbilanz wichtige Posten im Unternehmen des Herrn Huber:

Bezeichnung	Mittelverwendung	
	Minderung der Aktiva	Prozent
Sachanlagevermögen	4.000	8,33
Kasse/Bank/Postbank	1.620	3,37

Durch Verkauf und Abschreibung von Sachanlagen, also von materiellen Vermögenswerten wurden 4.000 € freigesetzt. Die 1.620 € in der Position *Kasse/Bank* haben ihren Ursprung in einer weiteren Inanspruchnahme von Kontokorrentdarlehen.

Erhöhung der Passiva

Erheblich mehr Kapital als durch die Minderung seiner Aktiva wurde dem Unternehmen durch *Erhöhung der Passiva* zur Verfügung gestellt. Die drei größten Posten sind:

Bezeichnung	Mittelverwendung	
	Erhöhung der Passiva	Prozent
Verbindlichkeiten L. u. L.	7.460	15,54
Sonst. Verbindl.	11.601	24,17
Vorl. Gewinn/Verlust.	15.761	32,83

Um 7.460 € haben die Verbindlichkeiten aus Lieferungen und Leistungen im laufenden Geschäftsjahr zugenommen. Dahinter verbirgt sich vermutlich der Umstand, dass Hubers Lieferanten auf ihr Geld warten müssen, weil es ihm an der nötigen Liquidität fehlt. Durch Erhöhung der Position *sonstige Verbindlichkeiten* um 11.601 € wurde dem Unternehmen weiteres Fremdkapital zugeführt. Dahinter stehen z. B. noch nicht bezahlte Darlehenszinsen und Verbindlichkeiten aus Betriebssteuern.

Der *vorläufige Gewinn* in Höhe von 15.761 € stellt eine Erhöhung des Eigenkapitals dar.[13]

[13] Bei einem eventuell vorliegenden „vorläufigen Verlust" würde eine Mittelverwendung vorliegen, die durch andere Quellen, z. B. durch zusätzliche Kapitalaufnahme finanziert werden müsste.

Die Schlusszeile *Summe Mittelherkunft* ist betragsidentisch mit der *Summe Mittelverwendung*:

Summe Mittelherkunft

Bezeichnung	Mittelverwendung	
	Erh. Passiva/Mind. Aktiva	Prozent
Summe Mittelherkunft	48.000,42	100

Die Waren- und Werteverschiebungen innerhalb des Unternehmens während des ersten Halbjahres betrugen 48.000 €.

Schlussfolgerung: Bewegungsbilanz

Das Bild seiner Bewegungsbilanz veranlasst Herrn Huber zum Nachdenken: Die Privatentnahmen in Höhe von 26.100 € sind fast doppelt so hoch wie der erwirtschaftete Gewinn. Eigentlich hätte er im gesamten ersten Halbjahr maximal 15.760 € entnehmen dürfen. Den Fehlbetrag hat er durch die Inanspruchnahme von Lieferantenkrediten und anderen Verbindlichkeiten gegenfinanziert.

Spätestens jetzt stellt sich die Frage: Wie ist es um die Liquidität des Unternehmens bestellt? Ist das Unternehmen in der Lage, den laufenden Verpflichtungen nachzukommen?

BWA-Modul 3: Statische Liquidität

Zahlungsfähigkeit des Unternehmens

Das dritte BWA-Modul, die so genannte „*statische Liquidität*", spiegelt die Zahlungsfähigkeit eines Unternehmens wieder. Sie zeigt auf, ob alle kurzfristigen Verbindlichkeiten[14] aus dem kurzfristig gebundenen Vermögen beglichen werden können, und bewertet somit die Finanz- und *Liquiditäts*lage. Von *statischer* Liquidität spricht man, weil sie die Liquidität punktuell zum Abrechnungszeitpunkt, meist zum Monatsletzten angibt.[15]

Beispiel: Hubert Huber möchte flüssig bleiben

Beunruhigt von seiner Bewegungsbilanz, nach der er für Privatzwecke doppelt soviel ausgegeben wie „eingenommen" – exakter: erwirt-

[14] Kurzfristigkeit nimmt man dann an, wenn die Laufzeit kürzer als ein Jahr ist.

[15] Im Gegensatz zur *statischen Liquidität* untersucht die *dynamische Liquidität* die Zahlungsströme – also die Differenz zwischen der Summe aller Einzahlungen und der aller Auszahlungen. Siehe Kapitel 2.3 (Kapitalflussrechnung).

schaftet – hat, nimmt Huber das nächste BWA-Blatt zur Hand. Dieses soll ihm die Frage beantworten, ob er weiterhin in der Lage ist, seinen laufenden Zahlungsverpflichtungen nachzukommen und ohne Neuverschuldung „flüssig" zu bleiben. Ernüchtert macht sich Huber ans Studium seiner *statischen Liquidität.*

Siehe CD-ROM

Im Anhang dieses Buches (S. 199) finden Sie das DATEV-Standardblatt der *statischen Liquidität* unseres fiktiven Unternehmers Hubert Huber.[16]

Die *statische Liquidität* von DATEV präsentiert sich auf einer Seite – eingeteilt in drei aussagekräftige Blöcke. Lexware bietet dagegen zur Analyse der Liquidität nur Kennzahlen .

Unten sehen Sie eine vereinfachte Darstellung der *Kopfleiste der statischen Liquidität* unseres fiktiven Computerfachmanns Hubert Huber.

Bezeichnung	**Zum Juni**			
	Mittel	Verbindlichkeiten	Über- bzw. Unterdeckung	D. Grad

In der Textspalte sind das Umlaufvermögen und die entsprechenden kurzfristigen Verbindlichkeiten in der Reihenfolge ihrer Geldwerdungsdauer in Sammelpositionen aufgelistet:

Barmittel: Kasse, Postbank, Bank

Kurzfristige Geldforderungen und Verbindlichkeiten: Forderungen aus Lieferungen und Leistungen Sonstige Vermögensgegenstände stehen den Verbindlichkeiten aus Lieferungen und Leistungen und Sonst. Verbindlichkeiten.

Weiteres Umlaufvermögen: Warenbestand sowie in Arbeit befindliche Aufträge.

In Spalte 1 listen die Mittel alle Vermögensbestände auf, in Spalte 3 wird die Differenz zu den Verbindlichkeiten später gebildet.

[16] Anwender der Buchhaltungssoftware Lexware, bei der es keinen Standardausdruck zum Liquiditäts-Modul gibt, können sich mit der umfangreichen Kennzahlenanalyse von Lexware behelfen.

Der BWA-Leser erkennt anhand der Gegenüberstellung nahezu „laufzeitidentischer“ Positionen, ob die Zahlungsverpflichtungen aus den zeitnahen Zahlungseingängen erfüllt werden können.

Sie stellt dessen Zahlungsfähigkeit zum 30. Juni auf den Prüfstand. Der nächste Blick fällt auf die Spalte mit den kleinsten Zahlen, den so genannten *Deckungsgraden* (Spalte 4). Diese drei Kennzahlen zeigen den Anteil, mit dem die kurzfristigen Verbindlichkeiten durch das Geldvermögen bzw. das in absehbarer Zeit zu Geld werdende Umlaufvermögen „gedeckt“ werden. Ausführlich werden sie in Kapitel 4 vorgestellt.

Durch die Gegenüberstellung

Bezeichnung	Zum Juni 2022	Zum Mai 2022

im rechten Block werden die entsprechenden Zahlen zum vorausgegangenen Buchhaltungsmonat verglichen.

Barliquidität (oberer Block)

Guthaben versus Kontokorrent

Die Barliquidität gibt Auskunft, inwieweit die in Anspruch genommenen Kontokorrentkredite durch Geldbestände gedeckt sind, sei es durch Bargeld in der Kasse oder Buchgeld auf anderen Konten.[17] Da der Kontokorrentkredit naturgemäß nie durch ungebundene Gelder auf dem Bankkonto abgedeckt ist, liegt meist eine Unterdeckung vor.

Bezeichnung	Zum Juni		
	Mittel	Verbindlichkeiten	Über- bzw. Unterdeckung
Kasse	437,10		
Postbank	1.050,00		
Bank		20.121,78	
Barliquidität	**1.487,10**	**20.121,78**	**– 18.634,68**

[17] Die Barliquidität gibt es nur bei DATEV. Lexware weist stattdessen die im Wirtschaftsleben gängigere „Liquidität 1. Grades“ aus. Diese ergänzt die Bankverbindlichkeiten der Barliquidität um andere kurzfristige Verbindlichkeiten, v. a. die aus Lieferung und Leistung.

Die Unterdeckung zum Juni besagt, dass am Stichtag 30. Juni die kurzfristigen Verbindlichkeiten um 18.634 € höher sind als die flüssigen Geldmittel. Über den finanziellen Spielraum des Unternehmens sagt dies aber nichts aus.

Liquidität 2. Grades (mittlerer Block)

+ Forderungen versus Verbindlichkeiten

Die Liquidität 2. Grades erweitert den Blick auf die Barliquidität um die Forderungen und Verbindlichkeiten, sofern diese in naher Zukunft fällig werden.

Bezeichnung	Zum Juni		
	Mittel	Verbindlichkeiten	Über- bzw. Unterdeckung
Barliquidität	**1.487,10**	**20.121,78**	**– 18.634,68**
Forderungen L. u. L.	67.216,43		
Vor-/USt.-Saldo		3.558,88	
Verbindlichkeiten L. u. L		59.960,00	
Sonst. Verbindlichkeiten	14,40	23.515,53	
Liquidität 2. Grades	**88.557,59**	**107.156,19**	**– 18.598,60**

Die Unterdeckung beziffert die entstandene Lücke mit 18.598 €. Diese Summe muss aus den *zukünftigen* Geschäftsaktivitäten abgezweigt werden, damit die bereits bestehenden Verbindlichkeiten getilgt werden können. Dies ist ein Alarmzeichen.

Liquidität 3. Grades (unterer Block)

+ Vorratsvermögen

Die Liquidität 3. Grades bezieht – über Geldreserven und Kontokorrentschulden, Forderungen und Verbindlichkeiten hinaus – das gesamte Vorratsvermögen eines Unternehmens in die Liquiditätsüberlegungen ein. Auf Lager liegende Waren, halbfertige Leistungen etc. können, im Gegensatz zum Anlagevermögen, schnell versilbert werden, wenn es darum geht, sich in schwierigen Zeiten Liquidität zu verschaffen.

Siehe CD-ROM

Leider wird die gerade im Bankgespräch oft nachgefragte Liquidität 3. Grades in der BWA von DATEV nicht ausgewiesen. Sie kann mithilfe des Tools auf der beiliegenden CD leicht ermittelt werden.

Bezeichnung	Zum Juni		
	Mittel	Verbindlichkeiten	Über- bzw. Unterdeckung
Liquidität 2. Grades	**88.557,59**	**107.156,19**	**– 18.598,60**
Halbfertige Leistungen	9.500,00		
Warenlager	30.500,00		
Kommissionsware	15.000,00		
Liquidität 3. Grades	**143.557,59**	**107.156,19**	**36.401,14**

Die Überdeckung beziffert sich mit 36.401 € – ein Ergebnis, das zunächst ein gutes Gefühl hinterlässt. Das Risiko jedoch besteht erfahrungsgemäß darin, dass ein durchaus realistisch beurteilter Wert des Vorratsvermögens nicht realisierbar ist, wenn Liquiditätsengpässe zu schnellem Handeln zwingen.

Schlussfolgerung: Statische Liquidität

Die Liquidität des Unternehmers Hubert Huber gibt Anlass zur Vorsicht. Grund zur Verzweiflung ist sie aber nicht, denn die *statische Liquidität* lässt unberücksichtigt,

- wann die Forderungen und Verbindlichkeiten zur Einzahlung oder Auszahlung kommen,
- welcher Kontokorrentspielraum noch zur Verfügung steht,
- wie sich die Liquidität erst durch Vorgänge nach dem Stichtag verändert hat.

Ob die Liquidität zum Juni zu Sofortmaßnahmen zwingt, ergibt sich nicht aus den absoluten Zahlen, sondern aus den Liquiditäts-Kennzahlen bzw. Deckungsgraden, die in Kapitel 4 ausführlich diskutiert werden.

2.2 Die Vergleichenden BWAs

Vergleichswerte

Die *kurzfristige Erfolgsrechnung* liefert zwar ein tiefenscharfes Bild des Unternehmensprofils – zur Bewertung der Geschäftszahlen fehlen aber *Vergleichswerte* als Maßstab. Als Vergleichsgrößen können folgende Werte dienen:

- die Planzahlen: Der *Soll-/Ist-Vergleich* ist auf Ihr Unternehmen zugeschnitten – aktuell und individuell.
- die Geschäftszahlen des Vorjahres: Dem *Vorjahresvergleich* fehlt die Aktualität, weil er auf Daten der Vergangenheit zurückgreift.

- die durchschnittlichen Kennzahlen Ihrer Branche: Dem *Branchenvergleich* fehlt die Individualität.

2.2.1 Soll-/Ist-Vergleich

Bei dieser BWA-Form werden die erreichten Geschäftszahlen den angestrebten Planzahlen gegenübergestellt. Voraussetzung dafür ist, dass die Planvorgaben für die gesamten Unternehmensaktivitäten fundiert recherchiert und exakt beziffert sind.

Beispiel: Markterfolg durch Planwirtschaft?

Fehlentwicklungen entstehen oftmals nicht durch die mangelnde Bereitschaft, auf Realitäten zu reagieren und z. B. die Privatentnahmen zurückzufahren, sondern aus dem Unvermögen, eben diese Realitäten rechtzeitig zu erfassen.

Zwar hatte Hubert Huber einen Geschäftsplan erstellt und dabei mit durchaus irdischen Zahlen hantiert, er vergaß aber den monatlich fortlaufenden Abgleich seiner Planzahlen mit den tatsächlichen Geschäftszahlen. Dieser Soll-/Ist-Vergleich hätte problematische Trends und Tendenzen frühzeitig offen gelegt und Korrekturen eingefordert. Hubert Huber reibt sich die Augen und fragt in seiner Buchhaltung nach, wo denn die Soll-/Ist-Vergleiche der letzten Monate sind ...

Geschäftszahlen der Zukunft

Grundlage des Soll-/Ist-Vergleichs ist der *Geschäftsplan*, in dem die „Soll-Werte" (Planwerte) fixiert sind, also die Geschäftszahlen vom Umsatz bis zum Zinsaufwand, die für jeden Monat des laufenden Geschäftsjahres angestrebt werden.

Siehe CD-ROM

Der Soll-/Ist-Vergleich wird von DATEV in verschiedenen Versionen angeboten. Für welche Version Sie sich entscheiden, ist letztlich Geschmacksache. Dieses Buch arbeitet mit der klassischen Version, deren Aufbau dem der *kurzfristigen Erfolgsrechnung* entspricht. Einen Abdruck finden Sie im Anhang und auf der CD.[18]

[18] Der Soll-/Ist-Vergleich ist bei Lexware zwar anders strukturiert und formatiert als bei DATEV, seine Kernstruktur ist aber ähnlich. Der Hauptunterschied besteht in der unterschiedlichen Spaltenanordnung. Das Lexware-Programm stellt auf einer Seite nur Jahres-Istwerten Jahres-Sollwerte oder Monats-Istwerten Monats-Sollwerte gegenüber. Die Abweichung bietet das Programm entweder als Planerreichung in Prozent oder Abweichung in absoluten Werten an.

Unten sehen Sie einen Abschnitt der Kopfleiste des Soll-/Ist-Vergleichs.

Aufbau des Soll-/Ist-Vergleichs

Bezeichnung	Ist	Plan	Abweichung	
	Jan. – Juni	Jan. – Juni	Absolut	in %

Wie bei der *kurzfristigen Erfolgsrechnung* ist die linke Spalte für die einzelnen Positionen reserviert, in den rechten Zahlenspalten stehen die Geschäfts- und die Planzahlen. Die abgebildeten Zahlenspalten weisen nur die kumulierten Werte für das aufgelaufene Geschäftsjahr aus, da die Monatswerte für den Soll-/Ist-Vergleich eher nachrangig sind.

Bezeichnung (linke Spalte)

Die Liste der Positionen ist in Benennung und Reihenfolge identisch mit der Positionenliste der *kurzfristigen Erfolgsrechnung*.

Zahlenspalten (rechte Spalten)

Vergleich von Ist- und Planzahlen

Die *erste Spalte* enthält die Ist-Zahlen entsprechend der Liste der Positionen aus der *kurzfristigen Erfolgsrechnung*. Spannender ist die *zweite Spalte* mit den Soll-Zahlen: Diese Planzahlen dienen als Vergleichswerte, an denen die erreichten Zahlen gemessen und mit deren Hilfe sie bewertet werden. Dieser Vergleich von Ist- und Planzahlen ermöglicht eine „Abweichungsanalyse“. Die *dritte Spalte* benennt die Abweichungen mit Euro-Beträgen, während die *vierte Spalte* die Abweichungen als prozentuale Plan-Untererfüllung oder Plan-Übererfüllung wiedergibt.

Beispiel 1: Vorläufiges Ergebnis im Soll-/Ist-Vergleich

Nicht anders als bei der *kurzfristigen Erfolgsrechnung* fällt auch beim Soll-/Ist-Vergleich der erste Blick auf das *vorläufige Ergebnis*, ausgewiesen in der letzten Zeile. Das vorläufige Ist-Ergebnis bekommt durch die Gegenüberstellung mit der Planzahl einen Maßstab, an dem es gemessen werden kann: Ist das Ergebnis *gemessen an der Planzahl* gut oder schlecht? – Alles nur eine Frage der Relation …

Ist	Plan	Abweichung	
Jan. – Juni	Jan. – Juni	Absolut	in %
15.760,79	55.067,00	– 39.306,21	– 71,35 %

Hubers Halbjahresergebnis von immerhin fast 16.000 € bekommt eine ganz andere Färbung, wenn man berücksichtigt, dass bei Planerstellung vor gerade einmal sechs Monaten ein Überschreiten der 50.000-Euro-Marge realistisch gewesen ist. Immerhin fiel das tatsächlich Erreichte um 71 % hinter das Geplante zurück. Damit ist Hubert Huber eigentlich schon mitten in der Abweichungsanalyse. Wie kommt die Abweichungsrate von 71 % zu Stande?

Beispiel 2: Rohertrag im Soll-/Ist-Vergleich

Die Abweichung im Rohertrag

In der Abweichungsanalyse ist der Rohertrag der erste Kandidat, den Sie sich, nach dem *vorläufigen Ergebnis*, ansehen. Denn der Rohertrag (= Gesamtleistung minus variable Kosten) berücksichtigt nur die der Gesamtleistung direkt zurechenbaren Kosten, während Fixkosten, Zins- und Steueraufwand außen vor bleiben. Wenn der Ist-Rohertrag hinter dem Plan-Rohertrag zurückbleibt, ist der Fehler entweder in Umsatzeinbrüchen oder in groben Kalkulationsfehlern zu suchen. Sind aber, obwohl das anvisierte *vorläufige Ergebnis* nicht erreicht wurde, der de facto erreichte und der geplante Rohertrag weitgehend identisch, dann liegen die Fehler i. d. R. in den Unternehmensstrukturen.

Ist	Plan	Abweichung	
Jan. – Juni	Jan. – Juni	Absolut	in %
151.023,53	172.686,00	– 21.662,47	12,54

Dass das *vorläufige Ergebnis* in Hubers Computerfachladen nur halb so hoch ausgefallen ist, wie erwartet, liegt ausschließlich am Umsatzeinbruch (Beispiel 5). Denn die 22 %-ige Umsatzabweichung konnten durch eine – auf den ersten Blick – rentablere Einkaufsabwicklung verbessert werden. Die Planabweichung der Rohertragsrendite wurde auf „nur" 12 % reduziert. Im Detail belastet die Differenz im Rohertrag in Höhe von – 21.844 € die Planuntererfüllung des *vorläufigen Ergebnisses*. Für eine detailliertere Analyse wird auf die nachfolgenden Kapitel 4 und 5 verwiesen. Zunächst konzentriert sich Huber auf die Kostenseite, um den Einbruch seines *vorläufigen Ergebnisses* aufzuklären.

Beispiel 3: Gesamtkosten im Soll-/Ist-Vergleich

Die Abweichung bei Gesamtkosten

Die Gesamtkosten, die sich etwas vereinfachend mit den Fixkosten gleichsetzen lassen, sind die Kosten der bestehenden Unternehmensstrukturen. Daher sind immer sie die Verursacher, wenn trotz eines „guten" Rohertrags ein „schlechtes" *vorläufiges Ergebnis* erzielt wird.

Ist	Plan	Abweichung	
Jan. – Juni	Jan. – Juni	Absolut	in %
139.354,09	113.011,00	– 26.343,09	23,31

Hubers Unternehmen hat im aufgelaufenen Geschäftsjahr erheblich höhere Kosten verursacht als geplant: Um 26.343 € überstiegen die Gesamt- bzw. Fixkosten die Planvorgaben – dies sind immerhin über 20 % mehr als vorgesehen. Woran liegt das? Hubert Huber sucht und findet den Kostentreiber in den Personalkosten.

Beispiel 4: Personal- sowie Werbe- und Reisekosten im Soll-/Ist-Vergleich

Die Personalkosten sind die ersten Verdächtigen, wenn die Gesamtkosten zu hoch ausfallen. Manchmal laufen aber auch die Werbekosten aus dem Ruder, seltener sind es, z. B. bei Betrieben mit großem Fuhrpark, die Kfz-Kosten.

Ist	Plan	Abweichung	
Jan. – Juni	Jan. – Juni	Absolut	in %
86.991,15*	50.404,00	38.587,15	76,55
10.801,79**	26.781,00	– 15.979,33	– 59,70

* Ist-Personalkosten i. H. v. 88.991 €: Hubert Huber hat 38.000 € mehr an Löhnen und Gehältern bezahlt als er sich dies zum Zeitpunkt der Planerstellung vorgenommen hatte. Das stellt eine Kostenexplosion von 76,56 % dar! Die Ursachen liegen zum einen darin, dass Huber einen zusätzlichen Vertriebler zur Bearbeitung eines neuen Geschäftsfeldes eingestellt hat, was ursprünglich nicht eingeplant gewesen ist. Zum anderen beschäftigt er einen weiteren Mitarbeiter in der Technik. Seit er eine günstige Einkaufsquelle für Computerbauteile erschlossen hat, baut er seine für den Verkauf bestimmten Rechner selbst zusammen.

** Ist-Werbe- und Reisekosten i. H. v. 10.801 €: Bei den Werbekosten hat Huber gespart und nur 10.801 € statt der geplanten 15.525 € ausgegeben. Dadurch konnte er zumindest einen kleinen Teil seiner Mehraufwendungen für Personalkosten auffangen.

Beispiel 5: Umsatzerlöse sowie Material- und Wareneinsatz im Soll-/Ist-Vergleich

Man kann es so formulieren: Die Umsatzerlöse sind die Summe aller Produkte, die das Unternehmen verlassen haben und beim Kunden angekommen sind. Negative Abweichungen sagen nichts anderes, als dass die Umsatzziele nicht erreicht wurden. Die Ursache kann in einer Absatz- und in einer Preisabweichung liegen.

Ist	Plan	Abweichung	
Jan. – Juni	Jan. – Juni	Absolut	in %
288.147,54*	369.500,00	– 81.352,46	– 22,02
138.124,10**	196.374,00	– 58.249,90	– 29,66

* Ist-Umsatzerlöse i. H. v. 288.147 €: Hubert Huber hat seine Umsatzziele um mehr als 80.000 € verfehlt. Er bleibt damit um immerhin 22 % hinter den selbst gesteckten Zielen zurück (siehe Kapitel 6).

** Ist-Material- und Wareneinsatz i. H. v. 136.399 €: Die Umsatzschwäche lässt den Schluss zu, auch der Material- und Wareneinsatz sei um denselben Prozentsatz geringer ausgefallen. Bei Huber ist es allerdings so, dass beim Material- und Wareneinsatz mit ca. 30 % deutlich eingespart werden konnte.

Schlussfolgerung: Soll-/Ist-Vergleich

Hubert Hubers Unternehmen ist in Schieflage geraten, weil er den geplanten Umsatz nicht realisieren konnte und im Bereich der Personalpolitik Dispositionen getroffen hat, die so nicht geplant waren. Er hätte die Entwicklung früher erkennen müssen und erkennen können, wenn ihm die Soll-/Ist-Vergleiche vorgelegen hätten. Damit ist Hubert Huber schon mitten im Kapitel 4 dieses Buches, das sich mit der Unternehmenssteuerung mithilfe von BWA-Kennzahlen befasst.

2.2.2 Vorjahresvergleich

Geschäftszahlen der Vergangenheit

Sofern ein differenzierter Geschäftsplan fehlt, werden in der Praxis häufig statt der Planzahlen die Geschäftszahlen des Vorjahres als Vergleichsobjekte herangezogen. Die optische Darstellung des Vorjahresvergleichs entspricht bei allen Softwareanbietern dem des Soll-/Ist-Vergleichs.[19] Allerdings fehlt die Aktualität! Es wird auf Daten zurück-

[19] Im Anhang (S. 202) finden Sie einen Vorjahresvergleich aus dem Programm DATEV.

gegriffen, die eigentlich schon verwelkt sind! Trotzdem sind die Zahlen der Vorperiode besser als gar keine Vergleichswerte. Zur Darstellung der Geschäftsentwicklung kann der Vorjahresvergleich durchaus ein geeigneter Ersatz sein, wenn kein Unternehmensplan vorliegt.

Beispiel 1: Vorläufiges Ergebnis im Vorjahresvergleich

Der Vergleich des *vorläufigen Ergebnisses* des laufenden Geschäftsjahres mit dem des Vorjahres sagt zwar, ob sich die Zahlen des Unternehmens verbessert oder verschlechtert haben – bei der Steuerung Ihres Unternehmens hilft dieser Vergleich aber kaum.

Ist	Vorjahr	Abweichung	
Jan. – Juni	Jan. – Juni	Absolut	in %
15.760,79	– 1.187,81	16.948,6	1.426,88

Das *vorläufige Ergebnis* i. H. v. 15.760 €: Hubert Huber hat sein *vorläufiges Ergebnis* im laufenden Jahr gegenüber dem Vorjahr um 16.948 € gesteigert. Diese Aussage mag für Huber erfreulich sein, die Devise „Weiter so!" lässt sich daraus aber keineswegs ableiten.

Beispiel 2: Umsatzerlöse sowie Material- und Wareneinsatz im Vorjahresvergleich

Vor allem der Vergleich der Umsatzerlöse ist mit den Zahlen des Vorjahres spannend. Weitergehende Handlungsempfehlungen ergeben sich aber auch hieraus ebenso wenig wie aus dem Vorjahresvergleich des Material- und Wareneinsatzes.

Ist	Vorjahr	Abweichung	
Jan. – Juni	Jan. – Juni	Absolut	in %
288.147,54*	162.866,00	125.281,25	76,92
138.124,10**	99.706,44	38.417,66	38,53

* Ist-Umsatzerlöse i. H. v. 288.147 €: Hubert Huber erzielt im laufenden Jahr gegenüber dem Vorjahr ein Umsatzplus von 125.281 €. Sein Umsatz übersteigt somit um 76,92 % den Vorjahresumsatz.

** Ist-Material- und Wareneinsatz i. H. v. 138.124: Das satte Umsatzplus zieht normalerweise auch einen höheren Materialeinsatz nach sich. Überraschend ist im vorliegenden Fall die moderate Steigerung von nur 38,53 %.

Der Vergleich der laufenden Zahlen mit den Vorjahreszahlen lässt letztendlich viele Fragen für die laufende Unternehmenssteuerung offen.

2.2.3 Branchenvergleich

Verfügbar ist diese Option nur für DATEV-User: Dabei werden die Kennzahlen Ihres Unternehmens den statistisch ermittelten Durchschnittszahlen Ihrer Branche und Umsatzklasse gegenübergestellt – allerdings nur diejenigen Prozentzahlen, die den Anteil einzelner Positionen an der Gesamtleistung wiedergeben.[20]

Der Nachteil: Es fehlt die Individualität! Ihr Unternehmen ist kein „durchschnittlicher Branchenvertreter“, weil es einen solchen nicht gibt.

Beispiel 1: Vorläufiges Ergebnis und Gesamtleistung im Branchenvergleich

Hier wird die Gesamtleistungs- bzw. Umsatzrendite Ihres Unternehmens mit dem Branchendurchschnitt verglichen.

Ist	Branche	Abweichung	
Jan. – Juni	Jan. – Juni	Absolut	in %
5,45	7,44	1,99	26,74

Umsatzrendite von 5,45: Sie ist um 1,99 Punkte schlechter als der Branchendurchschnitt – das ist über 26 %! Huber sollte sich konkret die Positionen ansehen, in denen er sich unterhalb der Branche bewegt. Ein konkreter Handlungsbedarf kann daraus aber nur bedingt abgeleitet werden.

Beispiel 2: Personalkosten und Gesamtleistung im Branchenvergleich

Der Vergleich der Personalkostenintensität Ihres Unternehmens mit der Branche kann ein Indiz für die Wirtschaftlichkeit der eigenen Belegschaft sein.

[20] Im Anhang (S. 204) finden Sie einen Branchenvergleich von DATEV.

Ist	Branche		Abweichung
Jan. - Juni	Jan. - Juni	Absolut	in %
30,78 %	19,81 %	10,97	55,37

Personalkostenintensität von 30,78: Diese Kennzahl liegt mit 10,97 Punkten 55 % über dem Branchendurchschnitt. Auch dies ist eine Information, die Huber zur Analyse seiner Personalkostenstruktur anregen sollte.

2.3 Weitere BWAs im Überblick

Die meisten BWA-Formen sind Ableitungen aus der *kurzfristigen Erfolgsrechnung*. Sie komprimieren bestimmte Daten oder bereiten die Vermögens-, Finanz- oder Ertragslage des Unternehmens in einer anderen Form auf. Ob sie als Informationslieferant nötig und als Steuerungsinstrument geeignet sind, hängt nicht zuletzt von Ihren persönlichen Präferenzen ab.[21]

2.3.1 Betriebswirtschaftlicher Kurzbericht

Der „BKB" ist eine komprimierte Form der *kurzfristigen Erfolgsrechnung*: Da er nur die wesentlichen Leistungen und Kosten sowie die Ergebnispositionen ausweist, reicht ein Augenblick, um ihn zu erfassen. Ergänzt wird der Bericht durch zwei Kennzahlen: die Umsatzrentabilität (Gesamtleistungsrentabilität) und die Handelsspanne. Verfügbar ist der betriebswirtschaftliche Kurzbericht jedoch nur bei DATEV.

2.3.2 Branchen-BWAs

Branchenspezifische BWAs

Für eine Reihe von Branchen hat DATEV spezielle BWA-Formen entwickelt, deren Positionen auf die branchentypischen Bedürfnisse zugeschnitten sind:

- Die *Handwerks-BWA* setzt den Schwerpunkt auf den gesonderten Ausweis der Handwerkserlöse und stellt ihnen die Produktivlöhne und andere variable Kosten gegenüber.

[21] Die BWAs aus Kapitel 2.3 finden Sie nur auf der CD.

- Die *Steuerberater-BWA* nimmt eine Trennung der Umsatzerlöse in verschiedene Geschäftsbereiche vor. Zudem bietet es durch die Verwendung von statistischen Konten weiteres Auswertungspotenzial.
- Die *kurzfristige Erfolgsrechnung für Ärzte und Zahnärzte* unterscheidet u. a. zwischen Umsätzen mit Kassenpatienten und Umsätzen mit Privatpatienten. Innerhalb der Betriebsausgaben werden konkrete BWA-Positionen, wie z. B. *Fremdlabor*, für eine übersichtliche Kostenkontrolle eingeführt.

2.3.3 Rating-BWA

Rating-BWA nur von Lexware

Die so genannte Rating-BWA, ursprünglich ein Produkt von DATEV, bietet nur Lexware an. Sie baut grundsätzlich auf dem Schema der *kurzfristigen Erfolgsrechnung* auf, bietet aber an, die in den Gesamtkosten enthaltenen variablen Kosten in einem separaten Block kalkulatorische variable Kosten auszuweisen. Dadurch kann sie einen detaillierten Rohertrag, nämlich den *Gesamtdeckungsbeitrag* (= Gesamtleistung abzüglich aller variablen Kosten) ausweisen. Außerdem lässt eine verfeinerte Differenzierung innerhalb der Bereiche Umsatzerlöse und Wareneinsatz verfeinerte Analysemöglichkeiten zu.[22]

2.3.4 Kapitalflussrechnung-BWA

Diese Auswertungsform dokumentiert – anders als das BWA-Modul der *statischen Liquidität* – die so genannte dynamische Liquidität eines Unternehmens. Sie nimmt die Zahlungsströme unter die Lupe und gibt Auskunft, woher die Gelder gekommen und wohin sie geflossen sind.

In einer vierseitigen, etwas leseunfreundlichen Auswertung werden die Geldströme für den Monat und das aufgelaufene Geschäftsjahr skizziert:

---

[22] Die DB-Erfolgsrechnung in Kapitel 5 greift verschiedene Elemente dieser BWA-Form auf, die auf der CD exemplarisch aufgeführt ist.

- Der „Cashflow laufende Geschäftstätigkeit“ fasst alle Einzahlungen von Kunden und die Auszahlungen an Lieferanten, Personal etc. zusammen (Blatt 1).
- Der „Cashflow Investition“ zeigt Einzahlungen aus dem Verkauf und Auszahlungen für den Kauf von Investitionsgütern bzw. Finanzanlagen (Blatt 2).
- Der „Cashflow Finanzierung“ gibt Auskunft über Einzahlungen von und Auszahlungen an Gesellschafter, Unternehmer, auch der Geldverkehr im Zusammenhang mit langfristigen Bankdarlehen wird hier berücksichtigt (Blatt 2).
- Die „Finanzmittel am Ende der Periode“ zeigen Ihnen exakt auf Heller und Pfennig, um wieviel Geld Ihr Unternehmen reicher oder ärmer geworden ist (Blatt 3).
- Unter der Rubrik „Nachrichtlich“ sind die Privatentnahmen, der Forderungsbestand sowie die Höhe der derzeit bestehenden Verbindlichkeiten aus Lieferungen und Leistungen ausgewiesen (Blatt 4).

Umfangreichere Auswertungen

Neben den in diesem Kapitel vorgestellten BWAs gibt es noch eine Vielzahl von Auswertungen und Übersichten. In einigen BWAs werden 3-Jahres-Vergleiche angestellt, in anderen wird die Entwicklung von Monat zu Monat beobachtet. Zudem können die Auswertungen durch grafische Darstellung der einzelnen Positionen visualisiert sein. Umfangreichere Auswertungen, wie z. B. der Controlling-Bericht (Kapitel 7.1) und der BWA-Report von DATEV oder die „Bankenmappe“ von Lexware, binden die Zahlen in mehr oder weniger umfangreiche Geschäftsberichte ein.

3 Die Summen- und Saldenliste als Datenpool für die BWA

3.1 Die Aufgabe der SuSa

Mithilfe der BWA lässt sich die Geschäftssituation jedes noch so vielschichtigen Unternehmens in zehn bis fünfzehn Minuten erfassen, denn sie ist „nur" die Zusammenfassung der Geschäftszahlen, die den wirtschaftlichen Erfolg Ihres Unternehmens ergeben. Wie gezeigt, decken die verschiedenen BWA-Formen und BWA-Module unterschiedliche Bereich ab – die Ertragslage, die Vermögenslage oder die Liquiditätslage. Im Prinzip sind die Betrags- und Kennzahlen der BWA nichts anderes als hochkomprimierte Datenpakete, in denen sich eine Vielzahl von Geschäftsvorfällen verbirgt. Die Summen- und Saldenliste wird quasi zum Decoder, der die Zahlenwerte und Datenpakete unklarer BWA-Positionen dechiffriert und offen legt.

Die BWA greift auf den Datenpool der Summen- und Saldenliste zu

Denn es gibt im Rahmen jeder BWA-Analyse Fälle, in denen die vereinfachenden BWA-Zahlen für das Verstehen der Lage nicht ausreichen. Die offenen Fragen lassen sich aber i. d. R. durch einen Blick in die Summen- und Saldenliste klären:

Betriebswirtschaftliche Auswertung (BWA)			
Kurzfristige Erfolgsrechnung (Ertragslage)	Bewegungsbilanz (Vermögenslage)	Statische Liquidität (Liquiditätslage)	Vergleichende BWAs (Ertragslage)
SUMMEN- und SALDENLISTE			

Der Datenpool der Summen- und Saldenliste speist sich aus der Buchhaltung

Eingabe der Belege und Verbuchung

Der Zugriff auf die Summen- und Saldenliste ist nur möglich, weil dieser Datenpool von Ihrer Buchhaltung gefüttert wird. Bei ihr werden die Belege jedes Geschäftsvorfalls zwischen Bleistiftkauf und Megadeal eingereicht und ins Buchhaltungsprogramm, meist von DATEV oder Lexware, eingegeben. Jede Einzelbuchung wird im Programm auf Buchhaltungskonten verbucht – in der Summen- und Saldenliste erscheinen aber nur die Summen der Soll- und der Habenseiten sowie die Salden dieser Konten. Inhaltlich zusammengehörige Konten der Summen- und Saldenliste werden dann vom Computerprogramm zusammengefasst und als *BWA-Positionen* auf den Datenblättern der *kurzfristigen Erfolgsrechnung*, der Bewegungsbilanz etc. ausgedruckt.

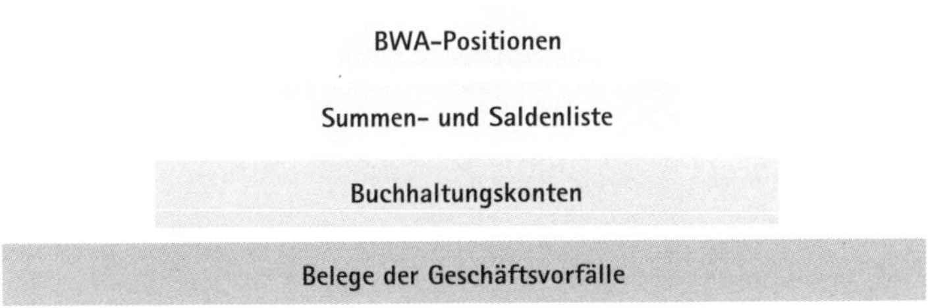

Da der Begriff *Summen- und Saldenliste* ungefähr so ansprechend klingt wie Mykotoxine[23], hat sich die erheblich sympathischere Bezeichnung *SuSa* eingebürgert.

Beispiel: Hubert Huber lernt die SuSa zu lieben

Verunsichert von der Schieflage seines Betriebs wedelt Huber mit den Datenblättern seiner BWA herum. Manches kommt ihm vor wie fauler Zahlenzauber: Was steckt hinter den Personalkosten? Was steckt hinter der Position *Umsatzerlöse*? Warum sind die Forderungen und die Verbindlichkeiten gestiegen?

Für Klarheit könnten die sieben Seiten sorgen, die sein Buchhalter der BWA beigelegt hat: Zwar ist er irritiert von den kryptischen Kontennamen und Zahlengebilden. Aber Schritt für Schritt erschließen sich ihm System und Systematik seiner Summen- und Saldenliste.

[23] Medizinischer Fachbegriff für Hausstaubmilben in der Buchhalterstube.

Zwar wird er anfangs noch oft verzweifelt suchen in den Kontenlisten, manchmal wird er seinen Buchhalter rufen und nachfragen. Um die BWA noch besser verstehen und nutzen zu können, will er sich demnächst näher mit dem Thema Buchführung auseinandersetzen – längst ist er infiziert und fasziniert von der SuSa und ihrem Charme der nackten Fakten ...

Siehe CD-ROM

Im Buchanhang (S. 206) und auf CD finden Sie die 7-seitige Summen- und Saldenliste, erstellt mit der Software von DATEV.[24] Schlagen Sie die betreffenden Buchseiten auf, während Sie dieses Kapitel bearbeiten.

3.2 Die Systematik der SuSa

Jedes SuSa-Blatt hat eine Textspalte mit den Nummern und Namen der Konten sowie sechs Zahlenspalten mit den Kontoständen. Keine der Positionen und Zahlenwerte der BWA-Module taucht in der SuSa auf.

Konto Bezeichnung (Textspalte)

Die Textspalte listet jedes Buchhaltungskonto mit Nummer und Name, sofern darauf im Abrechnungszeitraum Buchungen stattgefunden haben.

Eröffnungsbilanzwert (Spalte 1)

Kontostand zu Beginn

Nur diejenigen Konten, die sich auf Vermögens- oder Kapitalpositionen beziehen, haben hier einen „Kontostand" ausgewiesen – den Eröffnungsbilanzwert. Dieser Buchwert zu Beginn des Geschäftsjahres entspricht dem Schlussbilanzwert des vergangenen Geschäftsjahres. Alle weiteren Konten der SuSa, die in die Positionen der *kurzfristigen Erfolgsrechnung* einfließen (Ertragskonten und Aufwandskonten), haben keinen Eröffnungssaldo. Der Grund ist, dass diese Konten am Ende des vorausgegangenen Geschäftsjahres abgeschlossen wurden und die Salden aus dem Vorjahr im Konto Kapital berücksichtigt werden.

---

24 Der Aufbau der leistungsgleichen Lexware-SuSa ist identisch.

Rechts neben den Euro-Werten taucht ein kleines aber feines „S“ oder „H“ auf. Diese Buchstaben zeigen, ob das Konto im Soll oder Haben steht. Diese Buchhaltungslogik klingt etwas kompliziert, ist aber zum Verständnis der SuSa wichtig.

Eröffnungsbilanzwert im Soll oder Haben?

Anders als beim Bankkonto, bei dem Soll immer „im Minus" heißt und Haben „im Plus", hängt dies bei Buchhaltungskonten davon ab, ob es sich um ein Aktivakonto oder ein Passivakonto handelt.

Aktivakonten, auf die Anlage- wie Umlaufvermögenswerte verbucht sind, sind so genannte *Sollkonten*, die im Plus sind, wenn sie im Soll stehen.

Bei den Passivakonten, auf denen Eigen- und Fremdkapital verbucht sind, ist es gerade umgekehrt: Als so genannte *Habenkonten* stehen sie im Haben, wenn sie im Plus sind.

Monatswert Soll/Haben (Spalte 2/3)

Kontobewegungen

Die nächsten beiden Spalten der SuSa nehmen die Bewegungen ins Visier, die auf den einzelnen Konten *während des Abrechnungsmonats* stattgefunden haben. Die zweispaltige Auflistung macht die Kontobewegungen transparent – Spalte 2 für die Summe der Veränderungen auf der Soll-Seite, Spalte 3 für die Veränderungen auf der Haben-Seite.

Monatswert im Soll oder Haben?

Bei den *Vermögens-* und den *Kapitalkonten* gilt das bereits zum Eröffnungsbilanzwert Gesagte: Die Vermögenswerte nehmen im Soll zu und im Haben ab. Bei den Kapitalwerten ist es umgekehrt: Dort werden die Zunahmen im Haben verbucht, die Abnahmen im Soll.

Alle *Ertragskonten* nehmen im Haben zu und im Soll ab, während die *Aufwandskonten* im Soll zunehmen und im Haben abnehmen.

Kumulierter Wert Soll/Haben (Spalte 4/5)

Der „kumulierte Wert“ nimmt die Veränderungen der einzelnen Konten im aufgelaufenen Wirtschaftsjahr unter die Lupe. Die hier ausgewiesenen Soll- und Haben-Veränderungen betreffen also das Wirtschafts*jahr*.

Kumulierter Wert im Soll oder Haben?

Für die Beurteilung der Soll- und Habenwerte der einzelnen Konten gilt dasselbe, was oben zu den Monatswerten gesagt worden ist.

Saldo (Spalte 6)

Kontostand zum Ende

Der Saldo addiert zu den Eröffnungsbilanzwerten (falls vorliegend!) die kumulierten Werte für das aufgelaufene Geschäftsjahr. Hier errechnen sich die Salden, auf die es in der Mehrzahl der Fälle ankommt, weil sie heranzuziehen sind, um die BWA zu analysieren (mit Ausnahme der Bewegungsbilanz, die explizit auf die Veränderungen der Soll-Haben-Werte abstellt).

Saldo im Soll oder Haben?

Für die Vermögens- und Kapitalpositionen gilt das zu den Eröffnungsbilanzwerten Gesagte: Vermögenswerte stehen im Soll und Kapitalwerte im Haben, wenn sie im Plus sind.

Für die Ertrags- und Aufwandskonten gilt: Ertragskonten stehen im Haben, wenn sie im Plus sind, und im Soll, wenn sie im Minus sind. Aufwandskonten stehen im Soll, wenn sie im Plus sind, und im Haben, wenn sie im Minus sind.

Übersicht: Das System der Buchhaltungskonten

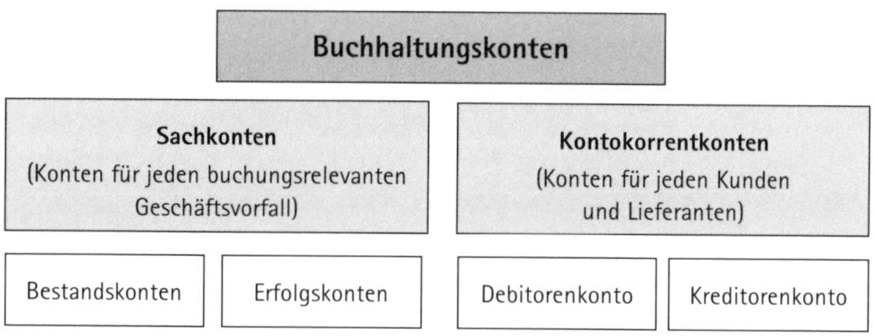

Profi-Buchhalter arbeiten nur mit den Nummern der Konten.[25] Im Folgenden finden Sie Erläuterungen der vier Kontengruppen aus der vorstehenden Übersicht „Das System der Buchhaltungskonten“:

[25] Siehe Kontenklassen in Kapitel 3.3.

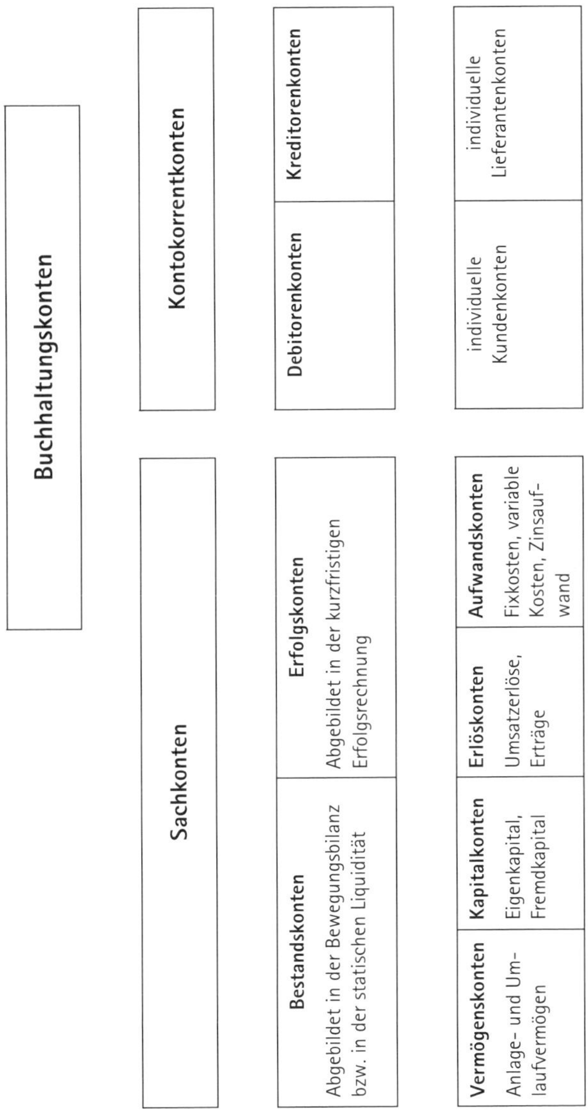

Abbildung: Das System der Buchhaltungskonten

3.3 Die Kontenklassen

Die Kontengruppen ergeben sich aus Kontenklassen, die Buchhaltungskonten mit inhaltlich verwandten Funktionen zusammenfassen.[26]

Kontoklassen	Inhalt
Kontenklasse 0 (Konto 001-999)	Anlagevermögen bzw. das „langfristige Vermögen": Hier sind alle Wirtschaftsgüter ausgewiesen, die länger als 1 Jahr dem Unternehmen dienen (vom Bagger bis zur Unternehmensbeteiligung).
Kontenklasse 1 (Konto 1000-1999)	Umlaufvermögen bzw. das „kurzfristige Vermögen". Dazu zählen im Wesentlichen die drei Kontengruppen Warenbestand, Forderungen sowie Geldkonten (Kasse, Bank, Postbank).
Kontenklasse 2 (Konto 2000-2999)	Eigenkapital: Das Kapital, das dem Unternehmen von dessen Gesellschaftern zur Verfügung gestellt wird. Gleichzeitig werden hier auch Privatentnahmen und andere „private" Zahlungen für die Gesellschafter und Unternehmer verbucht.
Kontenklasse 3 (Konto 3000-3999)	Fremdkapital: Dazu rechnet man alle Verbindlichkeiten gegenüber Lieferanten, Banken oder dem Finanzamt – egal ob langfristig oder kurzfristig.
Kontenklasse 4 (Konto 4000-4999)	Diese Konten bilden alle Geschäftsvorfälle ab, die zu Erlösen oder anderen betrieblichen Erträgen wurden.
Kontenklasse 5 (Konto 5000-5999)	Auf diese Konten ist der gesamte Warenverkehr verbucht, vom Wareneingang bis zu Bestandsveränderungen.
Kontenklasse 6 (Konto 6000-6999)	Die Konten dieser Klasse beherbergen alle verbleibenden Geschäftsvorfälle, die die Gesamtkosten des Unternehmens bilden.

[26] Diese Einteilung legt der Kontenrahmen SKR 04 fest, den DATEV, Lexware und die meisten anderen Buchhaltungsprogramme verwenden. Manche Buchhalter arbeiten nach dem Kontenrahmen SKR 03 oder anderen Kontenrahmen, bei denen die Nummerierung und Benennung der Konten nicht so einfach darzustellen ist.

Kontenklasse 7 (Konto 7000-7999)	Konten zur Verbuchung der Zinsen und Steuern, der *neutralen Aufwände* und der *neutralen Erträge*.
Kontenklasse 8 (Konto 8000-8999)	Alle gängigen Buchungsprogramme lassen die Kontenklasse 8 offen zum individuellen Bebuchen, falls im Unternehmen Bedarf besteht.
Kontenklasse 9 (Konto 9000-9999)	Hier sind die Gegenbuchungen der Eröffnungsbilanzwerte ausgewiesen. Bei richtiger und vollständiger Bebuchung ergibt die Summe dieser Kontenklasse 9 den Wert „0".
Debitorenkonten (Konto 10000-69999)	Diese Nummern weisen jedem Kunden ein eigenes Konto zu.
Kreditorenkonten (Konto 70000-99999)	Diese Konten widmen sich den Lieferanten. Hier werden die Rechnungen zusammengefasst, die im Laufe der Periode von Ihrem Lieferanten gestellt und bezahlt wurden.

3.4 Der Zugriff der einzelnen BWA-Module auf die SuSa

Da Sie während Ihrer BWA-Analyse immer wieder in der SuSa nachlesen müssen, sollte diese immer griffbereit liegen. Je nach BWA-Modul und BWA-Form sind unterschiedliche Kontenklassen und Zahlenspalten in Betrachtung zu ziehen.

Kurzfristige Erfolgsrechnung → SuSa

Erfolgskonten

Die *kurzfristige Erfolgsrechnung*, das wichtigste aller BWA-Module, bezieht sich auf die so genannten Erfolgskonten (Kontenklasse 4 bis 8), hinter denen Hunderte von Einzelkonten stehen können. Zu wissen, welche Konten zu welcher BWA-Position gehören, erfordert eine buchhalterische Grundausbildung, die längst nicht jeder Chef oder jede Chefin mitbringt. Deshalb stellt DATEV einen so genannten *Wertenachweis*[27] zur Verfügung: Das ist im Prinzip nichts anderes als der Ausdruck einer „erweiterten" *kurzfristigen Erfolgsrechnung*,

[27] Lexware nennt dies eine Kostenstatistik mit Kontenaufstellung.

bei dem zu jeder BWA-Position die entsprechenden SuSA-Konten bereits zugeordnet und abgedruckt sind.[28]

Wertenachweis

Einen Wertenachweis für Hubert Hubers Computerfirma finden Sie im Anhang (S. 214). Wir demonstrieren am Beispiel zweier Positionen das System und die Struktur der zu Grunde liegenden Buchhaltungskonten der SuSa.

Siehe CD-ROM

Der gesamte Wertenachweis ist auf der CD-ROM dargestellt.

Beispiel 1: Umsatzerlöse

Da Hubert Huber Einzelinformationen zum Umsatzvolumen verschiedener Produkte benötigt, splittet er seine Umsätze nach Geschäftsbereichen auf und legt für jeden dieser Bereiche ein separates Konto an.

Sie erhalten dazu den Ausschnitt aus der *kurzfristigen Erfolgsrechnung* (Umsatzerlöse) und die zugeordneten Konten aus der Summen- und Saldenliste (dem Wertenachweis) gegenübergestellt.

Ausschnitt aus der kurzfristigen Erfolgsrechnung

Bezeichnung	01.06.–30.06.	01.01.–30.06.
Umsatzerlöse	57.419,23	288.147,54

Ausschnitt aus dem Wertenachweis

Konto		Bezeichnung	01.06.–30.06	01.01.–30.06
		Umsatzerlöse	**57.419,23**	**288.147,54**
4338	H	Nicht steuerb. Ums. Drittland	0	5.000,00
4400	H	Erlöse Hardware	16.059,39	78.990,39
4401	H	Erlöse Software	1.604,59	9.363,20
4402	H	Erlöse Netzwerke	8.509,66	55.147,58
4403	H	Erlöse Serviceverträge	5.331,90	27.849,10
4404	H	Erlöse Reparatur/Dienstleistung	6.465,51	24.655,14

[28] Die Angabe aller Einzelkonten macht den Wertenachweis recht unübersichtlich. Deshalb ist es besser, die Analyse anhand der herkömmlichen kurzfristigen Erfolgsrechnung zu machen und den Wertenachweis nur im Zweifelsfall zur Hand zu nehmen.

4405	H	Erlöse Computersicherheit	5.000,00	9.310,34
4409	H	Erlöse Ladengeschäft	16.379,31	81.034,48
4735	S	Gewährte Skonti	- 206,90	- 1.478,46
4790	S	Gewährte Rabatte	- 1.724,14	- 1.724,14

Der Blick auf die Einzelkonten zeigt, wie sich Hubers Umsatz auf die einzelnen Geschäftsfelder verteilt. So sind z. B. die Installation von Netzwerken bei Kunden (Konto 4402) und der Verkauf über die Theke (Konto 4409) die beiden größten „Umsatzbringer". Auch der neue Geschäftsbereich, der sich der Computersicherheit widmet, läuft recht gut an (Konto 4405). Aber Achtung: Die Umsätze sagen nichts über die Gewinnspannen, die in den Umsatzzahlen enthalten sind. Diese ergeben sich erst aus dem Rohertrag/Deckungsbeitrag (siehe Kapitel 5). Erlöskonten

Ein weiterer Vorteil der Analyse mithilfe der SuSA-Konten ist, dass der separate Ausweis der gewährten Rabatte (Konto 4790) vor Augen führt, wie viel Preiszugeständnisse Hubert Huber machen musste: Während er früher nie Rabatte gewährt hatte, konnte im Juni ein Großkunde einen Preisnachlass von 1.724 € durchsetzen.

Beispiel 2: Material- und Wareneinsatz

Zu jedem Geschäftsbereich wurde nicht nur ein Umsatzkonto angelegt, sondern auch ein Wareneingangskonto. Dies sind Konten zur Verbuchung von Bauteilen und Dienstleistungen, die für die einzelnen Geschäftsbereiche eingekauft wurden.

Ausschnitt aus der kurzfristigen Erfolgsrechnung

Bezeichnung	01.06.–30.06.	01.01.–30.06.
Mat./Wareneinsatz	31.968,96	138.124,10

Ausschnitt aus dem Wertenachweis

Konto		Bezeichnung	01.06.–30.06.	01.01.–30.06.
		Wareneinsatz	**31.968,96**	**138.124,10**
5200	S	Wareneingang ohne Steuer	4.250,00	4.250,00

5400	S	Wareneingang Hardware	12.896,55	41.991,37
5401	S	Wareneingang Software	862,07	5.689,65
5402	S	Wareneingang Netzwerke	6.163,79	24.094,82
5403	S	Wareneingang Serviceverträge	862,07	3.232,75
5404	S	Wareneingang Reparatur/Dienstl.	0,00	2.758,63
5409	S	Wareneingang Ladengeschäft	8.620,69	54.741,37
5735	S	Erhaltene Skonti - Vorsteuer	- 129,31	- 258,62
5769	H	Erhaltene Boni - geschätzt	- 500,00	- 3.000,00
5880	S	Bestandsveränderung Waren	3.750,00	2.500,00
5881	H	Bestandsveränderung Kundenkommission	- 10.500,00	- 8.500,00
5904	S	Fremdleistung Reparatur/Dienstl.	2.000,00	4.500,00
5905	S	Fremdleistung Computersicherheit	2.400,00	4.400,00
5992	S	Vertriebsprovision Netzwerke	1.293,10	1.724,13

Wareneingangskonten

Die Wareneingangskonten (Konto 5200 bis 5409) sind reine Eingangskonten; sie sagen nichts darüber, ob die angelieferten Gegenstände verbaut wurden oder ob sie noch im Lager liegen.

Bestandsveränderungskonten

Der tatsächliche Wareneinsatz ergibt sich erst durch die Berücksichtigung der Bestandsveränderungskonten: Im ersten Halbjahr wurden, zusätzlich zu den oben angesprochenen Wareneingängen, noch Waren und Teile im Wert von 2.500 € aus dem Lager entnommen und verbaut (Konto 5880). Die damit verbundene Bestandsabnahme im Lager ist auf dem korrespondierenden Konto 1140 in der Summen- und Saldenliste verbucht.

Der Wareneingang für die Kundenkommission war im ersten Halbjahr jedoch höher, als tatsächlich verbraucht wurde. Deshalb sind noch Waren in Höhe von 8.500 € auf Lager genommen worden (Konto 5881). (Das Konto 1141 entspricht dem korrespondierenden Konto in der SuSa.)

Bewegungsbilanz → SuSa

Statische Liquidität → SuSa

Beide BWA-Module greifen auf die Bestandskonten der Summen- und Saldenliste (Kontoklassen 0-3) zu, auf denen das Anlage- und Umlaufvermögen sowie das Eigen- und das Fremdkapital verbucht sind. Allerdings ist das Nachlesen in der SuSa für diese beiden BWA-Module weit weniger aufschlussreich als für die *kurzfristige Erfolgsrechnung* und den Soll-/Ist-Vergleich: Es gibt in diesen Fällen z. T. bessere Informationsquellen wie z. B. die OPOS, die Liste der offenen Posten, oder die tagesaktuellen Bankkontoauszüge. Zudem ist es für Laienbuchhalter oft schwierig festzustellen, welche SuSa-Konten zu welcher BWA-Position gehören. In Zweifelsfällen raten wir, sich gleich an einen professionellen Buchhalter zu wenden.

Soll-/Ist-Vergleich → Susa

Auch für das Verstehen und Analysieren der Euro-Zahlen des Soll-/Ist-Vergleichs kann der Blick in die SuSa manchmal hilfreich sein! Sinn macht die Aktion natürlich nur, wenn nicht nur pauschale Planzahlen für die BWA-Positionen projiziert worden sind, sondern wenn *zu jedem einzelnen SuSa-Konto* konkrete Planvorgaben budgetiert wurden.

Soll-/Ist-Vergleich mit Kontenaufstellung

Wer mit Lexware arbeitet, lässt sich einen so genannten „Soll-/Ist-Vergleich mit Kontenaufstellung“ ausdrucken. Er ist das Äquivalent zum Wertenachweis und stellt für die SuSa-Konten Planzahlen und tatsächlich erreichte Werte gegenüber.[29]

Bei DATEV besteht diese Option nicht: Hier kann man die Planzahlen nur pro BWA-Position hinterlegen, nicht für einzelne Konten in der Summen- und Saldenliste.

Das nachfolgende Beispiel untersucht für die Umsatzerlöse, auf welchen Konten die Planvorgaben von den Ist-Zahlen abweichen. Dazu sehen Sie den Ausschnitt aus dem Soll-/Ist-Vergleich (Umsatz-

[29] Diese Daten finden Sie auf CD in Ordner 3.

erlöse) um die zugeordnete Kontenaufstellung inklusive der Planzahlen ergänzt.

Beispiel: Umsatzerlöse

Huber hat nicht nur für die Summe der Umsatzerlöse Planzahlen formuliert, sondern detailliert für jeden einzelnen Bereich, und sie auf separaten Konten erfasst. So ist ihm für jedes Konto eine „konkrete Abweichungsanalyse" möglich.

Ausschnitt aus dem Soll-/Ist-Vergleich

Ist	Plan	Abweichung	
Jan. – Juni	Jan. – Juni	Absolut	in %
288.147,54	369.500,00	– 81.352,46	– 22,02

Ausschnitt aus dem Soll-/Ist-Vergleich mit Kontenaufstellung

Konto		Bezeichnung	Ist	Plan
			Jan. – Juni	Jan. – Juni
		Umsatzerlöse	**288.147,54**	**369.500,00**
4338	H	Nicht steuerb. Ums. Drittland	5.000,00	---
4400	H	Erlöse Hardware	78.990,39	109.000,00
4401	H	Erlöse Software	9.363,20	27.500,00
4402	H	Erlöse Netzwerke	55.147,58	90.000,00
4403	H	Erlöse Serviceverträge	27.849,10	28.000,00
4404	H	Erlöse Reparatur/Dienstleistung	24.655,14	30.000,00
4405	H	Erlöse Computersicherheit	9.310,34	0,00
4409	H	Erlöse Ladengeschäft	81.034,48	85.000,00
4735	S	Gewährte Skonti	– 1.478,46	---
4790	S	Gewährte Rabatte	– 1.724,14	---

Detailanalyse für Planabweichungen

Nachdem der Soll-/Ist-Vergleich ergeben hat, dass Hubert Huber um mehr als 80.000 € hinter den Umsatzerwartungen zurückgeblieben ist, stellt sich bei einem Mehr-Produkt-Unternehmen natürlich die Frage, woran das im Einzelnen liegt.

Der Verkauf von Hardware (Konto 4400) brachte statt der geplanten 109.000 € nur 78.000 € Umsatz – eine Plan-Untererfüllung um

31.000 €. Eine weitere Fehlplanung gab es im Bereich der Netzwerkinstallationen (Konto 4402) mit ca. 35.000 € Plan-Untererfüllung. Gerade in diese beiden Bereiche hatte Huber verstärkt investiert, vor allem durch Einstellung eines neuen Mitarbeiters.

Positiv überrascht ist er vom Bereich Computersicherheit (Konto 4405), den aufzubauen er gerade im Begriff ist. Obwohl er für das erste Halbjahr noch gar keine Umsätze erwartet hatte, haben seine Leute auf diesem Sektor schon Umsätze von über 9.000 € gemacht.

4 Unternehmensanalyse mithilfe der BWA-Kennzahlen

Kennzahlen als Instrument der Unternehmensführung

Während die meisten Unternehmer mit den absoluten Euro-Zahlen der monatlichen Auswertung durchaus umgehen können, bleibt die Bedeutung der anderen Spalten oft ein Geheimnis.

Dabei steht hinter diesen *Kennzahlen* ein griffiges Prinzip, das sich – wenn man es einmal verstanden hat – vortrefflich im Unternehmeralltag nutzen lässt. Mit den Kennzahlen lassen sich einzelne Positionen in Relation zu Basisgrößen wie z. B. der Gesamtleistung oder dem Umlaufvermögen setzen. Dadurch machen sie als so genannte relative Kennzahlen die monatlichen Auswertungen – im Zusammenspiel mit den absoluten Euro-Zahlen – analysefähig:

- Erst die relativen Kennzahlen ermöglichen einen schnellen Vergleich von Monats- und Jahreszahlen.
- Sie machen die Kostenstruktur transparent, indem sie angeben, wie das Verhältnis einzelner Kostenpositionen zu den Gesamtkosten aussieht.
- Sie können unmittelbar für die Vor- und Nachkalkulation herangezogen werden.
- Sie ermöglichen den Vergleich der Umsatz-, Kosten- und Ertragsstrukturen verschiedener Unternehmen.

Relative Kennzahlen

Hier lässt sich wieder das Beispiel des Schiffskapitäns und seines Logbuchs heranziehen: Auch der Kapitän kann erst dann gut kalkulieren, wenn er mit *relativen Kennzahlen* arbeitet. Mehr als beispielsweise der absolute Dieselverbrauch in Tonnen interessiert ihn für seine Kalkulation der Dieselverbrauch je Seemeile. So sind auch der Auslastungsgrad seiner Ladekapazität oder der Ertrag je Bruttoregistertonne nichts anderes als relative Kennzahlen. Mit ihrer Hilfe kann der Kapitän Vergleiche zu früheren Fahrten oder anderen

Schiffen ziehen und dadurch die ökonomischen Resultate seines Schiffes optimieren.

Zu Ihrer Orientierung

Die Standard-Module der BWA weisen, je nach verwendetem Buchhaltungsprogramm, unzählige relative Kennzahlen aus. Weitere Kennzahlen ergeben sich aus den vergleichenden BWAs oder der Rating-BWA, die im Prinzip dasselbe aussagen wie die Kennzahlen der Standard-Module. Aus dieser Überfülle an verfügbaren Kennzahlen genügt ein gutes Dutzend für das praktische Tagesgeschäft.

Die Kennzahlen liefern Vergleichs- und Kalkulationsparameter zur Ertragslage, zur Vermögenslage und zur Finanzlage Ihres Unternehmens.

- Die *Kennzahlen zur Ertragslage* im Zahlenwerk der *kurzfristigen Erfolgsrechnung*, z. B. die Gesamtleistungsrendite, sind mit Abstand die bedeutendsten und stehen daher im Mittelpunkt nachfolgender Betrachtung.
- Von untergeordneter Bedeutung sind die *Kennzahlen zur Vermögenslage*, ausgewiesen in der Bewegungsbilanz.
- Die *Kennzahlen zur Liquiditätslage* im Modul der *statischen Liquidität* machen die Zahlungsfähigkeit – im Sinne einer zeitpunktbezogenen Betrachtung – eines Unternehmens transparent.

4.1 Kennzahlen zur Ertragslage

Zum Studium der Kennzahlen zur Ertragslage nehmen Sie die *kurzfristige Erfolgsrechnung* des Computerfachmanns Hubert Huber zur Hand.

Die *kurzfristige Erfolgsrechnung* – kennzahlenorientiert aufgebaut – finden Sie im Buchanhang (S. 194) und auf der beiliegenden CD in der DATEV-Fassung.[30] Gemeinsam ist den dort ausgewiesenen Kenn-

Siehe CD-ROM

[30] Die Lexware-Ausführung, die als „Kostenstatistik I" bezeichnet wird, ist identisch mit der aus Kapitel 2.

zahlen zur Ertragslage, dass sie die einzelnen BWA-Positionen in Relation zu einer von vier Basisgrößen setzen:

- Basisgröße Gesamtleistung (Spalte 2 und 7)
- Basisgröße Gesamtkosten (Spalte 3 und 8)
- Basisgröße Personalkosten (Spalte 4 und 9)
- Basisgröße Material- und Wareneinsatz (Spalte 5 und 10)

Die Zahlen in den Spalten 2 bis 5 haben den laufenden Monat im Visier, während der Betrachtungszeitraum der Kennzahlen in den Spalten 7 bis 10 das aufgelaufene Geschäftsjahr ist.

Aus diesen Kennzahlen ergeben sich Relationen und Quervergleiche, die in der täglichen Praxis zur Unternehmungsführung bzw. zur Unternehmenssteuerung eingesetzt werden können.

Nutzen der Ertragslage-Kennzahlen

Der Nutzen der Ertragslage-Kennzahlen besteht darin, dass sie *komprimierte* Aussagen treffen, aus denen sich konkrete Möglichkeiten zur Verbesserung der Unternehmensresultate ergeben. Dies geschieht in zweifacher Hinsicht:

a) Die Gegenüberstellung des Monats- und des Jahreswertes einzelner Kennzahlen ermöglicht die Bewertung der Abweichung zwischen Betrachtungsmonat und Jahresdurchschnitt.

b) Die Verknüpfung verschiedener Kennzahlen legt offen, wie die Ergebnisse und Teilergebnisse des Geschäftsbetriebs zu Stande gekommen sind.

So werden die folgenden Beispiele unter den beiden Aspekten a) und b) analysiert.

4.1.1 Gesamtleistungs-Kennzahlen

Diese Kennzahlen geben den prozentualen Anteil einzelner Positionen der *kurzfristigen Erfolgsrechnung* an der Gesamtleistung wieder.

Vor allem diese Kennzahlengruppe lässt Fehlentwicklungen und Korrekturpotenziale eines Unternehmens schnell sichtbar werden, weil sämtliche Ergebnisse und Kosten durch das Erbringen der Gesamtleistung erzielt bzw. verursacht werden.

Die Gesamtleistungs-Kennzahlen teilen sich in drei Gruppen:

- Die *Renditen* geben den Anteil einzelner *Ergebnis*positionen an der Gesamtleistung wieder. Je höher die Prozentsätze einer Rendite, um so profitabler arbeitet das Unternehmen.
- Die *Intensitäten* setzen einzelne *Kosten*positionen in Relation zur Gesamtleistung. Daraus wird deutlich, wie viel Prozent der Gesamtleistung für die einzelnen Kostenpositionen aufgewendet wurden.
- Die *sonstigen Gesamtleistungskennzahlen* setzen die Erlöse und Erträge in Beziehung zur Gesamtleistung. So wird z. B. ablesbar, wie viel Prozent der Gesamtleistung in den Umsatzerlösen begründet sind beziehungsweise wie das prozentuale Verhältnis zwischen *neutralem Ertrag* und Gesamtleistung aussieht.

Die folgende Tabelle stellt die wichtigsten Renditen aus der Juni-BWA des Betriebs von Hubert Huber zusammen. Die Reihenfolge der Kennzahlen orientiert sich an der „Betrachtungshierarchie".

Bezeichnung	**Spalte 2 (Juni)**	**Spalte 7 (Jan. – Juni)**
Gesamtleistung (GL)	100,00 %	100,00 %
1. Gesamtleistungsrendite (vorläufiges Ergebnis/GL)	2,45 %	5,45 %
2. Kennzahl des *neutralen Ertrags*[31] (*neutraler Ertrag*/GL)	0,25 %	2,45 %
3. Umsatzrendite (Betriebsergebnis/GL)	3,52 %	4,66 %
4. Rohertragsrendite (Rohertrag/GL)	47,52 %	52,23 %

Zwar verschafft diese Tabelle einen Überblick, zum tieferen Verständnis sollten Sie sich die einzelnen Renditen aber im Kontext der *kurzfristigen Erfolgsrechnung* verdeutlichen.

[31] Die „Kennzahl des neutralen Ertrags" bezeichnet selbstverständlich keine Rendite, weil diese Erträge keine Ergebnisposition darstellen – ihre Betrachtung ist jedoch zur Abgrenzung der verschiedenen Renditen erforderlich.

1. Gesamtleistungsrendite (Vorl. Ergebnis/GL)

Gesamtleistungsrendite

Ausgangspunkt jeder Ertragsanalyse ist die Gesamtleistungsrendite.[32] Sie setzt das *vorläufige Ergebnis* in Relation zur Gesamtleistung und zeigt dadurch an, wie viel Prozent aus dem Umsatzerzielungsprozess, nach Abzug aller Kosten und Aufwendungen, übrig geblieben ist. Bei kleinen und mittelständischen Unternehmen bewegte sich nach Angaben der Deutschen Bundesbank diese Rendite 2004 zwischen 1,8 % (bei Kapitalgesellschaften) und 6,1 % (bei Nichtkapitalgesellschaften).

Bezeichnung	Spalte 2 (Juni)	Spalte 7 (Jan. – Juni)
Gesamtleistung (GL)	100,00 %	100,00 %
Vorläufiges Ergebnis/GL	2,45 %	5,45 %

Der Vergleich der Juni-Gesamtleistungsrendite (2,45 %) mit der fast doppelt so hohen Gesamtleistungsrendite des ersten Halbjahres (5,45 %) ergibt, dass das Unternehmen im Betrachtungsmonat 50,0 % weniger erwirtschaftet hat als im Durchschnitt des ersten Halbjahres. Hubert Huber sucht nach einer Erklärung für die Abweichung zwischen Monatswert und kumuliertem Wert.

Schritt für Schritt

Die Ertragsanalyse untersucht die einzelnen Faktoren, die zur Gesamtleistungsrendite geführt haben. Der erste Blick richtet sich darauf, welche Rolle Sondereinflüsse wie neutrale Erträge, Steuern etc. spielen, die nicht an der unmittelbaren Umsatzerzielung beteiligt sind.

2. Kennzahl des neutralen Ertrags (Neutraler Ertrag/GL)

Die *Sondereinflüsse* haben im vorliegenden Beispiel eine erhebliche Auswirkung auf den *Anteil des neutralen Ertrags* an der Gesamtleistung und somit auch auf die Gesamtleistungsrendite:

Bezeichnung	Spalte 2 (Juni)	Spalte 7 (Jan. – Juni)
Gesamtleistung (GL)	100,00 %	100,00 %
Neutraler Ertrag/GL	0,25 %	2,45 %
Vorläufiges Ergebnis/GL	2,45 %	5,45 %

[32] Obwohl in der Praxis häufig der Begriff „Umsatzrendite“ verwendet wird, spricht dieses Buch ausschließlich von „Gesamtleistungsrendite“, wenn von der Kennzahl „vorläufiges Ergebnis/Gesamtleistung“ die Rede ist.

a) Die Kennzahl des neutralen Ertrags für den Juni und die für das aufgelaufene Geschäftsjahr klaffen um 2,20 Prozentpunkte auseinander. Demnach sind in den Vormonaten beträchtliche „betriebsuntypische" Erträge erwirtschaftet worden (Verkauf des Firmentransporters, Auflösung einer Ansparrücklage).

b) Im Halbjahresdurchschnitt betrug der Anteil der neutralen Erträge an der Gesamtleistung 2,45 %. Sie trugen so mit mehr als der Hälfte zur Gesamtleistungsrendite bei! Dass diese im aufgelaufenen Jahr um so viel besser war, nämlich 3 Prozentpunkte, liegt also hauptsächlich (mit 2.20 %) an den Sondereinflüssen.

Betriebsergebnis

Schritt für Schritt

Die nächste Analysestufe wendet sich dem *Betriebsergebnis* zu, d. h. dem Ergebnis des operativen Geschäfts. Je höher dessen Anteil an der Gesamtleistung ist, desto mehr hat sich das operative Geschäft rentiert.

3. Umsatzrendite I (Betriebsergebnis/GL)[33]

Die Kennzahl Umsatzrendite I fasst zusammen, in welchem Umfang die Gesamtleistungsrendite durch das normale, reproduzierbare Betriebsergebnis erzielt worden ist. Deshalb wird nicht die Gesamtleistungsrendite, sondern diese Umsatzrendite I als verlässliche Diskussions- und Analysegrundlage angesehen, vor allem im Rahmen von Gesprächen mit Analysten und Bankern.

Umsatzrendite I

Bezeichnung	Spalte 2 (Juni)	Spalte 7 (Jan. – Juni)
Gesamtleistung (GL)	100,00 %	100,00 %
Betriebsergebnis/GL	3,52 %	4,66 %
Vorläufiges Ergebnis/GL	2,45 %	5,45 %

a) Der Juni-Wert der Umsatzrendite I liegt um 1,14 Prozentpunkte unter dem kumulierten Wert. Der Juni war also auch dann kein guter Monat, wenn man alle Sonderfaktoren eliminiert und ausschließlich die normale Betriebstätigkeit in Betracht zieht.

b) Demnach resultieren nur 1,14 der insgesamt 3,00 Prozentpunkte Differenz zwischen der Gesamtleistungsrendite des Junis und der des aufgelaufenen Jahres (5,45 minus 2,45) aus der schlechteren Umsatzrendite I. Der größere Teil (1,86 %) erklärt sich aus Sonderfaktoren wie neutrale Erträge und Aufwendungen, Zinsen und Steuern.

[33] Im Unterschied zu der Kennzahl Umsatzrendite I setzt die so genannte Umsatzrendite II oder auch Bruttoumsatzrendite das „Ergebnis vor Steuern" in Relation zur Gesamtleistung. Auch sie ließe sich als Renditekennzahl diskutieren.

Schritt für Schritt

In der nächsten Betrachtungsebene wird nach Erklärungen für das Zustandekommen der Umsatzrendite I gesucht. Im Wesentlichen sind für sie zwei Einflussfaktoren verantwortlich:

1. die nachfolgend betrachtete *Rohertragsrendite* und
2. die *Gesamtkostenintensität* (= Anteil der Fixkosten an der Gesamtleistung)

4. Rohertragsrendite (Rohertrag/GL)

Rohertragsrendite

Die Rohertragsrendite gibt den prozentualen Anteil des Rohertrags an der Gesamtleistung wieder. Mit anderen Worten: Sie sagt, wie viel Prozent der Gesamtleistung nach Abzug der variablen Kosten (Materialeinsatz, Fremdleistungen) übrig bleiben.[34]

Bezeichnung	Spalte 2 (Juni)	Spalte 7 (Jan. – Juni)
Gesamtleistung (GL)	100,00 %	100,00 %
Rohertrag/GL	47,52 %	52,23 %
Betriebsergebnis/GL	3,52 %	4,66 %

a) Das Verhältnis zwischen Rohertrag und Gesamtleistung war im Juni (47,52 %) wesentlich schlechter als im Jahresdurchschnitt (52,23 %), was bedeutet, dass im Juni weniger rentable Aufträge ausgeführt wurden.

b) Die Verschlechterung der Rohertragsrendite um 4,71 Prozentpunkte im Juni im Vergleich zum Jahresdurchschnitt sollte eigentlich zur Folge haben, dass die Umsatzrendite I um denselben Betrag abfällt. Dass dies aber nur in einem Umfang von 1,14 Prozentpunkte geschieht, kann seine Ursachen nur in der ausgleichenden Wirkung einer verbesserten Fixkostenstruktur haben.[35]

[34] Es wird hier von variablen Kosten gesprochen, obwohl den Standard-BWAs im Regelfall nur eine unsaubere Trennung zwischen variablen und fixen Kosten zu Grunde liegt. Eine schärfere Trennung und bessere Analysegrundlage entsteht erst im Zusammenhang mit der „optimierten BWA", der in Kapitel 5 beschriebenen Deckungsbeitrag-Erfolgsrechnung.

[35] Diese Argumentationslinie vernachlässigt die Position der sonstigen betrieblichen Erlöse, weil diese in der Praxis von untergeordneter Bedeutung ist.

Analyse der Intensitäten

Schritt für Schritt

Mit der Rohertragsrendite ist die Betrachtung der Ergebnispositionen und Renditen abgeschlossen. Jetzt folgt die Analyse der Intensitäten und der dahinter stehenden Kostenstruktur – zunächst der Gesamtkostenintensität, die der zweite Einflussfaktor auf die Umsatzrendite I ist.

In der folgenden Tabelle sind die wichtigsten Intensitäten, also die einzelnen Kostenarten in Abhängigkeit zur Gesamtleistung, im Überblick dargestellt:

Bezeichnung	Spalte 2 (Juni)	Spalte 7 (Jan. – Juni)
Gesamtleistung (GL)	100,00 %	100,00 %
5. Gesamtkostenintensität Gesamtkosten/GL	44,50 %	48,19 %
6. Personalintensität Personalkosten/GL	28,53 %	30,78 %
7. Materialintensität Materialeinsatz/GL	52,48 %	47,77 %
8. Zinsintensität Zinsaufwand/GL	0,82 %	1,04 %

Die Reihenfolge der Betrachtung folgt der Wichtigkeit der einzelnen BWA-Positionen – ausgehend von der Gesamtkostenintensität.

5. Gesamtkostenintensität (Gesamtkosten/GL)

Gesamtkosten und Gesamtleistung

Die Gesamtkostenintensität bezieht sich nicht auf die Gesamtheit aller Kosten! Vielmehr setzt sie die Summe aller *Fix*kosten[36] in Relation zur Gesamtleistung. Statt von Gesamtkostenintensität könnte man also auch von Fixkostenintensität sprechen. Diese Kennzahl enthüllt die Fixkostenabhängigkeit eines Unternehmens: Je höher die Gesamtkostenintensität, desto schwieriger ist es, auf Umsatzschwankungen schnell und kurzfristig zu reagieren. Man spricht hier

[36] Dass die Trennung der Fixkosten und variablen Kosten bei manchen Positionen der kurzfristigen Erfolgsrechnung teilweise unklar ist, wurde schon mehrfach erwähnt. Details dazu finden Sie in Kapitel 5.

auch von der *Fixkostenfalle*, die umso schneller zuschnappt, je abhängiger das Unternehmen von den Fixkosten ist, dokumentiert durch eine hohe Gesamtkostenintensität.

Bezeichnung	**Spalte 2 (Juni)**	**Spalte 7 (Jan. – Juni)**
Gesamtleistung (GL)	100,00 %	100,00 %
Gesamtkosten/GL	44,50 %	48,19 %
Betriebsergebnis/GL	3,52 %	4,66 %

a) Dass die Gesamtkostenintensität von 44,50 % im Juni um 3,69 Prozentpunkte kleiner ist als der kumulierte Jahreswert von 48,19 %, hat ihre Ursache in der Verbesserung der Fixkostenstruktur oder einer Erhöhung der Gesamtleistung. Würde z. B. die Gesamtleistung des Monats nur im Jahresdurchschnitt liegen (48.000 €), würde eine Gesamtkostenintensität von 56,44 % eine wesentlich schlechtere Kostenstruktur aufdecken.

b) Die Ersparnis um 3,69 Prozentpunkte bei den Fixkosten könnte die Juni-Umsatzrendite I um denselben Wert verbessern: Dass dies nicht der Fall ist, hat seinen Grund – wie oben gesehen – in der Verschlechterung der Rohertragsrendite (im Juni 4,71 Punkte niedriger als im aufgelaufenen Jahr). Somit erklären sich 1,02 Prozentpunkte der Differenz in Höhe von 1,14 Prozentpunkten der Umsatzrendite I zwischen Juni und aufgelaufenem Jahr aus der Verschlechterung der Rohertragsrendite. Der verbleibende Differenzbetrag liegt in den sonstigen betrieblichen Erlösen der *kurzfristigen Erfolgsrechnung*, die ebenfalls die Umsatzrendite I beeinflussen.

Schritt für Schritt

Um Veränderungen und Schwankungen der Gesamtkostenintensität zu erklären, sehen Sie sich die ca. zehn Kostenarten an: Jede dieser Kostenarten beansprucht einen Anteil an der Gesamtleistung und weist somit eine Intensität aus, die es im Einzelfall zu optimieren gilt. Die *Personalintensität* wird im Folgenden herausgegriffen, weil der Aufwand für die Mitarbeiter üblicherweise den größten Kostentreiber darstellt.

6. Personalintensität (Personalkosten/GL)

Personalaufwand und Gesamtleistung

Diese Kennzahl setzt die Personalkosten (Löhne und Gehälter, Sozialabgaben, Aufwendungen für Altersversorgung etc.) zur Gesamtleistung in Beziehung und dokumentiert, wie lohnintensiv ein Unternehmen arbeitet. Je größer diese Kennzahl, um so „lohnabhängiger“

ist das Unternehmen, umso unmittelbarer reagieren Umsatzrendite I und Gesamtleistungsrendite auf Lohnsteigerungen oder auf Stellenabbau.

Bezeichnung	Spalte 2 (Juni)	Spalte 7 (Jan. – Juni)
Gesamtleistung (GL)	100,00 %	100,00 %
Personalkosten/GL	28,53 %	30,78 %
Gesamtkosten/GL	44,50 %	48,19 %

a) Während im kumulierten Jahr 30,78 % der Gesamtleistung für Löhne und Gehälter aufgewendet werden mussten, wurden im Juni nur noch 28,53 % der Gesamtleistung investiert – eine Verbesserung von 2,25 Prozentpunkten! Auch diese Verbesserung hat ihre Ursache in einer im Vergleich zum Jahresdurchschnitt besseren Gesamtleistung.

b) Die Verbesserung der Personalintensität um 2,25 Punkte ist der Hauptgrund für die Verbesserung der Gesamtkostenintensität. Den kleineren Teil zur Verbesserung der Gesamtkostenintensität um insgesamt 3,69 Prozentpunkte haben die Intensitäten der übrigen Kostenarten beigetragen (zusammengenommen 1,44 Prozentpunkte).

Schritt für Schritt

Oft werden die Kennzahlen *Personalintensität* und *Materialintensität* gegenübergestellt, weil entweder Personal (= Arbeitszeit) eingesetzt wird, um Produkte ganz oder teilweise selbst zu erstellen, was zu steigender Personalintensität führt, oder Material (halbfertige oder fertige Produkte) zugekauft wird, was wiederum die Materialintensität erhöht.[37]

7. Materialintensität (Materialeinsatz/GL)

Materialaufwand und Gesamtleistung

Die Materialintensität setzt die Summe aller *variablen* Kosten (Aufwendung für Handelsware, Roh- Hilfs- und Betriebsstoffe, Fremdleistungen etc.) in Relation zur Gesamtleistung.

Bezeichnung	Spalte 2 (Juni)	Spalte 7 (Jan. – Juni)
Gesamtleistung (GL)	100,00 %	100,00 %
Materialeinsatz/GL	52,48 %	47,77 %
Rohertrag/GL	47,52 %	52,23 %

[37] Die Relation vernachlässigt, dass die Personalintensität innerhalb der Fixkosten geprägt ist durch „nicht produktiven" Lohnaufwand wie Verwaltung, Vertrieb und Marketing des Unternehmens (siehe DB-Erfolgsrechnung in Kapitel 5).

a) Im Juni war die Materialintensität 4,71 Prozentpunkte höher als die des aufgelaufenen Halbjahres, was ebenso an Kundenrabatten im Zuge einer verschärften Konkurrenzsituation wie an schlechteren Einkaufskonditionen liegen kann. An einer niedrigeren Gesamtleistung kann es nicht liegen, weil sich der Materialeinsatz als variabler Kostenbestandteil Umsatzschwankungen anpasst.

b) Die in der Materialintensität „verschwundenen" 4,71 Prozentpunkte reduzieren die Rohertragsrendite naturgemäß um denselben Betrag. Auch die Verbesserung der Personalintensität um 3,69 Prozentpunkte im Juni reichte nicht, um die „verschwundenen" 4,71 Prozentpunkte auszugleichen.

Schritt für Schritt

Mit Betrachtung der Fixkosten (für die Unternehmensstruktur) und der variablen Kosten (für die Produktion) ist die Kostenseite der Umsatzerzielung im Kern durchleuchtet. Besonders in Zeiten der im Mittelstand nach wie vor geringen Eigenkapitalquoten liegt es nahe, als Nächstes den Blick auf die Zinsbelastung zu lenken.

8. Zinsintensität (Zinsaufwand/GL)

Zinsbelastung und Gesamtleistung

Die Zinsintensität setzt den Zinsaufwand für das Fremdkapital in Relation zur Gesamtleistung und dokumentiert, in welchem Umfang Kapitalkosten die Gesamtleistungsrendite belasten. Freilich zeigt sich im Rahmen von Unternehmensstatistiken, wie sie immer wieder in den Monatsberichten der Deutschen Bundesbank zur Veröffentlichung kommen, dass die „gefühlte Belastung" durch Bankzinsen nicht der Realität entspricht. Es sind meist keineswegs die Zinsraten, sondern allzu starre Tilgungsraten, die einem Unternehmen die Luft abschnüren.

Bezeichnung	Spalte 2 (Juni)	Spalte 7 (Jan. – Juni)
Gesamtleistung	100,00 %	100,00 %
Zinsaufwand/GL	0,82 %	1,04 %
Vorläufiges Ergebnis/GL	2,45 %	5,45 %

a) Monats- und Jahreswert der Zinsintensität unterscheiden sich um marginale 0,22 Prozentpunkte, obwohl – wie der Blick auf den absoluten Betrag in Spalte 1 der *kurzfristigen Erfolgsrechnung* zeigt – der Zinsaufwand zahlenmäßig identisch geblieben ist. Verringert hat sich nur dessen prozentualer Anteil an der Gesamtleistung, weil letztere im Juni höher war als im Jahresdurchschnitt.

b) Im Fall Hubert Huber verringerte die Zinsintensität des Juni die Gesamtleistungsrendite um 0,82 Prozentpunkte. Ohne Fremdkapitalkosten läge die Junirendite bei 3,27 % statt bei 2,45 %.

Trotzdem lassen sich Belastungen in der Größenordnung des Fallbeispiels keineswegs als Kostentreiber bezeichnen. Denn die Werte für die Personalintensität (28,53 %) oder die Materialintensität (52,48 %) bewegen sich in völlig anderen Dimensionen!

Schritt für Schritt

Nach Renditen und Intensitäten gibt es als Drittes die Gruppe der *sonstigen Gesamtleistungskennzahlen,* die ebenfalls die Gesamtleistungsrendite beeinflussen: Hierzu zählt auch die Kennzahl des neutralen Ertrags, deren Betrachtung aus Gründen der Analysesystematik zusammen mit der Kennzahl zum Betriebsergebnis (Umsatzrendite I) erfolgt ist.[38]

4.1.2 Gesamtkosten-Kennzahlen

Während die oben besprochenen Kennzahlen die *Gesamtleistung* im Fokus hatten, setzen die Gesamtkosten-Kennzahlen eine Reihe von Positionen der *kurzfristigen Erfolgsrechnung* in Relation zum *Fixkostenblock* Ihres Unternehmens (siehe die in Zeile 20 der *kurzfristigen Erfolgsrechnung* aufsummierten Gesamtkosten):

- Wenn einzelne Erlös- und Ergebnispositionen – z. B. die *Gesamtleistung* – in Relation zu den Gesamtkosten gesetzt werden, ersieht man den prozentualen „Mehrwert", den der Einsatz der Fixkosten gebracht hat.

[38] Siehe Beispiel 2, Seite 78

- Wenn einzelne Kostenarten – z. B. die Personalkosten – in Relation zu den Gesamtkosten gesetzt werden, spricht man von *Quoten*, die das Gewicht einzelner Fixkosten am Gesamtkostenblock widerspiegeln und der Kostenstruktur Transparenz verleihen.
- Bei anderen BWA-Positionen – v. a. bei den betriebsuntypischen Erträgen und Aufwendungen – wird keine Gesamtkosten-Kennzahl ausgewiesen, weil deren Aussagewert bedeutungslos ist.

Im Folgenden lernen Sie exemplarisch zwei wichtige Gesamtkosten-Kennzahlen kennen.

Bezeichnung	Spalte 3 (Juni)	Spalte 8 (Jan. – Juni)
Gesamtkosten (GK)	100,00 %	100,00 %
9. Gesamtleistung/GK	224,74 %	207,49 %
10. Personalkosten/GK	64,12 %	63,86 %

Das erste Beispiel setzt mit der Gesamtleistung eine Erlösposition, das zweite eine Kostenart in Relation zu den Gesamtkosten.

9. Gesamtleistung-Gesamtkosten-Relation (Gesamtleistung/GK)[39]

Gesamtleistung/ Gesamtkosten

Die Gesamtleistung-Gesamtkosten-Relation ermöglicht den Schnelleinblick in die Rentabilität: Je höher dieser Wert, desto produktiver und rentabler ist der Einsatz der Fixkosten, die ja nichts anderes sind als die monetäre Abbildung der Unternehmensstruktur.

Bezeichnung	Spalte3 (Juni)	Spalte 8 (Jan. – Juni)
Gesamtkosten (GK)	100,00 %	100,00 %
Gesamtleistung/GK	224,74 %	207,49 %

Die GL/GK-Relation aus der *kurzfristigen Erfolgsrechnung* zeigt, dass jeder Euro Fixkosten 2,24 € Gesamtleistung erwirtschaftete. Dass diese Kennzahl im Juni besser ist als im kumulierten Jahr (224,74 % statt 207,49 %), macht deutlich, dass die Fixkosten im Juni produktiver eingesetzt werden konnten. Die absoluten Zahlen zeigen, dass die Verbesserung im Juni an der im Jahresvergleich höheren Gesamtleistung (60.919 €) liegt und nicht an der Reduzierung der Juni-Fixkosten im Vergleich zum Jahresdurchschnitt.

[39] Diese Kennzahl ist „eigentlich“ nur die rechnerische Umkehrung der (Fix)Gesamtkostenintensität = Gesamtkosten-Gesamtleistung-Relation.

Schritt für Schritt

Nach der Untersuchung der Gesamtleistungs-Gesamtkosten-Relation folgt der Blick auf die Quoten, d. h. auf die Gewichtung der einzelnen Fixkostenarten innerhalb des Gesamt-(Fix-)kostenblocks.

Im Folgenden finden Sie eine exemplarische Darstellung der Personalkostenquote.

10. Personalkostenquote (Personalkosten/GK)

Personalkosten und Gesamtkosten

So wie die Materialkosten den überwiegenden Löwenanteil unter den variablen Kosten ausmachen, sind in den meisten Unternehmen die Personalkosten das Schwergewicht unter den Gesamt-(Fix-) kosten, weshalb die *Personalkostenquote* die wichtigste der Quoten ist.

Achtung – nicht verwechseln: Die Personalintensität zeigt das Verhältnis von Personalkosten und Gesamt*leistung* statt Gesamt*kosten*.

Bezeichnung	Spalte3 (Juni)	Spalte 8 (Jan. – Juni)
Gesamtkosten (GK)	100,00 %	100,00 %
Personalkosten/GK	64,12 %	63,86 %

Die Personalkostenquote von 64,12 % im Juni besagt, dass 64,12 % der Fixkosten allein für Löhne und Gehälter ausgegeben wurden, während im aufgelaufenen Geschäftsjahr der Anteil mit 63,86 % etwas geringer gewesen ist. Dieser höhere Anteil im Juni liegt an den – im Vergleich zum Jahresdurchschnitt – höheren Personalkosten.

4.1.3 Die Personalkosten-Kennzahlen

Diese Kennzahlengruppe setzt diverse Positionen der *kurzfristigen Erfolgsrechnung* in Relation zu den *Personalkosten*. Obwohl die Personalkosten-Kennzahlen eine weitaus geringere praktische Bedeutung als die zuvor besprochenen Gesamtleistungs- und Gesamtkosten-Kennzahlen haben, treffen sie in einzelnen Fällen durchaus verwertbare Aussagen:

- Die Relation zwischen Gesamtleistung und Personalkosten trifft Aussagen zur Wertschöpfung bzw. Produktivität der Mitarbeiter.

- Die Relation zwischen Material- bzw. Wareneinsatz und Personalkosten trifft Aussagen zum Verbrauch an Roh-, Hilfs- und Betriebsstoffen pro Mitarbeiter.

Bezeichnung	Spalte 4 (Juni)	Spalte 9 (Jan. – Juni)
Personalkosten (PK)	100,00 %	100,00 %
11. Gesamtleistung/PK	350,48 %	324,92 %
12. Materialeinsatz/PK	183,92 %	155,21 %

11. Gesamtleistung/Personalkosten (GL/PK)

Gesamtleistung und Personalkosten

Der Unternehmer erfährt aus dieser Kennzahl die Gesamtleistung, die mit je 100 Euro Lohnkosten erwirtschaftet wurde. Mit anderen Worten: Diese Kennzahl zeigt, wie viel ein Mitarbeiter im Betrachtungszeitraum erwirtschaftet hat und ob sich sein Arbeitsplatz für *beide* Seiten rechnet.[40]

Bezeichnung	Spalte 4 (Juni)	Spalte 9 (Jan. – Juni)
Personalkosten	100,00 %	100,00 %
Gesamtleistung/PK	350,48 %	324,92 %

Die Gesamtleistung-Personalkosten-Relation von 350,48 bedeutet, dass das Unternehmen im Juni das 3,5-fache der ausbezahlten Löhne erwirtschaftet hat. Im Jahresdurchschnitt betrug die Wertschöpfung nur 3,24 € pro Euro Lohn.

Schritt für Schritt

Zwar deutet eine Verbesserung der Gesamtleistungs-Personalkosten-Relation auf eine Produktivitätssteigerung der Mitarbeiter hin – es kann aber sein, dass aufgrund von Outsourcing die Erstellung der Gesamtleistung zwar weniger lohn-, dafür aber materialkostenintensiver war. Deshalb liegt auch hier ein „Kennzahlenpaar" vor, das Sie – nicht anders als die Kennzahlen Personal- und Materialintensität – immer gemeinsam betrachten sollten.

[40] Diese Aussage ist sehr allgemein. Sie berücksichtigt nicht die unterschiedlichen Tätigkeitsbereiche der Mitarbeiter (siehe DB-Erfolgsrechnung, Kapitel 5).

12. Materialeinsatz/Personalkosten (ME/PK)

Die Kennzahl Materialeinsatz/Personalkosten stellt in den meisten Unternehmen die beiden größten Kostentreiber, die Sie mithilfe dieser Kennzahl näher untersuchen können, in den Mittelpunkt der Überlegungen.

Die größten Kostentreiber

Bezeichnung	Spalte 4 (Juni)	Spalte 9 (Jan. – Juni)
Personalkosten	100,00 %	100,00 %
Materialeinsatz/PK	183,92 %	155,12 %
Gesamtleistung/PK	350,48 %	324,92 %

a) Das Verhältnis des Materialeinsatzes zu den Personalkosten betrug im Juni 183,92 % und war damit wesentlich höher als der Jahresdurchschnitt von nur 155,12 %.

b) Die aus der ersten Kennzahl ersichtliche Verbesserung der Produktivität wurde, wie vorher schon aus der Material- und Personalintensität ersichtlich, durch einen höheren Anteil des Materialeinsatzes an den Personalkosten erkauft.

4.1.4 Aufschlag

Der Aufschlag beziffert die prozentuale Differenz zwischen dem Wert der eingesetzten Materialien und dem Wert der tatsächlich erzielten Gesamtleistung.

Aufschlag

Die *kurzfristige Erfolgsrechnung* weist zwei verschiedene Aufschlagskennzahlen aus – wichtig ist aber nur der *Rohaufschlag*, der die Relation zwischen Rohertrag und Materialeinsatz wiedergibt.

13. Rohaufschlag (Rohertrag/Materialeinsatz)

Diese Prozentzahl ist nichts anderes als der *durchschnittliche* Kalkulationszuschlag, an dem sich alle im Unternehmen verwendeten Kalkulationszuschläge messen lassen müssen.[41]

Rohertrag und Materialeinsatz

Insbesondere Handelsunternehmen benutzen den Rohaufschlag gerne zur Preisfestlegung. Dabei muss ein ökonomisch sinnvoller Rohaufschlag nicht nur alle Kosten beinhalten, die durch den Geschäftsbetrieb verursacht werden, sondern auch den angestrebten Gewinn.

---

[41] Detaillierte Auswertungen für einzelne Geschäftsbereiche, in denen mit unterschiedlichen Rohaufschlägen gearbeitet wird, ergeben sich aus der in Kapitel 5 näher erläuterten DB-Erfolgsrechnung.

Bezeichnung	Spalte 5 (Juni)	Spalte 10 (Jan. - Juni)
Mat. u. Wareneinsatz	100,00 %	100,00 %
Rohertrag/Materialeinsatz	90,56 %	109,34 %

Der Rohaufschlag in Höhe von 90,56 % für den Monat Juni besagt, dass – einerlei wie Herr Huber kalkuliert hat – de facto auf jeden für Material und Fremdleistungen ausgegebenen Euro 90,56 Cent aufgeschlagen wurden. Dies ist relativ wenig, wenn man den Vergleich zum kumulierten Wert des Geschäftsjahres zieht, in dem jede Materialeinheit, die mit 1,00 € eingekauft wurde, bei einem Aufschlagsatz von 109,34 % zum Preis von 2,09 € weiterveräußert werden konnte.

Gesamtleistungskennzahlen

Schlussfolgerung: Ertragskennzahlen

Die Gesamtleistungskennzahlen lassen frühzeitig Trends und Tendenzen erkennen, wenn die Werte für den konkreten Betrachtungsmonat und die für das aufgelaufene Geschäftsjahr abweichen. Diese Abweichungen sollten Ausgangspunkt für die so genannte „Ertragsanalyse" sein. Herrn Huber fällt im Rahmen dieser Analyse Folgendes auf:

1. Die Differenz zwischen der Gesamtleistungsrendite für den Monat Juni und derjenigen für das Jahr wurde überwiegend durch „neutrale Ergebnisse" verursacht, die er als Unternehmer meist nicht beeinflussen kann.
2. Die schlechtere Umsatzrendite I im Juni erklärt sich durch eine schlechtere Materialintensität, gleichbedeutend mit höherem Materialeinsatz. Dies ist für jeden Geschäftsbereich separat zu untersuchen, gegebenenfalls sind Nachkalkulationen fällig.
3. Trotz gestiegener Personalkosten hat sich die Personalintensität im Juni verbessert, weil gleichzeitig auch die Umsätze Gesamtleistung gestiegen sind.

Gesamtkostenkennzahlen

Anhand der *Gesamtkostenkennzahlen* lassen sich die Kostentreiber isolieren, um punktgenau dort zu sparen, wo es sich zu sparen lohnt: Im Unternehmen des Hubert Huber sind dies die Personalkosten, mit großem Abstand folgen die Werbe- und Reisekosten sowie die sonstigen Kosten.

Personalkostenkennzahlen

Gemäß der *Personalkostenkennzahlen,* die Gesamtleistung und Personalkosten in Relation setzen, beträgt die Wertschöpfung der Mitarbeiter das 3,5-fache der Personalkosten. Dies kann Grundlage für Branchenvergleiche, Soll-/Ist-Vergleiche und Gespräche mit Mitarbeitern sein.

Rohaufschlag

Der *Rohaufschlag* dient als Grundlage für die Nachkalkulation von Aufträgen, denn dieser Prozentsatz (90,56 % im Juni und 109,34 % im kumulierten Geschäftsjahr) konnte von Herrn Huber erzielt werden.

Zusammenfassung

Weiterführende Gedanken zu den Ertragskennzahlen, insbesondere Tipps zur Verbesserung der Ertragslage, sind jedoch nur möglich, wenn diese Kennzahlen differenzierter aufbereitet werden und an konkreten „Zielzahlen" gemessen werden (siehe DB-Erfolgsrechnung, Kapitel 5).

4.2 Kennzahlen zur Vermögenslage

Auch das BWA-Modul der Bewegungsbilanz weist Kennzahlen aus, die aber – völlig zu Recht! – ein Schattendasein führen. Verglichen mit den Renditen, Intensitäten etc. der *kurzfristigen Erfolgsrechnung* bringen sie relativ wenig neue Erkenntnisse. Dies liegt vor allem daran, dass die Kennzahlen der Bewegungsbilanz lediglich den Anteil der *Veränderungen* einzelner Vermögens- bzw. Kapitalpositionen an der Gesamtsumme der Mittelverwendung bzw. Mittelherkunft angeben. Der Betrachtungszeitraum ist nicht der Monat, sondern das aufgelaufene Geschäftsjahr, da die Bewegungsbilanz ausschließlich mit aufgelaufenen Jahresbeträgen arbeitet.

Nehmen Sie für die Darstellung der Kennzahlen zur Vermögenslage die Bewegungsbilanz zur Hand (siehe Anhang S. 198 und CD).

Siehe CD-ROM

Kennzahlen zur Mittelverwendung (Spalte 3)

Die Kennzahlen zur Mittelverwendung geben an, wie sich die im aufgelaufenen Geschäftsjahr verwendeten Mittel auf die einzelnen Vermögens- und Kapitalpositionen verteilt haben.

Bezeichnung	**Mittelverwendung (Juni)**	
	Erhaltene Aktiva	Prozent
Summe Mittelverwendung (MV)	48.000 €	100,00 %
Privatentnahmen/MV	26.100 €/48.000 €	54,37 %

Die von Januar bis Juni privat entnommenen 26.100 € entsprechen 54,37 % aller in diesem Wirtschaftsjahr verwendeten Mittel, die sich auf eine Summe von 48.000 € belaufen.

Kennzahlen zur Mittelherkunft (Spalte 5)

Diese Prozentzahlen zeigen, wie sich die dem Unternehmen zur Verfügung gestellten Mittel prozentual auf die einzelnen Herkunftsquellen verteilen.

Bezeichnung	Mittelherkunft (Juni)	
	Erhaltene Aktiva	Prozent
Summe Mittelherkunft (MH)	48.000 €	100,00 %
Vorl. Gewinn bzw. Verlust/MH	15.760 €/48.000 €	32,83 %

Nur 32,83 % aller Mittel, die dem Betrieb im ersten Halbjahr zur Verfügung gestellt wurden, entstanden durch Gewinnerzielung, während mehr als zwei Drittel irgendeiner Form von Fremdfinanzierung entstammen.

Schlussfolgerung: Vermögenskennzahlen

Die Kennzahlen aus Herrn Hubers Bewegungsbilanz verdeutlichen die angespannte Situation: Die Privatentnahmen machen 54,57 % aller verwendeten Mittel aus – davon wurden nur 32,83 Prozentpunkte vom Unternehmen erwirtschaftet. Somit sind Herrn Hubers Privatentnahmen mit 21,74 Prozentpunkten fremdfinanziert – ein Zustand, der sich sofort ändern muss!

Siehe CD-ROM

Auf weitergehende Kennzahlen, insbesondere zur Vermögens- und Kapitalsituation, geht das Kapitel 5 ein. Für die Berechnung dieser Kennzahlen, z. B. der Eigenkapitalquote, finden Sie auf der beigefügten CD Excelrechner in Ordner 5.

4.3 Kennzahlen zur Liquiditätslage

Das dritte BWA-Modul, die *statische Liquidität*, benennt je nach Computerprogramm nur zwei oder drei Kennzahlen – die so genannten Deckungsgrade.

Nehmen Sie für die folgende Darstellung der Kennzahlen zur Liquiditätslage die *statische Liquidität* zur Hand (siehe Anhang S. 199 und CD).

Siehe CD-ROM

Aufgabe der Deckungsgrade

Die Deckungsgrade zeigen, wie viel Prozent der kurzfristigen Verbindlichkeiten – kumuliert jeweils zum Ende des Monats – durch liquide Mittel oder zumindest durch das in absehbarer Zeit zu Geld werdende Umlaufvermögen abgedeckt sind.

Als Unternehmer sind Sie gut beraten, sich die Durchschnittswerte der deutschen Wirtschaft als Benchmark zu setzen: Für die Liquidität 2. Grades gilt ein Deckungsgrad von 100 % als angemessen, für die Liquidität 3. Grades, auch als *current ratio* bezeichnet, ein Deckungsgrad von 150 %.[42]

1. Deckungsgrad zur Barliquidität

Die Kennzahl *Deckungsgrad zur Barliquidität*, deren Aussagegehalt durchaus begrenzt ist, gibt es nur in der DATEV-Welt: Sie benennt den prozentualen Anteil der Kontokorrentverbindlichkeiten, der durch Barmittel, Bankguthaben und erhaltene Schecks gedeckt ist.

Bezeichnung	Deckungsgrad zum Juni	Deckungsgrad zum Mai
Barliquidität	7 %	49 %

Die Verschlechterung der Barliquidität von 49 % im Mai auf 7 % im Juni mag dramatisch klingen, ist aber ohne Belang. Ein Blick auf die absoluten Zahlen zeigt, dass die Unterdeckung sich nicht verändert hat.

2. Deckungsgrad zur Liquidität 2. Grades

Der Deckungsgrad 2. Grades sagt, wie viel Prozent der kurzfristigen Verbindlichkeiten, wenn nicht schon durch Bar- und Bankguthaben, so zumindest durch kurzfristige Forderungen gedeckt sind.

Bezeichnung	Deckungsrad zum Juni	Deckungsgrad zum Mai
Liquidität 2. Grades	83 %	99 %

[42] In manchen Quellen wird sogar erst ein Deckungsgrad von 200 % als angemessen bezeichnet.

Im Juni waren 83 % aller kurzfristigen Verbindlichkeiten des Unternehmens durch die bestehenden Forderungen und die zu erwartende Erstattung der Vorsteuer gedeckt. Noch im Mai waren fast 100 % der kurzfristigen Verbindlichkeiten gedeckt gewesen, was auf dieser Liquiditätsebene als idealer Wert anzusehen ist.

3. Deckungsgrad zur Liquidität 3. Grades

Der Deckungsgrad 3. Grades besagt, wie viel Prozent der kurzfristigen Verbindlichkeiten durch Bar- und Bankguthaben, kurzfristige Forderungen oder aber wenigstens durch das Warenlager gedeckt sind. Weder die Lexware- noch die DATEV-Ausdrucke weisen diese Kennzahl aus.

Siehe CD-ROM

Sie haben die Möglichkeit, den Wert aus der *statischen Liquidität* auf beiliegender CD selbst zu ermitteln.[43]

Bezeichnung	Deckungsgrad zum Juni	Deckungsgrad zum Mai
Liquidität 3. Grades:	131 %	149 %

Der *Deckungsgrad 3. Grades* zum Monat Juni (131 %) bedeutet, dass die Gegenstände des Umlaufvermögens, die sich zumindest theoretisch in sehr kurzer Zeit versilbern lassen, das 1,31-fache der kurzfristigen Verbindlichkeiten des Unternehmens ausmachen. Dieser Wert hat sich im Monatsvergleich um 18 Prozentpunkte verschlechtert. Er liegt immerhin 20 Prozentpunkte unter dem Durchschnittswert der deutschen Wirtschaft!

Schlussfolgerung: Liquiditätskennzahlen

Die Deckungsgrade lassen sowohl aus der Veränderung gegenüber dem vorausgehenden Betrachtungszeitraum als auch aus dem Vergleich mit den Durchschnitts-Deckungsgraden der deutschen Wirtschaft eine Verschlechterung der Liquidität erkennen.

Auch wenn Kritikpunkte an der *statischen Liquidität*[44] angebracht sind, sollte Hubert Huber handeln, um seinen unternehmerischen Gestaltungsspielraum durch finanzielle Engpässe nicht zu gefährden. Dabei helfen die folgenden Tipps zur Verbesserung der Liquiditätslage.

[43] Formel zur Berechnung des Deckungsgrads der Liquidität 3. Grades:

$$\frac{\text{Barliquidität + kurzfristige Forderungen + Vorräte}}{\text{kurzfristige Verbindlichkeiten}}$$

[44] Siehe Kapitel 2, Seite 49

Vier Tipps zur Verbesserung der Liquiditätslage[45]

Tipp 1: Verbessern Sie Ihr Forderungsmanagment!

Manche Unternehmen kommen in Kalamitäten, weil Rechnungen zu spät gestellt und Zahlungsziele nicht klar vereinbart wurden.

Tipp 2: Ziehen Sie den Verkauf Ihrer Forderungen ins Kalkül!

Diese Finanzierungsform setzt sich im Geschäftsverkehr immer mehr durch, nicht zuletzt auch, weil sich eine teure Debitorenverwaltung einsparen lässt.[46]

Tipp 3: Schulden Sie um!

Prüfen Sie, ob es Sinn machen könnte, kurzfristige Bankverbindlichkeiten in ein langfristiges Darlehen umzuwandeln. Dies hängt hauptsächlich davon ab, wie lange der teure Kontokorrentkredit voraussichtlich in Anspruch genommen werden muss.

Tipp 4: Denken Sie über eine Kapitalzufuhr nach!

Die Zufuhr von Privateinlagen ist nur dann eine Frischzellenkur, wenn die Ursachen der Liquiditätsenge erkannt und behoben sind. Hier schließt sich der Kreis, weil erst eine stimmige Vermögens- und Ertragsanalyse die Liquiditätsenge zu beheben vermag und eine weiterführende Planung erlaubt.

---

[45] Zu allen Tipps finden Sie Checklisten und Rechenbeispiele auf der CD.

[46] Der Factoring-Markt wächst zweistellig (vgl. Beiblatt zum Handelsblatt vom 10.02.2007 „Mittelstandsfinanzierung").

5 Die optimierte BWA: Deckungsbeitrag-Erfolgsrechnung

Vorteile der DBE

Die Deckungsbeitrag-Erfolgsrechnung (DBE) ist das Ergebnis jahrelanger Praxiserfahrung. Sie behebt die Schwächen und Mängel der bisher in diesem Buch vorgestellten BWA-Formen:

1. Die DBE führt die *kurzfristige Erfolgsrechnung* und den *Soll-/Ist-Vergleich* zusammen, da sie in einer einzigen Auswertung sowohl die Planzahlen als auch die Gesamtleistungskennzahlen für Ist- und Planzahlen ausweist.

2. In der DBE sind die Positionen, von den Umsatzerlösen bis zu den variablen Kosten, *in einzelne Geschäftsbereiche* untergliedert. So entsteht ein differenziertes Bild der Erlös- und Kostenstruktur der Geschäftsbereiche Ihres Betriebs.

3. Die DBE ermittelt den *Deckungsbeitrag*, dem im Gegensatz zum Rohertrag der *kurzfristigen Erfolgsrechnung* eine bessere Trennung zwischen Fix- und variablen Kosten zu Grunde liegt. Dies ermöglicht eine differenzierte Rentabilitätsanalyse.

4. Die DBE errechnet den *Cashflow* und den *Break-even-Punkt*. Dies sind zwei im Zusammenhang mit Firmen-Ratings sehr wichtige Kennzahlen.

5. Es kann per Mausklick der *Unternehmens QuickCheck* nach Peter Kralicek[47] angefordert werden, der Ihr Unternehmen Monat für Monat erneut auf den Prüfstand bringt.

---

[47] Peter Kralicek: *Bilanzen lesen. Eine Einführung*, Redline Wirtschaftsverlag 2004.

Zu Ihrer Orientierung

Die DBE ersetzt sowohl die *kurzfristige Erfolgsrechnung* als auch den Soll-/Ist-Vergleich. Da sie aber nur Aussagen zur Ertragslage macht und nicht zur Vermögens- und Liquiditätslage, behalten die Standard-Module der Bewegungsbilanz und der *statischen Liquidität* weiterhin ihre Relevanz.

5.1 Erstellen der DB-Erfolgsrechnung

Die DBE gehört nicht zu den BWAs, die auf Knopfdruck von jedem Buchhaltungsprogramm erstellt und ausgedruckt werden. Für die Erstellung einer DBE ist es erforderlich, dass Sie Ihren aktuellen Wertenachweis des Soll-/Ist-Vergleichs ins Excel-Programm überspielen.[48] Diese Arbeitsschritte sind zum Monatsende erforderlich. Darüber hinaus müssen noch zwei Voraussetzungen erfüllt sein:

1. Es muss ein *individualisierter Kontenplan* vorliegen, dessen Konten einzelne Geschäftsbereiche abbilden (siehe Kapitel 6.2).
2. Wie auch beim Soll-/Ist-Vergleich müssen für alle Produktbereiche Ihres Unternehmens *Planzahlen* auf Kontenebene formuliert und dokumentiert sein.

Auch die Funktion der DBE lässt sich am Beispiel des Schiffskapitäns verdeutlichen: Je professioneller er arbeitet, umso mehr wird er sich mit dem Gedanken anfreunden, nicht mehr eines der Standard-Logbücher aus dem „Fachhandel für Schifffahrtsbedarf" zu verwenden. Er wird ein Logbuch anlegen mit Formblättern, die ganz konkret auf die individuellen Bedürfnisse seines Schiffes und seiner Schifffahrtsroute abgestimmt sind.

Zu Ihrer Orientierung

Die individuelle Erstellung der DBE mithilfe von Excel funktioniert bei DATEV und bei Lexware unterschiedlich. Die DATEV-User müssen die Planzahlen pro Konto in Excel eingeben, während bei Lexware die Ist- und Planzahlen aus dem Soll-/Ist-Vergleich mit Kontenaufstellung übernommen werden können.

[48] Damit Excel die DBE generieren kann, folgen Sie bitte den Instruktionen auf der CD.

5.2 Die Zeilen und Spalten der DBE

DBE im Einzelnen

Schlagen Sie für die folgende Darstellung im Buchanhang nach (S. 216), wo die DBE des Computerfachmanns Hubert Huber abgedruckt ist.

Die DBE bildet je eine Spaltengruppe für die Istwerte und für die Planwerte ab, eine dritte Spalte benennt die Abweichung zwischen diesen beiden Werten.

Kumulierte Plan- und Istwerte (Spalte 1 und 2)

Analog zum Soll-/Ist-Vergleich werden in der DBE kumulierte Ist- und Planwerte gegenüberstellt, gleichzeitig aber auch Kennzahlen benannt, die sonst nur die *kurzfristige Erfolgsrechnung* abbildet.

Kopfzeile der DBE

1	2	3	4
Kum. Plan- bzw. Istwert	**% GL**	**% GL Gesch. ber.**	**Aufschlag %**

(1) *Kum. Istwert bzw. Planwert:* In der linken Spalte werden für jede Position die Istzahlen und die Planzahlen aufgeführt.

(2) *% von Gesamtleistung (GL):* In dieser Spalte wird zur Ermittlung der Renditen und Intensitäten jede Position in Relation zur Gesamtleistung gesetzt.

(3) *% GL Geschäftsbereiche*: Alle variablen Kosten und der Deckungsbeitrag (statt des Rohertrags) werden in Relation zur Gesamtleistung desjenigen Geschäftsbereichs gesetzt, der die Kosten bzw. den Deckungsbeitrag verursacht hat. Diese Kennzahlen geben Aufschluss über die Rentabilität einzelner Geschäftsbereiche anstatt eine pauschale Bewertung der Rentabilität abzugeben.

(4) *Aufschlag*: Auch für diese Kennzahl, die aus der *kurzfristigen Erfolgsrechnung* bekannt ist, wird für jeden Geschäftsbereich ein eigener Wert ermittelt.

Abweichungen (Spalte 3)

Die Abweichungen zwischen Ist- und Planwerten werden sowohl in absoluten Euro-Zahlen als auch prozentual ausgewiesen.

Abwg. abs.	Abwg. in %

Die „Abweichung absolut“ ist ebenso wie die „Abweichung in Prozent“ ein negativer Wert im Falle einer Plan-Untererfüllung, also wenn die Istzahlen hinter den erwarteten Planzahlen zurückbleiben.

5.3 Die Positionen der DBE

Die Positionen der DBE sind im Prinzip identisch mit den Positionen der *kurzfristigen Erfolgsrechnung*. Unterschiede bestehen in der Zuordnung der Buchhaltungskonten sowie in der Reihenfolge ihrer Auflistung.

5.3.1 Gesamtleistung

Da die Umsatzerlöse getrennt nach Geschäftsbereichen dargestellt werden, lassen sich diese separat analysieren.

Kumulierter Planwert

Bezeichnung
Gesamtleistung
GL Netzwerke/Hardware/Software
GL Dienstleistung
GL Ladengeschäft

Planwert	% GL
369.060	**100,00**
226.060	61,25
58.000	15,72
85.000	23,03

Kumulierter Istwert

Bezeichnung
Gesamtleistung
GL Netzwerke/Hardware/Software
GL Dienstleistung
GL Ladengeschäft

Istwert	% GL (1)
289.148	**100,00 %**
147.777	51,11
61.815	21,38
79.556	27,51

Abweichungen zwischen Plan- und Istwerten

Bezeichnung	Abwg abs.	Abw. in % (2)
Gesamtleistung	**– 79.912**	**– 21,65**
GL Netzwerke/Hardware/Software	– 78.283	– 34,63
GL Dienstleistung	3.815	6,58
GL Ladengeschäft	– 5.444	– 6,40

Hubert Huber hat seine Buchhaltung so angelegt, dass ihm eine getrennte Betrachtung und Bewertung seiner drei Geschäftsbereiche möglich wird:

(1) *Kum. Istwert in % Gesamtleistung*: Der Bereich „Netzwerke/Hardware/Software" hat mit 51 % den größten Anteil an der Gesamtleistung, während die Dienstleistungen und das Ladengeschäft nur 21 % bzw. 27 % zur Gesamtleistung in Höhe von 289.148 € beisteuern.

(2) *Abweichungen zwischen Ist- und Planwerten*: Die dramatische Umsatzabweichung von insgesamt – 79.912 € liegt am Geschäftsbereich „Netzwerke/Hardware/Software". In diesem liegen die erreichten Zahlen 35 % unter Plan, während die Gesamtleistung aller Geschäftsbereiche zusammen nur 22 % unter Plan liegt. Grund dafür ist, dass die Bereiche Dienstleistungen und Ladengeschäft mehr oder weniger nach Plan gelaufen sind.

Der Grund für die massive Umsatzschwäche gerade in diesem Bereich liegt in der unerwartet schwierigen Konkurrenzsituation. Zum einen waren die Preise nicht immer durchsetzbar, zum anderen war es nicht möglich, im geplanten Umfang Aufträge zu akquirieren. Inwieweit Huber auf diesen Umsatzeinbruch reagieren und die variablen Kosten zurückfahren konnte, klärt die Analyse des Deckungsbeitrags (siehe unten).

5.3.2 Variable Kosten

Transparenz der variablen Kosten

Einer der großen Vorteile der DBE gegenüber der *kurzfristigen Erfolgsrechnung* ist die schärfere Trennung zwischen variablen Kosten und Fixkosten. Erst dadurch ist gewährleistet, dass die Kalkulationsgrundlagen stimmig sind.

- Material- und Wareneinsatz

  Dieser wird analog zu den Umsatzerlösen in einzelne Geschäftsbereiche aufgegliedert, so dass sich die Materialintensität pro Geschäftsbereich ablesen lässt.

- Fremdleistungen

  Fremdleistungen werden im modernen Wirtschaftsleben immer wichtiger (Outsourcing): Da sie in betriebsinterner Konkurrenz zu den Personalkosten stehen, ist deren getrennter Ausweis eine wertvolle Kalkulationshilfe.

- Produktivlöhne/Verkaufsprovisionen

  Diese beiden Positionen werden bei den gängigen BWAs im Rahmen der Fixkosten ausgewiesen, während die DBE deren variablen Charakter berücksichtigt.

5.3.3 Deckungsbeitrag

Generierter Mehrwert

Der Deckungsbeitrag ermittelt sich – genauer als bei der *kurzfristigen Erfolgsrechnung* – aus der Gesamtleistung abzüglich der variablen Kosten. Man könnte ihn auch als „generierten Mehrwert" interpretieren. Die DBE weist den Deckungsbeitrag für jeden Geschäftsbereich gesondert aus. Dies erlaubt eine detaillierte Bewertung: Geschäftsbereiche mit hohem Deckungsbeitrag sind „rentabler" für das Unternehmen.

Kumulierter Planwert

Bezeichnung	Kum. Planwert	% GL (2)	% GL Gesch.ber (3)
Deckungsbeitrag (DB) gesamt	**147.460**	**39,96**	**39,96**
DB Netzwerke/Hardware/Software	91.135	24,69	40,31
DB Dienstleistung	26.575	7,20	45,82
DB Ladengeschäft	29.750	8,06	35,00

Kumulierter Istwert

Bezeichnung	Kum. Istwert	% GL (2)	% GL Gesch.ber (3)
Deckungsbeitrag (DB) gesamt	**111.933**	**38,71**	**38,71**
DB Netzwerke/Hardware/Software	39.436	13,64	26,69
DB Dienstleistung	46.923	16,23	90,31
DB Ladengeschäft	25.573	8,84	32,14

Abweichungen zwischen Plan- und Istwerten

Bezeichnung	Abwg, abs. (1)	Abwg. in %
Deckungsbeitrag (DB) gesamt	**– 35.527**	**– 24,09**
DB Netzwerke/Hardware/Software	– 51.699	– 56,73
DB Dienstleistung	20.348	76,57
DB Ladengeschäft	– 4.177	– 14,04

(1) *Abweichung absolut:* Hubert Huber ersieht aus dieser Spalte, dass der Deckungsbeitrag für sein gesamtes Unternehmen 35.527 € unter Plan geblieben ist. Den wesentlich schlechteren Deckungsbeitrag im Bereich Netzwerke/Hardware/Software (- 51.699 €) konnte er zum Teil durch eine Planübererfüllung bei den Dienstleistungen (+ 20.348 €) reduzieren.

(2) *% von Gesamtleistung:* Diese Spalte benennt den so genannten „relativen Deckungsbeitrag“, d. h. die Relation des Deckungsbeitrags zur Gesamtleistung. Mit anderen Worten: Sie drückt aus, wie viel

Prozent der Gesamtleistung als Mehrwert generiert wurde, da der andere Teil von den variablen Kosten „verschlungen" wurde.

Bezogen auf den gesamten Betrieb ist die Abweichung zwischen relativem Ist-Deckungsbeitrag (38,71 %) und relativem Soll-Deckungsbeitrag (39,96 %) marginal. Dies heißt: Die Gesamtkalkulation war stimmig. Dass der absolute Deckungsbeitrag dennoch - 35.527 € unter Plan geblieben ist, liegt nur am Umsatzeinbruch.

Ein schärferes Bild ergibt der Blick auf die einzelnen Geschäftsbereiche: Während im Bereich Netzwerke/Hardware/Software ein relativer Deckungsbeitrag von 24,69 % geplant war, konnten nur 13,64 % erzielt werden. Dies wurde korrigiert durch die Plan-Übererfüllung in den beiden anderen Bereichen.

(3) *% des Geschäftsbereichs:* Diese Spalte führt den relativen Deckungsbeitrag für jeden Geschäftsbereich separat auf: Auch ist hier ersichtlich, dass der Bereich Netzwerke/Hardware/Software bei Huber nur einen Mehrwert von 26,69 % statt der angestrebten 40,31 % generieren konnte. Auch beim Ladengeschäft blieb der Deckungsbeitrag unter Plan, weil die variablen Kosten aus dem Ruder gelaufen sind.

Nur der Geschäftsbereich Dienstleistung liegt mit einem relativen Deckungsbeitrag von 75,91 % um 40 %-Punkte über den Planzahlen in Höhe von 45,82 %.

Fazit

Zu den Problemen durch die Umsatzeinbrüche konnte Huber auch noch in den Bereichen Netzwerke/Hardware/Software und Ladengeschäft seine Kalkulation nicht realisieren. Es besteht also Handlungsbedarf. Gleichzeitig sieht er das Potenzial, das im Geschäftsbereich Dienstleistung steckt, sehr deutlich. Diese Erkenntnis bedeutet für ihn eine Neuausrichtung seines Unternehmens.

5.3.4 Fixkosten

Transparenz der Fixkosten

In der DBE sind die Fixkosten[49] transparenter und nach den innerbetrieblichen Erfordernissen gegliedert. Zum Beispiel werden die Werbekosten und Reisekosten getrennt ausgewiesen, die betrieblichen Steuern werden nicht mehr als eigene Position erfasst, sondern den Raumkosten, Kfz-Kosten etc. zugeschlagen.

5.3.5 Ergebnisse und deren Quellen

Operatives Ergebnis

Die Ergebnisse und deren Quellen sind in der DBE eindeutiger definiert und klarer voneinander abgegrenzt. Im Mittelpunkt des unternehmerischen Handelns steht das *Operative Ergebnis.*

Operatives Ergebnis (GL - variable Kosten - Fixkosten)

Diese Ergebnisposition berücksichtigt ausschließlich die durch die laufende Umsatztätigkeit erbrachte Gesamtleistung (GL) und die dadurch verursachten Kosten (variabel und fix).

Leistungsergebnis (Operatives Ergebnis + sonstige betriebl. Erlöse)

Leistungsergebnis

Das Leistungsergebnis der DBE entspricht dem Betriebsergebnis der *kurzfristigen Erfolgsrechnung,* weil es zum operativen Ergebnis noch die sonstigen betrieblichen Erlöse hinzu addiert. (Bei Hubert Huber fällt darunter die private Kfz-Nutzung.)

Betriebsergebnis (Leistungsergebnis + Zinsergebnis)

Betriebsergebnis

Das Betriebsergebnis der DBE addiert zum Leistungsergebnis noch das Zinsergebnis. Dies trägt der Tatsache Rechnung, dass die Zinsen durch betriebliche Aktivitäten verursacht wurden, z. B. durch Inanspruchnahme eines Kontokorrentkredits oder durch Aufnahme eines Darlehens zur Finanzierung von Anlagevermögen.

[49] Statt von Fixkosten spricht die kurzfristige Erfolgsrechnung von den Gesamtkosten als Summe der Kostenarten.

Ergebnis vor Steuern (Betriebsergebnis + neutrales Ergebnis)

Das Ergebnis vor Steuern ist das Betriebsergebnis zuzüglich der Position *sonstiges neutrales Ergebnis*, z. B. der Verkauf von Vermögensgegenständen aus dem Anlagevermögen.

Während die *kurzfristige Erfolgsrechnung* die neutralen Aufwände und Erträge sowie die Zinsergebnisse vermischt, sorgt die DBE auch hier für eine saubere Trennung.

Vorläufiges Ergebnis (Ergebnis vor Steuern minus Gewerbesteuer)

Das *vorläufige Ergebnis* erhält man, indem vom Ergebnis vor Steuern die Gewerbesteuer abgezogen wird. In dieser Schlusszeile sind die DBE und die *kurzfristige Erfolgsrechnung* identisch!

5.4 Die Analyse mit der DBE

Das dritte Blatt der Deckungsbeitrag-Erfolgsrechnung verknüpft die Ertragslage Ihres Unternehmens, indem sie zwei neue Kennzahlen einführt, die Ausgangspunkt entscheidender Analysen sind: Die *Cashflow-Analyse* und die *Break-even-Analyse* kommen im Rahmen jeder Darlehensverhandlung als Basisgrößen in jedem Unternehmerleben zur Sprache.

5.4.1 Cashflow-Analyse

Der Geldfluss

Der Cashflow ist der Teil des Umsatzes, der dem Unternehmen als Liquidität zur Verfügung steht und für Investitionsausgaben, zur Schuldentilgung, für Gewinnausschüttungen oder (bei Nichtkapitalgesellschaften) für Privatentnahmen verwendet werden kann.

Dem Grundgedanken nach ist der Cashflow der Saldo aller Einzahlungen und Auszahlungen aus dem operativen Geschäft.[50] In der Praxis wird er ermittelt, indem das „Ergebnis nach Steuern" (siehe

[50] Die Kapitalflussrechnung, ausgewiesen unter den weiteren BWAs (siehe Kapitel 2.3), definiert einen erweiterten Cashflow-Begriff.

oben) dahingehend korrigiert wird, dass man alle Beträge herausrechnet, die nur buchhalterisch relevant sind, aber keine zeitnahe Zahlungspflicht bedingen (Abschreibungen, Pensionsrückstellungen, Sonderposten).[51]

Innenfinanzierungskraft des Unternehmens

Der Cashflow dokumentiert die Innenfinanzierungskraft des Unternehmens und ergänzt das BWA-Modul der *statischen Liquidität*. Man bezeichnet den Cashflow auch als *dynamische Liquiditätskennzahl.*

Cashflow-GL-Rendite

Die auf Blatt 3 des DBE-Ausdrucks ebenfalls ausgewiesene Kennzahl *Cashflow-GL-Rendite* (= Cashflow in Prozent der Gesamtleistung) gibt an, wie viel Prozent der Gesamtleistung als liquide Mittel zur Verfügung stehen. Diese Kennzahl wird im Rahmen des Unternehmens QuickChecks noch näher erläutert (siehe Kapitel 5.5).

Bezeichnung	**kumuliert. Planwert**	**% Gl.**	**kumuliert. Istwert**	**% Gl.**
Cashflow-Analyse				
Ergebnis vor Steuern	55.069		15.762	
+ Abschreibungen	6.000		6.000	
+ Einstellung in Sonderposten	0		0	
- Auflösung Sonderposten	0		- 2.000	
+ Einstellung in Pensionsrückstellung	0		0	
Cashflow (1)	**61.069**	**16,55**	**19.762**	**6,83**
- Unternehmerlohn	26.100		26.100	
Cashflow n. U.lohn (2)	**34.969**	**9,48**	**- 6.338**	**- 2,19**

(1) *Cashflow:* Hubert Huber hatte während des ersten Geschäftshalbjahres 19.762 € für Investitionen, Schuldentilgung und Privatentnahmen aus dem operativen Geschäft zur Verfügung. Wäre alles nach Plan gelaufen, hätte diese Cashflow-Summe 61.069 € betragen. Hubers Betrieb sind also 37.000 € weniger zugeflossen als erwartet.

[51] Wenn in den nachfolgenden Kapiteln von Cashflow die Rede ist, dann ist genau genommen der Netto-Cashflow gemeint, der die Zahlung von Ertragsteuern berücksichtigt hat.

(2) *Cashflow nach Unternehmerlohn:* Da auch der Unternehmerlohn dem Betrieb Liquidität entzieht, ist es sinnvoll, sich für die weitere Disposition den Betrag anzusehen, der nach Auszahlung der Privatentnahmen verbleibt.

Im Fall Huber bewegt sich diese Summe im Minus-Bereich, Hubert Huber hat durch seine Privatentnahmen also die komplette Liquidität abgeschöpft, so dass weder für Investitionen noch für die Schuldentilgung „Geld" übrig geblieben ist.

5.4.2 Break-Even-Analyse

Die Break-Even-Analyse zeigt an, wie hoch die Gesamtleistung sein muss, um wenigstens eine runde Null zu erwirtschaften. Bei dieser „Break-Even-Leistung" sind alle Fixkosten durch den Deckungsbeitrag gedeckt, d. h. Deckungsbeitrag und Fixkosten sind beim Mindestumsatz gleich hoch.

Dabei spielt die Break-Even-Analyse zwei Variationen durch:

- Die Break-Even-Leistung unter Berücksichtigung des Zinsaufwands ist diejenige Gesamtleistung, die nicht nur variable und fixe Kosten des Geschäftsablaufes deckt, sondern auch die fällig werdenden Zinsbelastungen.
- Die Break-Even-Leistung unter Berücksichtigung der Privatentnahmen ist diejenige Gesamtleistung, die darüber hinaus auch noch die Privatentnahmen des Chefs (Unternehmerlohn) abdeckt.

Deckungsbedarf

In dem nachfolgenden Beispiel wird die Break-Even-Analyse für den zweiten Fall, also unter Berücksichtigung der Privatentnahmen, erstellt. Der *Deckungsbedarf* errechnet die Summe aus Fixkosten, Zinsaufwand und Privatentnahmen. Mindestens diese „Kosten" müssen durch den Deckungsbeitrag bzw. durch den „generierten

Mehrwert“ erwirtschaftet werden. Dieser Deckungsbedarf erfordert eine *Break-Even-Leistung.*[52]

Kumulierter Istwert

	Kumulierter Istwert	% GL
(1) Fixkosten	100.262	
(2) Zinsaufwand	3.000	
(3) Privatentnahmen	26.100	
(4) Deckungsbedarf	129.362	
(5) Deckungsbeitrag in %. d. GL	38,71 %	
(6) Break-Even-Punkt	**334.172**	**115,57**

Unter Berücksichtigung seiner Privatentnahmen muss Hubert Huber eine Gesamtleistung von 334.172 € erwirtschaften, um den Break-Even-Punkt zu erreichen. Will er diesen Schwellenwert absenken, bieten sich Hubert Huber folgende Handlungsalternativen:

(1) Er sollte über eine Reorganisation seiner Kostenstruktur nachdenken, um die Fixkosten zu reduzieren.

(2) Die Diskussion über günstigere Zinsen wird seine Liquidität nicht wesentlich verbessern.

(3) Soweit möglich, sollte er in dieser Situation seine Privatentnahmen reduzieren.

(5) Eine Verbesserung des „Deckungsbeitrags in Prozent der Gesamtleistung“ führt zu einer Reduzierung der variablen Kosten. Auch diese Maßnahme vermindert die notwendige Break-Even-Leistung.

(6) Um eine Steigerung der Gesamtleistung kommt Huber definitiv nicht herum, wenn der Deckungsbedarf (4) so bleibt wie bisher. In diesem Fall müsste die Mindestleistung von bisher 289.147 € auf 334.172 € erhöht werden, d. h. sie müsste 115 % der derzeitigen Gesamtleistung erreichen.

---

[52] Die Break-Even-Leistung errechnet sich als Quotient aus Deckungsbedarf und Deckungsbeitrag in Prozent der Gesamtleistung.

Kumulierter Planwert

	Kumulierter Planwert	% GL
(1) Fixkosten	87.783	
(2) Zinsaufwand	3.000	
(3) Privatentnahmen	26.100	
(4) Deckungsbedarf	116.883	
(5) Deckungsbeitrag in % d. GL	39,96 %	
(6) Break-Even-Punkt	**292.533**	**79,26**

Sähe die Fixkostenstruktur (1) so aus, wie Huber sie in seinem Geschäftsplan projiziert hat, und wäre auch der relative Deckungsbeitrag (5) im Plan geblieben, dann hätte eine Break-Even-Leistung in Höhe von 292.533 € (4) ausgereicht. Diese Zahl entspricht in etwa seiner tatsächlich erreichten Gesamtleistung in Höhe von 289.000 €.

5.5 Der Unternehmens QuickCheck

Unternehmens-Rating mit dem QuickCheck

Einfach, praxisrelevant und jederzeit für jedes Unternehmen anwendbar: Mit dem „QuickCheck" der DBE wird Ihr Unternehmen Monat für Monat einer Beurteilung, einem Rating, unterzogen. Dieser QuickCheck wurde von Peter Kralicek[53] entwickelt, nach dessen Vorgabe vier Kennzahlen – branchenunabhängig – genügen, um einen Überblick über die finanzielle Stabilität und die Ertragslage eines Unternehmens zu gewinnen:

Siehe CD-ROM

- Die *Eigenkapitalquote* trifft Aussagen über die Kapitalkraft eines Unternehmens.
- Die *Schuldentilgungsdauer* trifft Aussagen über den Umfang der Verschuldung eines Unternehmens.
- Die *Gesamtkapitalrentabilität* gibt Auskunft über die Verzinsung des eingesetzten Eigen- und Fremdkapitals.

[53] Peter Kralicek: *Bilanzen lesen. Eine Einführung*, Redline Wirtschaftsverlag 2004.

- Die *Cashflow-GL-Rendite* gibt Auskunft über die finanzielle Leistungsfähigkeit eines Unternehmens.

Um diesen QuickCheck durchzuführen, benötigen Sie, zusätzlich zu den Daten aus der BWA (Gesamtleistung, Zinsaufwand, Ergebnis vor Steuern) aus der Cashflow-Analyse noch Bestandsdaten aus der Summen- und Saldenliste (Eigenkapital, Fremdkapital, flüssige Mittel).

Quoten und Noten

Der QuickCheck wird auf dem vierten Datenblatt der DBE präsentiert. Für jede der vier QuickCheck Kennzahlen wird sowohl deren Quotenwert als auch deren Notenwert angegeben.[54]

Eigenkapitalquote

Die Eigenkapitalquote benennt den Anteil des Eigenkapitals an der Kapitalausstattung Ihres Unternehmens. Das ist der Teil des Gesamtkapitals, der von den Gesellschaftern oder vom Einzelunternehmer zur Verfügung gestellt wird. Das Gesamtkapital bildet die Summe aus Eigenkapital und Fremdkapital.

$$\text{Eigenkapitalquote} = \frac{\text{Eigenkapital} \times 100}{\text{Gesamtkapital}}$$

Unternehmens-Rating

Beim Unternehmens-Rating wird der Eigenkapitalquote die höchste Bedeutung beigemessen.

Mit ihr wird die Kreditwürdigkeit des Unternehmens beurteilt.

Bei einer hohen Eigenkapitalquote ist nicht nur die Gefahr der Überschuldung gering, der Eigenkapitalgeber dokumentiert das Vertrauen des Unternehmers in sein Unternehmen und erleichtert so den Banken, sich zu engagieren.

Nicht zuletzt macht eine hohe Eigenkapitalquote das Unternehmen unabhängig, investitionsfähig und krisensicher: Eigenkapital steht in

[54] Das Datenblatt zum Quick-Check finden Sie im Anhang (S. 219) und auf der CD. Pro Kennzahl finden Sie im Rahmen der DBE auf einem Arbeitsblatt die entsprechenden Eingabefelder für die Zahlen, die dann per Mausklick die Kennzahl ausspucken.

der Regel langfristig zur Verfügung und erfordert keinen starren Tilgungsdienst.

Beispiel: Das Eigenkapital des Hauses Huber

Als Einzelunternehmer unterliegt Huber keinerlei Kapitaleinlagevorschriften. Er kann jederzeit Geld entnehmen oder einzahlen. Diese Möglichkeit, immer schnell auf das Geld zugreifen zu können, bedingt, dass die Höhe des Eigenkapitals starken Schwankungen unterliegt.

Aus dem Eigenkapital in Höhe von 19.724 € und dem Gesamtkapital in Höhe von 177.795 € errechnet sich eine Eigenkapitalquote in Höhe von 11,09 %.[55]

$$\frac{19.724}{177.795} \times 100 = 11{,}09$$

Fazit

Wie schon Beispiele und Analysen in früheren Kapiteln dieses Buches gezeigt haben, waren die Privatentnahmen des Hubert Huber, gemessen an seiner Geschäftslage, zu hoch. Am 30. Juni betrug die Eigenkapitalquote des laufenden Geschäftsjahres 11,09 % – ein Wert, der nach unten stehender Tabelle bestenfalls als „mittel" anzusehen ist.

	Beurteilungsskala für die Eigenkapitalquote				
Quote	> 30 %	> 20 %	**> 10 %**	< 10 %	negativ
Bewertung	Sehr gut	Gut	Mittel	Schlecht	Gefährdet
Note	1	2	3	4	5

Nach Erfahrungen der Wirtschaftspraxis spricht man erst bei einer Eigenkapitalquote von über 30 % von einem „sehr guten" Kapitalfundament. Zwar liegt Hubert Huber mit seiner Eigenkapitalquote gerade noch im mittleren, grünen Bereich, allerdings an der Grenze zu „schlecht".

Sobald die Eigenkapitalquote in den Minusbereich rutscht, droht die Insolvenz.

[55] Die genaue Zusammensetzung finden Sie unter „Eigenkapitalquote" innerhalb der DBE.

Möglichkeiten zur Bildung von Eigenkapital

- Erste Sofortmaßnahme: Reduzierung der Privatentnahmen, auch wenn dies die Eigenkapitalquote nur mittelfristig verbessert.
- Privateinlagen machen zu hohe Privatentnahmen in der Vergangenheit rückgängig.
- Beteiligung von (stillen) Gesellschaftern haben den Nachteil, dass sich die Eigenkapitalgeber Mitspracherechte zusichern lassen und eine Rendite weit über den bankenüblichen Zinssätzen erwarten.
- Steigerung des *vorläufigen Ergebnisses* ist die beste Alternative zur Stärkung der Kapitalkraft und Bildung von Eigenkapital (Innenfinanzierung).

Schuldentilgungsdauer

Diese Kennzahl gibt die Zeitdauer an, die das Unternehmen beim erwirtschafteten Cashflow braucht, um schuldenfrei zu werden. Realistischerweise legt man dabei den „Cashflow nach Unternehmerlohn“[56] zu Grunde.

$$\text{Schuldentilgungsdauer} = \frac{\text{Effektivverschuldung} \times 100}{\text{Cashflow p. a.}}$$

Die *Effektivverschuldung* errechnet sich aus dem Fremdkapital abzüglich flüssiger Mittel (Bankguthaben und Kassenbestände). Der *Cashflow* stellt, vereinfachend gesagt, den Saldo der Ein- und Auszahlung im Unternehmen dar (vgl. Kapitel 5.4).

Aus der Schuldentilgungsdauer – auch „dynamischer Verschuldungsgrad“ genannt – lässt sich die finanzielle Stabilität eines Unternehmens ableiten: Je kürzer die „theoretische Tilgungsdauer“, umso geringer ist die Gefahr des Kapitalverlusts für etwaige Kreditgeber.[57]

Beispiel: Die Schuldentilgungsdauer des Hauses Huber

Vor drei Jahren hat Huber mit 15.000 € Startkapital angefangen. Mittlerweile ist ein respektables Geschäft entstanden, auch wenn ihn 80.000 € Bankschulden drücken.

---

[56] Bei Kapitalgesellschaften hat das „Unternehmergehalt“ bereits den Cashflow gemindert.

[57] Für die genaue Berechnung der Schuldentilgungsdauer finden Sie auf der CD Excel-Rechner (Ordner 5).

Hubert Huber fragt sich, wie diese Verschuldung zu bewerten ist, schließlich sind da noch jede Menge anderer Verbindlichkeiten. Wie lange wird es denn mindestens dauern, um auf Null zu kommen?

Mit einem hochgerechneten Cashflow p. a. in Höhe von – 12.675 € und einer Effektivverschuldung von 158.072 € kann sich eine Schuldentilgungsdauer nicht errechnen, da das Ergebnis negativ ist:

$$\text{Schuldentilgungsdauer} = \frac{158.072 \times 100}{-\ 12.675\ €}$$

Fazit

Wenn die Geschäfte so weiter laufen, wie sie in diesem Geschäftsjahr gelaufen sind, dann ist eine Schuldentilgung nicht möglich. Dies liegt an zwei Faktoren:

1. zu hohe Privatentnahmen

2. ein zu geringes *vorläufiges Ergebnis*

	Beurteilungsskala für die Schuldentilgungsdauer				
Quote	< 3 Jahre	< 5 Jahre	< 12 Jahre	> 12 Jahre	**> 30 Jahre**
Bewertung	Sehr gut	Gut	Mittel	Schlecht	Gefährdet
Note	1	2	3	4	5

Schuldenfalle

Die Dramatik der Schuldenfalle Hubert Hubers zeigt sich daran, dass eine Kreditrückzahlung überhaupt nicht mehr möglich ist, sofern er seinen Betrieb nicht grundlegend umschichtet.

Möglichkeiten zur Schuldentilgung

- Reduzierung der Privatentnahmen! Nur wenn Huber zumindest einen Teil der Gewinne im Betrieb lässt, um Fremdkapital abzubauen, kann sich die Liquiditätslage verbessern.
- Verbesserung des *vorläufigen Ergebnisses* (Innenfinanzierung) und somit Verbesserung des Cashflows
- Tilgung des Fremdkapitals durch Eigenkapital (Außenfinanzierung)

Gesamtkapitalrentabilität

Die Gesamtkapitalrentabilität ist der klassische Indikator, ob Eigen- **und** Fremdkapital effektiv eingesetzt wurden. Sie gibt an, ob sich dieses Kapital gut verzinst hat oder ob eine klassische Geldanlage klüger gewesen wäre.

$$\text{Gesamtkapitalrentabilität} = \frac{\text{(Vorläufiges Ergebnis + Zinsaufwand) p. a.} \times 100}{\text{Gesamtkapital}}$$

Das *vorläufige Ergebnis,*[58] das als Verzinsung des Eigenkapitals anzusehen ist, sowie der Zinsaufwand für das Fremdkapital werden dem im Unternehmen arbeitenden Kapital gegenübergestellt.

Anhand der Gesamtkapitalrentabilität kann die Bank oder ein anderer Kapitalgeber beurteilen, ob das Engagement wirtschaftlich sinnvoll ist: Dies kann nur bejaht werden, wenn die Gesamtkapitalrentabilität als „Zinssatz für das Gesamtkapital" höher ist als der Zinssatz für das eingesetzte Fremdkapital. Im anderen Fall wird die Gesamtkapitalrentabilität zum Warnsignal!

Beispiel: Die Gesamtkapitalrentabilität im Hause Huber

Das in der Firma von Hubert Huber befindliche Eigen- und Fremdkapital summiert sich auf 177.000 €. Trotz dieses immensen Kapitaleinsatzes weist sein *vorläufiges Ergebnis* zum 30. Juni – nach Abzug aller Aufwendungen, und seines eigenen Unternehmerlohns (= Privatentnahmen) von durchschnittlich 4.000 € pro Monat – keine Gewinne aus, sondern leichte Verluste.

Das *vorläufige Ergebnis* nach Unternehmerlohn in Höhe von –20.676 € pro Jahr zuzüglich dem Zinsaufwand pro Jahr in Höhe von 6.000 € führt bei einem Gesamtkapital in Höhe von 177.595 € zu einer negativen Gesamtkapitalrentabilität (– 8,26 %):[59]

$$\text{Gesamtkapitalrentabilität} = \frac{(-\ 20.676 + 6.000\ €) \times 100}{177.595\ €}$$

Fazit

Huber stellt fest, dass es nach momentaner Geschäfts- und Aktenlage besser wäre, er könnte die 177.595 € auf ein Sparbuch legen, anstatt sie in seinem Betrieb arbeiten zu lassen: Selbst bei einem

[58] Vorläufiges Ergebnis nach Unternehmerlohn (analog der Cashflow-GL-Rendite).

[59] Siehe CD zur DBE „Gesamtkapitalrentabilität" (Ordner 5).

angenommenen Sparzins von nur 2 % hätte er 3.551 € verdient und nicht 20.676 € verloren. Die monatlichen Privatentnahmen in Höhe von 4.000 € sind bei seinen Fähigkeiten auch als Angestellter zu erzielen.

	Beurteilungsskala für die Gesamtkapitalrentabilität				
Quote	> 15 %	> 12 %	> 8 %	< 8 %	**negativ**
Bewertung	Sehr gut	Gut	Mittel	Schlecht	Gefährdet
Note	1	2	3	4	5

Im Allgemeinen wird eine Verzinsung von weniger als 8 % als schlecht angesehen. Dies muss vor dem Hintergrund gesehen werden, dass eine 5 %-ige Verzinsung bei kalkulierbaren Risiken auch auf den Kapitalmärkten zu erzielen ist. Eine negative Verzinsung bedeutet: Eigen- wie Fremdkapital bringen keine Gewinne, sondern sie fahren Verluste ein.

Möglichkeiten zur Verbesserung der Kapitalverzinsung

- Die Verbesserung des *vorläufigen Ergebnisses* ist natürlich auch hier der Königsweg aus der Krise!
- Flankierend hilft eine Verkürzung der Forderungslaufzeiten. Werden mit den eingegangenen Geldern Verbindlichkeiten getilgt, reduziert sich das Gesamtkapital, wodurch sich die Gesamtkapitalrentabilität verbessert.
- Zufuhr von Eigenkapital bringt nichts! Sie bedeutet lediglich eine Erhöhung des Gesamtkapitals und damit eine Verschlechterung der Gesamtkapitalrentabilität!

Cashflow-GL-Rendite

Die Cashflow-GL-Rendite sagt, welcher Prozentsatz der Gesamtleistung in Kassen und auf Konten Ihres Unternehmens zu- und abgeflossen ist bzw. in absehbarer Zeit zu- und abfließen wird.

$$\text{Cashflow-GL-Rendite} = \frac{\text{Cashflow} \times 100}{\text{Gesamtleistung}}$$

Wie überall in diesem Buch wird „Cashflow nach Unternehmerlohn“ für die Berechnung verwendet. Die Gesamtleistung ist aus der BWA bekannt.

Wichtige Kennzahl für Bankgespräche

Im Rahmen von Bankgesprächen wird die Cashflow-GL-Rendite als eine weitere relevante Kennzahl angesehen, weil diese auf den Cashflow abstellt und damit auf die Geldmittel, die das Unternehmen erwirtschaftet hat. Vor allem aus Sicht eines Kreditgebers liegt hier der große Vorteil gegenüber der Gesamtleistungsrendite, da diese u. a. auch Abschreibungen berücksichtigt, deren Bewertung oft von bilanzpolitischen Erwägungen abhängt und die darüber hinaus ja auch gar keine kurzfristige Zahlungspflicht bedingen.

Beispiel: Die Cashflow-GL-Rendite im Hause Huber

Gerade vor dem Hintergrund seiner finanziellen Engpässe möchte Huber genau wissen, wie hoch der Prozentsatz seiner Gesamtleistung ist, der ihm zur Tilgung seiner Schulden oder für Investitionen zur Verfügung steht. Auch sein Banker fragt nach der „Cashflow-GL-Rendite".

Der Cashflow (kumuliert über das Geschäftsjahr) in Höhe von – 6.337 € dividiert durch die Gesamtleistung in Höhe von 289.148 € führt zu einer negativen Cashflow-Rendite:

$$\text{Cashflow-GL-Rendite} = \frac{-\ 6.337\ € \times 100}{289.148}$$

Fazit

Die Cashflow-GL-Rendite, nicht anders als die Gesamtkapitalrentabilität und die Schuldentilgungsdauer, ist bis zur Jahresmitte in ein tiefrotes Minus gerutscht.

	Beurteilungsskala für die Cashflow-Rendite				
Quote	> 10 %	> 8 %	> 5 %	< 5 %	**negativ**
Bewertung	Sehr gut	Gut	Mittel	Schlecht	Gefährdet
Note	1	2	3	4	5

Nach gängiger Meinung sollte eine akzeptable Cashflow-GL-Rendite mindestens größer als 5 % sein. Vor diesem Hintergrund ist eine negative Cashflow-GL-Rendite ein besonders schrilles Warnsignal: Hubers Unternehmen ist als insolvenzgefährdet einzustufen! Zumindest bis dato trägt die Umstrukturierung seines Unternehmens noch keine Früchte.

Möglichkeiten zur Verbesserung der Cashflow-Rendite

- Die Verbesserung des *vorläufigen Ergebnisses* ist die wichtigste Stellschraube, an der gedreht werden müsste.
- Die Verringerung der Privatentnahmen ist eine Sofortmaßnahme, da die Cashflow-GL-Rendite auf den Cashflow nach Unternehmerlohn abstellt.

Gesamtbewertung durch den QuickCheck

Gesamtnote des Unternehmens

Aus den vier Kennzahlen wird das arithmetische Mittel gezogen und als *Gesamtnote Ihres Unternehmens* ausgewiesen. Auch bei dieser Vorgehensweise richtet sich die DBE nach dem Vorschlag von Kralicek. Diese Methode erlaubt eine erste Beurteilung eines Unternehmens, ohne dass irgendwelche individuellen Vergleichsmaßstäbe, Plan- oder Vorjahreszahlen erforderlich sind.

Tipp: Führen Sie gelegentlich einen Selbsttest durch

Da die vier Kennzahlen des QuickChecks in allen Rating-Systemen vorkommen, sollten Sie sich von Zeit zu Zeit einem Selbsttest unterziehen und gegebenenfalls auf „gute Noten" hinarbeiten.

Gesamtnote des Unternehmens Hubert Huber

Kennzahl	Wert der Kennzahl	Note
Eigenkapitalquote	11,09	3
Schuldentilgungsdauer	negativ	5
finanzielle Stabilität Zwischennote		**4,0**
Gesamtkapitalrentabilität	– 8,03	5
Cashflow-GL-Rendite	negativ	5
Zwischennote Ertragslage		**5,0**
Gesamtnote Ertragslage		**4,5**

Hubers Computerladen wird in der Gesamtbewertung mit 4,5 benotet. Dies ist ein schlechtes Ergebnis. Nur die Eigenkapitalquote liegt noch im unteren Mittelfeld. Weil die unternehmerischen Fehlentwicklungen in den vorausgehenden Kapiteln aufgedeckt wurden, ist es Huber möglich gegenzusteuern.

5.6 Die DBE als Steuerungsinstrument

Die BWA bildet nicht nur die Grundlage für eine Unternehmensanalyse. Aus ihrem Zahlenwerk lassen sich auch Ansätze zur aktiven Steuerung des Unternehmens ableiten.

Dabei liegt der Schlüssel zur Verbesserung der Unternehmenszahlen immer in der *Steigerung des vorläufigen Ergebnisses* und der Gesamtleistungsrendite. Mit ihnen verbessert sich zunächst die Ertragslage, was sich auch auf die Liquiditätslage und mittelfristig auf die Vermögenslage Ihres Unternehmens auswirkt.

Voraussetzung für das Erreichen einer höheren Gesamtleistungsrendite, die in der deutschen Industrie übrigens bei etwa 6 % liegt[60], ist, dass sie im *Geschäftsplan* als Sollwert formuliert wird. Nur wenn sie als konkretes Ziel vorliegt, kann sie das unternehmerische Handeln leiten!

Nicht der Weg ist das Ziel – das Ziel bestimmt den Weg!

Benchmark: Umsatzrendite I

Es gibt natürlich Faktoren, die sich dieser Zielleitung entziehen, weil sie nicht beeinflussbar sind. Dazu zählen vor allem die Ertragsteuern sowie die betriebsuntypischen Erträge und Aufwendungen. Deshalb empfiehlt sich als Benchmark nicht die Gesamtleistungsrendite, die all diese nicht beeinflussbaren Faktoren beinhaltet, sondern die *Umsatzrendite I*, weil sie sowohl Ertragsteuern als auch das neutrale Ergebnis ausklammert; nach dem Motto: Gestalte dort, wo du gestalten kannst.

Siehe CD-ROM

Die Umsatzrendite I ist derjenige Prozentsatz der Gesamtleistung eines Unternehmens, der nach Berücksichtigung aller variablen Kosten, Fixkosten und des Zinsergebnisses übrig bleibt.

Um die Umsatzrendite I zu steigern, gibt es drei Stellschrauben, also Kennzahlen, an denen gedreht werden kann (vgl. folgende Tabelle):

---

[60] Diese Angabe folgt einer Untersuchung des Fraunhofer Instituts für Systemtechnik und Innovationsforschung in Karlsruhe.

(1) Relativer Deckungsbeitrag = der Teil der Gesamtleistung, der übrig bleibt, wenn die variablen Kosten (Materialintensität) abgezogen wurden.

(2) Fixkostenintensität = der Teil der Gesamtleistung, der für Fixkosten verwendet wurde.

(3) Zinsintensität = der Teil der Gesamtleistung, der für Zinsen verwendet wurde.

In der folgenden Tabelle ist die Berechnung der Umsatzrendite I dargestellt.

Absolute Beträge (in Euro)	**Relative Kennzahlen (in Prozent der Gesamtleistung)**
Gesamtleistung	100 %
minus variable Kosten = Deckungsbeitrag (1)	minus Materialintensität = relativer Deckungsbeitrag (1)
minus Fixkosten (2) = operatives Ergebnis	minus Fixkostenintensität (2) = Umsatzrendite II
minus Zinsaufwand (3) **= Betriebsergebnis**[61]	minus Zinsintensität (3) **= Umsatzrendite I**

So plant Huber seine Umsatzrendite I (Betriebsergebnis)

Wenn Huber an seinen geplanten Output die von ihm erwarteten Marktpreise anlegt, dann ergibt sich eine zu erwartende *Gesamtleistung* von 369.000 € (vgl. dazu die DBE im Buchanhang). Aus seiner Geschäftserfahrung weiß er, wie hoch seine variablen Kosten (*Materialintensität*) sein würden. Nach deren Abzug ergibt sich der (geplante) Deckungsbeitrag (als Kennzahl: *relativer Deckungsbeitrag).* Ebenso plant er seine Fixkosten (*Fixkostenintensität*) und seinen Zinsaufwand (*Zinsintensität*). Daraus errechnet sich ein Betriebsergebnis, das bei Huber 15,90 % seiner Gesamtleistung ausmacht (*Umsatzrendite I*).

Branchen-BWA

Interessant ist an diesem Punkt ein Blick in die Branchen-BWA, nach der in Hubers Branche und Umsatzklasse eine statistische Um-

[61] Die sonst. betriebl. Erlöse bleiben für diese Aufstellung unberücksichtigt.

satzrendite I von nur 8,05 % erzielt wird. Dies sollte Herrn Huber anregen, seine Planzahlen noch mal zu überdenken.

Siehe CD-ROM

Das Thema „Gegensteuern mit der DBE“ wird im Folgenden am Beispiel des Computerfachhändlers Hubert Huber durchgespielt. Nehmen Sie dazu die DBE zur Hand, die Sie im Buchanhang (S. 216) oder auf der CD finden.

In Hubers Firma ist die Umsatzrendite I (3,62 %) dramatisch abgesackt, weil er die Fixkosten offensichtlich nicht im Griff hat.

Aus diesem Anlass stellt Hubert Huber nicht nur die Fixkostenstruktur, sondern sein gesamtes Unternehmen auf den Prüfstand und untersucht der Reihe nach, wie sich die Umsatzrendite I anheben lässt:

1. Zunächst überlegt er, ob sich die Gesamtleistung steigern lässt.
2. Als Nächstes prüft er die Möglichkeiten zur Verbesserung des Deckungsbeitrags (variable Kosten).
3. Die Fixkostenstruktur, eigentlich der Hauptgrund seiner Schwierigkeiten, kommt als Drittes auf den Prüfstand.
4. Zuletzt sieht er sich noch den Zinsaufwand an.

5.6.1 Umsatzrendite I und Gesamtleistung

Umsatzeinbruch und Fixkostenfalle

In den meisten Fällen wird eine Unternehmenskrise durch einen Umsatzeinbruch erstmalig spürbar, der durch Fehler in der Produkt- oder Preispolitik oder auch durch eine Fehleinschätzung des Marktes verursacht worden sein kann. In solchen Fällen schlägt die Fixkostenfalle zu, in die das Unternehmen gerät, weil bei sinkender Gesamtleistung der starre Fixkostenblock das Betriebsergebnis konstant belastet.

Im Endeffekt führt dies zu einer Verschlechterung der Umsatzrendite I.

Kennzahlen	Planwert	Istwert	Differenz
GL Netzw./Hardw./Software	226.060 €	147.777 €	- 78.283 €
Umsatzrendite I	15,90 %	3,62 %	- 12,38 %

Wie ein Blick in die DBE offenbart, hat Huber insbesondere im Geschäftsbereich Netzwerke/Hardware/Software ein massives Umsatzproblem, das sich im Zusammenwirken mit den konstanten Fixkosten zu einer schlechten Umsatzrendite hochgeschaukelt hat. Es liegt auf der Hand: Hubert Huber muss, um die drückenden Fixkosten besser auszulasten, seine Gesamtleistung steigern.

Wege zur Steigerung der Gesamtleistung

- Vielleicht sind am Markt höhere Preise durchsetzbar?
- Vielleicht lässt sich das Absatzvolumen erhöhen, z. B. durch intensive Akquise, mehr Werbung etc.?
- Vielleicht sollte auch ein anderer Geschäftsbereich forciert werden?

5.6.2 Umsatzrendite I und relativer Deckungsbeitrag

Sparen bei den variablen Kosten

Der erste Reflex bei einer Verschlechterung der Umsatzrendite I heißt: Sparen! – noch bevor an die Steigerung der Gesamtleistung gedacht wird. Durch Absenken der variablen Kosten soll der Deckungsbeitrag verbessert werden, womit sehr bald Material, Fremdleistungen und Produktivlöhne auf dem heißen Stuhl sitzen.

Kennzahlen	Planwert % der GL	Istwert % der GL	Differenz in Prozentpunkten
Relativer Deckungsbeitrag	39,96	38,71	- 1,25
Umsatzrendite I	15,90	3,62	- 12,38

Zur Verbesserung der Umsatzrendite I von 3,62 % auf die avisierten 15,90 % mittels Erhöhung des relativen Deckungsbeitrags sind also Einsparungen bei Einkauf oder Verbrauch von Material und Fremdleistungen unumgänglich.

Ermittlung der Sparquote

Es stellt sich jetzt konkret die Frage: Um wie viel Prozent muss, wenn sich an der Fixkostenstruktur nichts ändert, der *relative De-*

ckungsbeitrag steigen bzw. die Materialintensität sinken, damit die geplante Umsatzrendite I erreicht werden kann. Dies finden Sie mit einer einfachen Dreisatzrechnung heraus:

Relativer Deckungsbeitrag:	**38,71**	**x %**
Umsatzrendite I:	**3,62**	**15,90**

Ergebnis

Hubert Huber muss bei unveränderten Fixkosten einen relativen Deckungsbeitrag von x = 50,57 % erzielen, damit die Umsatzrendite I auf die gewünschten 15,90 % steigt.

Siehe CD-ROM

Die beiliegende CD enthält eine Berechnungsvorlage, um die Sparquote zu ermitteln, die nötig wäre, um die geplante Umsatzrendite zu erreichen. Im Fall Huber mit seiner geplanten Umsatzrendite I von 15,90 % beläuft sich die geforderte Sparquote auf 20,92 %. Um diesen Prozentsatz müsste sein Wareneinsatz sinken, um die Umsatzrendite I von 3,62 % auf 15,90 % anzuheben.

Es erscheint aussichtslos, dass eine Erhöhung des Deckungsbeitrags um fast ein Drittel erreicht werden kann.

Schritt für Schritt

Deshalb durchforstet Hubert Huber jeden seiner drei Geschäftsbereiche nach *Sparmöglichkeiten*:

Bezeichnung	Planwert % GL Gesch.ber.	Istwert % v. GL Gesch.ber.
Deckungsbeitrag (DB) gesamt	**39,96**	**38,71**
DB Netzwerke/Hardware/Software	40,31 (1)	26,69
DB Dienstleistung	45,82	75,91
DB Ladengeschäft	35,00	32,14

Anders als die Fixkosten legt die Summe der variablen Kosten und mit ihnen der Deckungsbeitrag seines Gesamtbetriebs (38,71 %) einigermaßen im Plan (39,96 %). Trifft dies auch für jeden einzelnen Geschäftsbereich zu?

Vor allem im Geschäftsbereich Netzwerke/Hardware/Software blieb der Deckungsbeitrag 13,62 Prozentpunkte (1) unter Plan, was auf Spar- bzw. Steigerungspotenzial schließen lässt.

Auch hier hilft das Rechenprogramm auf der beiliegenden CD: Danach stiege Hubers Umsatzrendite I auf immerhin 10,59 %, wenn es Huber gelänge, den Deckungsbeitrag im Geschäftsbereich Netzwerke/Hardware/Software auf das geplante Niveau von 40,31 % zu heben. Das absolute Betriebsergebnis läge dann nicht bei mageren 10.481 €, sondern bei 30.613 €. Hubert Huber ist jetzt im Rahmen seiner Kalkulationen gefordert.

Siehe CD-ROM

Schritt für Schritt

Die nächste Frage lautet: Kann Huber durch Umschichtungen innerhalb der variablen Kosten Verbesserungen erreichen? Dazu sieht er sich das Kostenpaar *Materialintensität – Personalintensität* innerhalb seines Geschäftsbereichs Netzwerke an.

Das Kostenpaar, das häufig gemeinsam betrachtet wird, lässt erkennen, inwieweit im Bereich Netzwerke/Hardware/Software die Arbeitsproduktivität und die Materialproduktivität korrespondieren.

Kennzahlen	Planwert in Prozent der GL Gesch.ber.	Istwert in Prozent der GL Gesch.ber.	Differenz in Prozentpunkten
Materialintensität Netzwerke	– 48,53	– 45,69	+ 2,84
Personalintensität Netzwerke	– 11,16	– 26,45	– 15,29

Zwar ist die tatsächliche Materialintensität besser ausgefallen als geplant (48,53 % statt 45,69 %), dafür war die Personalintensität doppelt so hoch wie geplant (26,45 % statt 11,16 %). Unter dem Strich haben die beiden gegenläufigen Effekte dafür gesorgt, dass der Deckungsbeitrag Netzwerke/Hardware um 12,45 Punkte schlechter war als geplant. Es ist im Kern also die schlechte Personalintensität, die es für die Erhöhung des Deckungsbeitrags zu verbessern gilt.

Wege zur Verbesserung des Deckungsbeitrags

- Fremdleistungen überprüfen. Ist es besser, sie einzukaufen oder sie mit eigenen Mitarbeitern zu bewerkstelligen?
- Bestellwesen optimieren. Lieferantenlisten nach Preisen und Konditionen durchforsten.
- Überprüfen der von den Mitarbeitern geleisteten Stunden und deren Fakturierung.
- Verbesserung der Produktionsorganisation und Minimierung der Durchlaufzeiten (Arbeiten mit Checklisten, Veränderung der Teams, engere Kommunikation mit den Kunden etc.).

5.6.3 Umsatzrendite I und Fixkostenintensität

Fixkosten und Gewinn

Die Fixkosten sind der Preis für die Bereitstellung der betrieblichen Infrastruktur. Die Fixkostenintensität ist deshalb auch ein sehr genau zu beobachtender Indikator für die Effizienz eines Unternehmens. Grundsätzlich ist in der Wirtschaft ebenso wie bei den Banken die Tendenz zu beobachten, auf eine Minimierung der Fixkostenabhängigkeit hinzuarbeiten.

Kennzahlen	Planwert % der GL	Istwert % der GL	Differenz in Prozentpunkten
Fixkostenintensität	23,79	34,67	- 10,88
Umsatzrendite I	15,90	3,62	- 12,28

Dass Hubert Huber die Kontrolle über seine Fixkosten entgleitet, zeigt die Gegenüberstellung von Ist- und Planwert seiner Fixkostenintensität: Während geplant war, dass nur 23,79 % seiner Gesamtleistung für die Betriebsinfrastruktur aufgewendet werden müssen, waren de facto hierfür 34,67 % erforderlich. Ein Teil der Differenz von 10,88 Prozentpunkten zwischen Ist- und Planwert liegt freilich auch daran, dass die Gesamtleistung nicht wie geplant realisiert werden konnte.

Die Abweichung zwischen Ist- und Planwerten der Fixkostenintensität erklärt auch die Abweichung der Ist- und Planwerte der Umsatzrendite I.

Fixkostenreduzierung heißt für Herrn Huber aber auch, seinen Fixkostenblock in der DBE anzusehen und zu eruieren, welche konkreten Kostenarten sich in besonderem Maße „planwidrig" entwickelt haben. Dabei fällt der Blick natürlich zuerst auf die Kostentreiber. Im Normalfall sind dies die Personalkosten:

Kennzahlen	**Planwert % der GL**	**Istwert % der GL**	**Differenz in Prozentpunkten**
Personalintensität	6,82	17,26	- 10,44
Fixkostenintensität	23,79	34,67	- 10,88

Kostentreiber Personalkosten

Herrn Huber fallen zunächst die Personalkosten auf, nicht nur, weil sie die Hälfte der Fixkosten ausmachen. Tatsächlich geht fast die komplette Planabweichung im Rahmen der Fixkosten auf das Konto der Personalkosten (10,44 von 10,88 % Abweichung).

Schritt für Schritt

Damit hat Huber die Stellschraube gefunden, an der er drehen muss, um seinem Unternehmen neue Struktur zu geben. Dies entbindet ihn natürlich nicht davon, auch die anderen Fixkosten unter die Lupe zu nehmen.

Wege zur Verbesserung der Fixkosten- bzw. Personalintensität

- Zeiterfassung der Verwaltungsmitarbeiter zur Straffung der Büroabläufe.
- Überprüfung der Zielvorgaben für Vertriebsmitarbeiter, um neue Umsätze zu generieren.
- Eventuell Outsourcing einzelner Verwaltungsbereiche (Lohnbuchhaltung, Finanzbuchhaltung etc.).
- Überprüfung des Fixkostenaufwands der einzelnen Geschäftsbereiche, sofern sie klar zuzuordnen sind.

Auch die oben festgestellten Mängel (Einbußen bei der Gesamtleistung, schlechter Deckungsbeitrag im Bereich Netzwerke/Hardware/Software) sind zur Optimierung des Betriebsergebnisses zu beheben.

5.6.4 Umsatzrendite I und Zinsintensität

Zins und Gewinn

Die Umsatzrendite wird von der Zinsintensität im Normalfall nur gering beeinflusst. Für kleine und mittelständische Betriebe liegt der statistische Wert nur bei 1,5 %.[62]

Trotzdem wird sie im Rahmen von Gesprächen mit den Banken, vor allem bei Verlängerung oder Ausweitung des Kreditengagements, immer wieder angesprochen.

Kennzahlen	Planwert % der GL	Istwert % der GL	Differenz in Prozentpunkten
Zinsintensität	- 0,81	1,04	- 0,23
Umsatzrendite I	15,90	3,62	- 12,28

Der Anteil des Zinsaufwands an der Gesamtleistung beträgt lediglich 1,04 % der Gesamtleistung. Zwar ist dies 0,23 % mehr als geplant, im Gesamtkontext spielt das jedoch keine ausschlaggebende Rolle.

Wege zur Verbesserung der Zinsintensität

- Veränderung der Struktur des Fremdkapitals, d. h. evtl. Kontokorrentkredite durch langfristige und günstigere Darlehen ersetzen.[63]
- Über gewinnabhängige und zinsgünstige Darlehen der MBG (Mittelstandsbeteiligungsgesellschaft) oder der KfW (Kreditanstalt für Wiederaufbau) nachdenken.
- Für Umsatzrendite und Deckungsbeitrag ist es günstiger, Lieferantenverbindlichkeiten unter Abzug von Skonto aus dem Kontokorrentkredit zu bezahlen, auch wenn dies die Zinsintensität belastet.[64]

[62] Monatsbericht der Deutschen Bundesbank, Dezember 2006, S. 45 f.
[63] Siehe Beispielrechnung auf der CD (Ordner 5).
[64] Siehe Fußnote 63.

6 Die BWA selbst erstellen und optimieren

Die BWA als Steuerungsinstrument

In den vorangegangenen Kapiteln sind Aussagekraft und Steuerungspotenzial der monatlichen Auswertung deutlich geworden. Dieses Kapitel konzentriert sich darauf, was Sie konkret bei Erstellung Ihrer BWAs beachten müssen, damit diese dem Anspruch eines betrieblichen Steuerungsinstruments gerecht werden können.

Denn der Aussagewert einer „üblichen" BWA ist nicht unumstritten. Verzerrungen entstehen, wenn dem Buchhalter nicht alle erforderlichen Informationen vorliegen oder einzelne Sachverhalte aus Gründen der Vereinfachung unberücksichtigt bleiben.

> **Achtung:**
> Auch wenn gut ausgebildete Buchhalter professionelle Arbeit leisten, fehlt es der Buchungssystematik teilweise an Trennschärfe, weil die Auswertungen von vornherein nicht als Arbeitsinstrument der täglichen Unternehmenspraxis gedacht sind, sondern als Abfallprodukt einer „Buchhaltung für die Umsatzsteuer-Voranmeldung" entstehen.
>
> Exemplarisch für diesen Unterschied ist die Berücksichtigung der Abschreibungen: Dem Finanzamt genügt es, wenn diese erst im Jahresabschluss verbucht werden, eine aussagefähige BWA benötigt jedoch den monatlichen Aufwand.

Auch der Schiffskapitän wird das Logbuch seines Schiffes so sorgfältig und genau führen, dass es ihm die Steuerung seines Schiffes ermöglicht. Wenig hilfreich wäre es, das Logbuch nur so zu führen, dass es „irgendwie" zur Dokumentation gegenüber seiner Reederei genügt.

Auf der folgenden Seite finden Sie ein Mind-Map, die Ihnen übersichtlich veranschaulicht, was eine gute BWA auszeichnet.

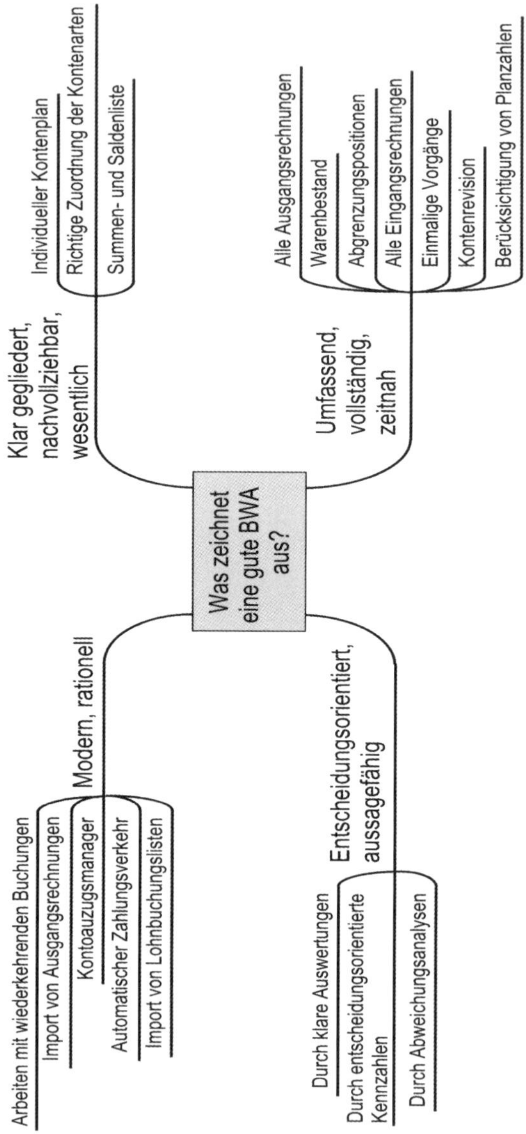

Abbildung: Mind-Map „Das zeichnet eine gute BWA aus“

Eine wirklich verlässliche Grundlage der Unternehmensführung kann die BWA nur sein, wenn Ungenauigkeiten im Buchungsablauf vermieden und die weit verbreiteten „Stolpersteine" ausgeräumt werden (Kapitel 6.1). Dazu sollten Sie Ihre Buchhaltungsabteilung an einzelnen Punkten restrukturieren und sie so „fit für die BWA" machen (Kapitel 6.2).

6.1 Stolpersteine auf dem Weg zur aussagekräftigen BWA

Die Erfahrung der Praxis zeigt, dass in deutschen Buchhalterstuben immer wieder ähnliche Ungenauigkeiten und Fehler auftreten.

Sie lassen sich vier Problemfeldern zuordnen.[65]

1. Geschäftsvorfälle am Monatsende verlangen eine *akkurate zeitliche Abgrenzung.*
2. Jahres- und andere aperiodische Zahlungen müssen auf die Monate verteilt und *pro Monat verbucht* werden.
3. Es gibt Geschäftsvorfälle, deren *richtige Kontenzuordnung* Probleme bereitet.
4. Sonstige Stolpersteine erklären sich aus *Gewohnheitsfehlern des Buchungsalltags.*

Kommunikation zwischen Betrieb und Buchhaltung

Im Folgenden werden 20 Stolpersteine (typische Ungenauigkeiten bzw. Fehler) im Einzelnen besprochen. Ihre Beseitigung steht und fällt mit der Kommunikation zwischen Betrieb und Buchhaltung. Deshalb ist der Chef gehalten, gegenüber seinen Mitarbeitern das Interesse an sauberen Monatsabschlüssen zu kommunizieren. Die Buchhaltungsabteilung kann den reibungslosen Monatsabschluss mittels Checklisten und Formblättern unterstützen.

---

[65] Auf der beiliegenden CD (Ordner 6) finden Sie eine Liste der diskutierten Stolpersteine sowie zahlreiche praktische Arbeitshilfen und Checklisten.

1. Problemfeld: Akkurate zeitliche Abgrenzung

Stolperstein 1: Jede Lieferung wird wie Umsatz behandelt

Lieferung oder Leistung zählt

Die zeitliche Abgrenzung, *wann* ein Auftrag als faktisch erzielter Umsatz zu verbuchen ist, ist für die Berücksichtigung in der BWA ausschlaggebend. Ein buchungspflichtiger Umsatz liegt nur dann und erst dann vor, wenn Ihr Kunde die Leistung oder Lieferung *abgenommen* hat!

Insbesondere wenn die Leistungserbringung zwar erfolgt ist, aber noch keine Rechnungen gestellt wurden, scheitert die Einbuchung oft daran, dass der Buchhaltung keine Angaben über Zeitpunkt und Umfang der Umsatzerzielung vorliegen.

Im umgekehrten Fall stellen Teillieferungen oder Teilleistungen mit entsprechender Rechnungsstellung keine buchungsfähigen Umsatzerlöse dar.[66]

Beispiel: Teillieferungen sind Vorstufen des Umsatzes

Hubert Huber liegt ein Auftrag der Vau-net GmbH über 10.000 € vor. Gegenstand ist die Lieferung eines Netzwerks aus fünf Computern inkl. Installation, deren Einkaufspreis je 1.500 € beträgt. Ende Juni werden drei geliefert, wegen der anderen zwei Computer muss sich der Kunde aufgrund von Engpässen seitens des Herstellers noch gedulden.

Herr Huber stellt eine Rechnung über 10.000 € zzgl. 19 % MwSt. erst am 11.07., nachdem er die beiden ausstehenden Rechner liefern und das Netzwerk komplett installieren konnte.

Stichtag 30. Juni

- Da nur eine Teillieferung erfolgt ist, ist kein Umsatzerlös zu buchen. Die Computer verbleiben im wirtschaftlichen Eigentum des Herrn Huber und somit in dessen Umlaufvermögen.

---

[66] Anders ist es, wenn im Vorhinein Teillieferungen mit sofortigem „Gefahrenübergang" vereinbart waren. In diesen Fällen sind die Lieferungen nicht als Teillieferungen zu interpretieren, sondern als abgeschlossene Geschäftsvorgänge, die zu jeweils gesonderter Umsatzrealisierung führen.

- Die vorausgehende Lieferung des Herstellers an Hubert Huber ist als Wareneingang bei gleichzeitiger Bestandszunahme zu werten und zu buchen.[67]

Buchungen zum 30. Juni:

5402 Wareneingang Netzwerke	4.500 €	
1405 Vorsteuer	855 €	
an 1800 Sparkasse Kraichgau Nr. 19640511		5.355 €

1141 Kundenkommission (Ware)	4.500 €	
an 5881 Bestandsveränderung (Kundenkommission)		4.500 €

Stichtag 31. Juli

- Erst die Juli-BWA weist den Umsatzerlös in Höhe von 10.000 € als realisiert aus, woraus eine Kundenforderung in derselben Höhe zzgl. MwSt. resultiert.
- Der Warenbestand der drei Computer aus der Teillieferung vom Juni im Wert von 4.500 € (Bestandszunahme Juni) wird im Juli zu Wareneinsatz.

Buchungen zum 31. Juli:

21001Debitor Vau-net GmbH	11.900 €	
an 4402 Erlöse Netzwerke		10.000 €
an 3805 Umsatzsteuer		1.900 €

5402 Wareneingang Netzwerke	3.000 €	
1405 Vorsteuer	570 €	
an 1800 Sparkasse Kraichgau Nr. 19640511		3.570 €

5881 Bestandsveränderung (Kundenkommission)	4.500 €	
an 1141 Ware (Kundenkommission)		4.500 €

Hätte der Buchhalter die Teillieferung im Juni irrtümlich als Umsatz gebucht, wären seinem Chef Umsätze und Gewinne vorgespiegelt

[67] Siehe Stolperstein 3 (halbfertige oder fertige Leistungen) und Stolperstein 4 (Wareneingang).

worden, von denen noch niemand wusste, ob sie auch tatsächlich realisiert würden.

Zu Unrecht verbuchte Umsätze verfälschen nicht nur das *vorläufige Ergebnis*, sondern auch die Kennzahlen (vor allem die Kennzahlen *Materialintensität*, *Personalintensität* und *Aufschlag*).

Tipp:

Achten Sie auf die exakte, zeitliche und betragsmäßige, Abgrenzung sämtlicher in der Periode erbrachten Lieferungen und Leistungen.[68]

Stolperstein 2: Erhaltene Anzahlungen werden als Umsatzerlöse eingebucht

Ein weiteres Problem stellt sich, wenn Kunden Anzahlungen leisten, welche der Buchhalter umstandslos als Umsätze verbucht. Dies ist nicht nur ein Verstoß gegen die Grundprinzipien des Buchhaltungswesens, es ist auch irreführend: Selbst wenn Arbeiten bereits ausgeführt wurden, würde eine Verbuchung als Umsatzerlös das Betriebsergebnis unzulässig verschönern, solange der Kunde die Leistung noch nicht abgenommen hat.

Beispiel: Anzahlungen sind nur Vorboten des Umsatzes

Für einen im Juli zu erledigenden Auftrag von Reich-Ranki Sanitär (Volumen: 8.925 € brutto) hat Huber bereits am 10. Juni eine Anzahlungsrechnung über einen Betrag von 2.000 € zzgl. 19 % MwSt. geschrieben. Die Zahlung ist auch prompt im selben Monat erfolgt.

Stichtag 30. Juni

Herr Huber muss die Anzahlung in Höhe von 2.380 € brutto buchhalterisch als „vom Kunden geliehenes Fremdkapital“ behandeln, weil es jederzeit wieder zurückgefordert werden kann, wenn der Auftrag wider Erwarten nicht erfüllt wird.

[68] Siehe Checkliste auf beiliegender CD.

Buchung zum 30. Juni:

1800 Sparkasse Kraichgau Nr. 19640511	2.380 €	
an 3805 Umsatzsteuer		380 €
an 3270 Erhaltene Anzahlungen		2.000 €

Stichtag 31. Juli

- Der Auftrag wird erst jetzt, nach Abwicklung, vollständiger Lieferung und Quittierung durch den Kunden, zum Umsatzerlös.
- So entsteht eine Forderung in Höhe von 6.545 € – das sind die anfänglichen 8.925 € abzgl. 2.380 € für die bereits erhaltene Anzahlung.

Buchungen zum 31. Juli:

11700 Reich-Ranki Sanitär	8.925 €	
an 4400 Erlöse Hardware		7.500 €
an 3805 Umsatzsteuer		1.425 €

3270 Erhaltene Anzahlungen	2.000 €	
3805 Umsatzsteuer	380 €	
an 11700 Reich-Ranki Sanitär		2.380 €

Erst Abnahme und Quittierung der Leistung im Juli stellen sicher, dass der Umsatz endgültig realisiert und eine Rückführung der im Vormonat erhaltenen Anzahlung ausgeschlossen ist.[69]

Tipp:

Achten Sie darauf, ob die Rechnung Termini wie Anzahlung, Teilzahlung oder Vorschuss benutzt, weil dies prinzipiell auf noch nicht realisierte Umsätze hinweist. Anzahlungsrechnungen sind ein Hinweis, dass u. U. halbfertige Leistungen und/oder eine Warenbestandserhöhung zu berücksichtigen sind.

[69] Mit der Umsatzrealisierung im Juli ist auch der Wareneinsatz – erfolgsmindernd – zu berücksichtigen. Siehe nachfolgend Stolperstein 3.

Stolperstein 3: Halbfertige Leistungen und Erzeugnisse fallen unter den Tisch

Gesamtleistung zählt

Sämtliche in der Abrechnungsperiode getätigten Leistungen und Lieferungen ergeben die Gesamtleistung – dazu zählen auch die *halbfertigen* Leistungen und Erzeugnisse sowie auch diejenigen *fertigen* Leistungen und Erzeugnisse, die der Kunde noch nicht abgenommen und quittiert hat und die daher noch nicht als Umsatzerlöse verbucht werden können.

Wenn die Gesamtleistung akkurat abgebildet werden soll, müssen Sie drei Punkte in Ihrer Organisation beachten:

1. Zum Stichtag muss jede Produktionsabteilung eine Meldung über den Bestand der halbfertigen Produkte einreichen.
2. Eine genaue Zeiterfassung muss die für die halbfertigen Produkte aufgewendeten Arbeitsstunden dokumentieren.
3. Die Arbeitsstunden müssen auf Euro und Cent bewertet werden. Grundlage dieser Bewertung ist der reine Aufwand in Form von Lohnaufwand (inkl. Lohnnebenkosten) plus umgerechneten Gemeinkosten, während der kalkulierte Gewinnzuschlag außen vor bleibt.

Beispiel: Installation eines Netzwerks

Der Kunde Van der Aigue Sarl möchte Geld sparen, indem er die Computer beim Discounter kauft und vom Fachmann installieren lässt. Hubert Huber nimmt den Auftrag an, der bis zum 15. Juli erledigt sein soll.

Zwei Mitarbeiter arbeiten im Juni drei Tage und im Juli nochmals zwei Tage daran. Am 5. Juli unterschreibt der Kunde das Protokoll über die betriebsbereite Anlage und nimmt die Rechnung entgegen:

Installation eines Netzwerks	6.400,00 €
Umsatzsteuer	1.216,00 €
Gesamtbetrag	**7.616,00 €**

Stichtag 30. Juni

- Die beiden Mitarbeiter haben je drei Tage gearbeitet, demnach beläuft sich der Aufwand der Firma Huber im Juni auf sechs Arbeitstage.

- Diese sechs Arbeitstage sind als halbfertige Leistungen zu berücksichtigen, weil der Auftrag zum Monatsende noch nicht erfüllt und die Anlage noch nicht abgenommen war. Damit stellt sich das Problem der Bewertung dieser Arbeitszeit:

Bewertung der Arbeitszeit

Stundenlohn	25,00 €
zzgl. ant. Sozialversicherung/Berufsgenossenschaft	7,50 €
zzgl. ant. Gemeinkosten	27,50 €
zu verrechnender Stundensatz	60,00 €

Daraus errechnen sich die halbfertigen Leistungen:
3 Tage × 2 Mitarbeiter × 8 Stunden = 48 Arbeitsstunden
Wenn ein zu verrechnender Stundensatz von 60 € zu Grunde gelegt wird, sind halbfertige Leistungen im Wert von 2.880 € zu verbuchen.

Buchungen zum 30. Juni:

1099 In Arbeit befindliche Aufträge	2.880 €	
an 4800 Bestandsveränderung unfertige Erzeugnisse		2.880 €

Im Falle einer Nichtberücksichtigung der Juni-Leistungen wäre die betriebliche Gesamtleistung um 2.880 € zu niedrig ausgewiesen worden, während die Kosten für die beiden Mitarbeiter in den Juni-Büchern als Personalaufwand erscheinen.

Stichtag 31. Juli

Am 5. Juli wird die Arbeit beendet, womit der Erlös realisiert und in den Büchern zu berücksichtigen ist.

Buchung zum 31. Juli:

4800 Bestandsveränderung unfertige Erzeugnisse	2.880 €	
an 1099 In Arbeit befindliche Aufträge		2.880 €

12203 Van der Aigne Sarl	7.616 €	
an 4402 Erlöse Netzwerke		6.400 €
an 3805 Umsatzsteuer		1.216 €

Der Erlös in Höhe von 6.400 € zählt *nicht* komplett zur Juli-Leistung, weil Teilleistungen in Höhe von 2.880 € bereits im Vormonat Juni erbracht wurden. Dieser Tatsache wird über die Bestandsverringerung Rechnung getragen. Die Gesamtleistung im Juli beläuft sich demgemäß auf 3.520 € (6.400 € – 2.880 €). Erst diese kleine, aber feine Unterscheidung generiert u. a. eine richtige Gesamtleistungsrendite und eine richtige Personalintensität.

Siehe CD-ROM

Tipp:

Sorgen Sie dafür, dass die Produktions- oder Technikabteilung zum Monatsende einen Überblick über den Stand der halbfertigen und fertigen Erzeugnisse und Leistungen zur Verfügung stellt (siehe Checkliste auf der beiliegenden CD).

Stolperstein 4: Der Wareneingang wird wie Wareneinsatz behandelt

Der Wareneingang eines Unternehmens ist die Zusammenfassung sämtlicher innerhalb des Betrachtungszeitraums angelieferten Waren, die zur Weiterverarbeitung und/oder zur anschließenden Weiterveräußerung bestimmt sind.

Ermittlung des Wareneinsatzes

Für die Analyse der Ertragslage interessiert aber nicht dieser Waren*eingang*, sondern der Waren*ausgang* bzw. der Waren*einsatz*, also alle im Rahmen von Kundenaufträgen verarbeiteten und/oder ausgelieferten Waren.

Betragsmäßig erfassen lässt sich dieser Wareneinsatz, indem man den auf den Konten 5200 ff. verbuchten Wareneingang und die auf den Konten 5880 ff. verbuchte *Warenbestandsveränderung* gegenrechnet.[70] Zur Ermittlung des Wareneinsatzes erhöht eine Bestandsminderung den Wareneingang, eine Bestandserhöhung reduziert ihn.

[70] Die Auswirkungen sehen Sie auch auf der CD unter den Stolpersteinen (Ordner 6).

In der Praxis sind drei Methoden zur Ermittlung der Warenbestandsveränderung verbreitet:[71]

1. *Warenwirtschaftssystem*

   Durch ein implementiertes Warenwirtschaftssystem wird der komplette Warenfluss vom Eingang ins Haus bis zur Lieferung an den Kunden transparent. Der Lagerbestand ist jederzeit per Mausklick abrufbar.[72] Aus dem Lagerbestand kann die buchhalterisch benötigte Bestandsveränderung abgeleitet werden.[73]

2. *Rechnerische Ermittlung der Bestandsveränderung*

   Die Bestandsveränderung wird durch Gegenüberstellung zwischen Wareneingang und Warenausgang ermittelt. Während sich der *Wareneingang* aus den entsprechenden Wareneingangskonten ergibt, bereitet es jeder Buchhaltung Schwierigkeiten, zuverlässige Zahlen über den *Warenabgang* zu bekommen. Materialentnahmescheine und Ausgangsrechnungen bergen ein großes Fehlerpotenzial.

3. *Ermittlung des Wareneinsatzes aus pauschalen Wareneinsatzquoten*

   Beispielhaft ist der Einzelhändler, der keine Lagerbuchhaltung führt und zur Vereinfachung seinen Wareneinsatz berechnen möchte, indem er die Wareneinsatzquote des Vorjahres, der Branche oder die firmeninterne Kalkulation zu Grunde legt. Natürlich erhält man so nur einen sehr pauschalen Schätzwert des Wareneinsatzes – als Notlösung ist diese Variante aber immer noch besser als die Gleichsetzung von Wareneingang und Wareneinsatz.

---

[71] Eine absolut exakte Ermittlung des Wareneinsatzes kann nur eine Inventur leisten, weil Warenschwund und Diebstahl nur über die körperliche Bestandsaufnahme erfasst werden können. Die Bewertung der Ware ist oft aufwändig, weshalb sie nur im Rahmen der Jahresabschlusserstellung geschieht.

[72] Hier ist nur die so genannte „Schwimmende Ware“ noch zu berücksichtigen, die das Haus schon verlassen hat, aber beim Kunden noch nicht abgenommen wurde.

[73] In diesem Sinne verknüpft das Programm „Lexware professional“ Finanzbuchhaltung und Lagerbuchhaltung.

Beispiel: Hubert Hubers Warenwirtschaft

Für einen Auftrag des Kunden Gerymed GmbH hat Hubert Huber drei Computer inkl. Zubehör zu je 1.500 € bestellt. Sein Lieferant, die PC Groß GmbH, schickt die Ware am 20. Juni, die Rechnung (= Lieferschein) über 4.500 € zzgl. 19 % MwSt. liegt bei.

Wegen kurzfristiger Umbaumaßnahmen beim Kunden Gerymed liegt die Sendung drei Wochen im Lager. Erst am 15. August können die drei Computer beim Kunden installiert werden. Hubert Huber stellt unverzüglich eine Rechnung über 7.500 € zzgl. 19 % MwSt.

Der Sachbearbeiter hat sowohl die Zulieferung der Computer als auch deren Abgang in das Warenwirtschaftssystem eingepflegt.

Stichtag 30. Juni

- Die Computer müssen im Juni (genau: zum Lieferdatum 20. Juni) als Wareneingang verbucht werden.
- Aus der Lagerbuchhaltung ergibt sich zum gleichen Zeitpunkt eine Zunahme des Warenbestandes um 4.500 €, was eine Erhöhung des Umlaufvermögens darstellt.

Buchung zum 30. Juni:

5400 Wareneingang Hardware	4.500 €	
1403 Vorsteuer	855 €	
an 70600 PC Groß GmbH		5.355 €

1140 Waren (Bestand)	4.500 €	
an 5880 Bestandsveränderung Waren		4.500 €

Stichtag 31. August

Weil die drei Computer am 15. des Monats an den Kunden geliefert worden sind, zeigt die Lagerbuchhaltung zum Monatsende einen um 4.500 € reduzierten Warenbestand und somit ein um denselben Betrag reduziertes Umlaufvermögen.

Buchung zum 31. August:

10611 Gerymed GmbH	8.925 €	
an 4400 Umsatz Hardware		7.500 €
an 3805 Umsatzsteuer		1.425 €

5880 Bestandsveränderung (Waren)	4.500 €	
an 1140 Waren (Bestand)		4.500 €

Durch diese Buchungen werden das Umlaufvermögen und die davon abgeleiteten Liquiditätskennzahlen stimmig. Die zeitlich korrekte Verbuchung erhält zusätzliche Relevanz, wenn der Warenbestand zur Absicherung des Kontokorrentkredits herangezogen wird. Im Juni würde sich das Unternehmen – beispielsweise gegenüber einer Bank, der die BWA regelmäßig vorgelegt wird – um 4.500 € ärmer darstellen, wenn die Verbuchung der Warenbestandserhöhung unterblieben wäre.

Tipp:

Achten Sie darauf, dass Ihre Buchhaltung die monatlichen Bestandsveränderungen berücksichtigt, selbst wenn ihr nur Näherungszahlen vorliegen. Denn der Wareneinsatz bestimmt den Rohertrag Ihrer *kurzfristigen Erfolgsrechnung* (Kapitel 4) und in der DB-Erfolgsrechnung den Deckungsbeitrag – eine insbesondere für Handels- und Produktionsunternehmen wichtige Kennzahl.

Stolperstein 5: Die Löhne und Gehälter werden nur netto verbucht

Lohnkosten im Monat

Bei den Lohnkosten kommt es häufig vor, dass die Buchungen dem Monat zugeordnet werden, in dem die Zahlungen fließen, und nicht demjenigen Monat, in dem die zu entlohnende Tätigkeit verrichtet worden ist. Bei den Nettolöhnen stellt sich dieses Problem nicht, da diese i. d. R. am Monatsende ausbezahlt und eingebucht werden. Anders ist es bei den Beiträgen zur Sozialversicherung, mit denen die Versicherungsträger das Konto manchmal schon am Ende des Monats, manchmal aber erst zu Beginn des Folgemonats belasten. Die einzubehaltende Lohnsteuer wird generell erst zum 10. des Folgemonats fällig.

Beispiel: Monatslöhne für Hubers Mitarbeiter

Hubert Huber überweist die Nettolöhne für den Juni wie immer zwei Tage vor Ende des Kalendermonats. Die Krankenkassen haben die Sozialversicherungsbeiträge für den Juni diesmal erst am 5. Juli abgebucht; fristgerecht zum 10. Juli erfolgte die Abbuchung der Lohnsteuer.

Die Bruttolöhne für alle Mitarbeiter betragen 17.382,51 € inkl. AG-Anteil zur Sozialversicherung, wobei 12.380,00 € auf die Nettolöhne entfallen, 1.515,30 € auf die Lohnsteuer und 3.486,71 € auf die Sozialversicherungsbeiträge.

Stichtag 30. Juni

- Der Bruttobetrag zzgl. AG-Anteil Sozialversicherung ist zum Monatsende zu verbuchen.
- Die tatsächliche Zahlung, egal ob im Juni oder Juli, stellt keinen Aufwand dar, sondern reduziert lediglich die Verbindlichkeiten.

Buchung zum 30. Juni:

6010 ff. Löhne und Gehälter	17.382,51€	
an 3720 Verbindl. Lohn u. Gehalt		12.380,00 €
an 3730 Verbindl. Lohn- u. KiSt.		1.515,10 €
an 3740 Verbindl. soziale Sicherheit		3.486,41 €

3720 Verbindl. Lohn u. Gehalt	12.380,00 €	
an 1800 Sparkasse Kraichgau Nr. 19640511		12.380,00 €

Buchung zum 30. Juli:

3740 Verbindl. soziale Sicherheit	3.486,41 €	
an 1800 Sparkasse Kraichgau Nr. 19640511		3.486,41 €

3730 Verbindl. Lohn- und KiSt.	1.515,10 €	
an 1800 Sparkasse Kraichgau Nr. 19640511		1.515,31 €

Nur die Bruttolohnverbuchung, d. h. die Berücksichtigung des gesamten Lohnaufwands der Periode inkl. Sozialversicherung, Lohnsteuer u. a. ermöglicht Herrn Huber eine realistische Analyse seiner Personalkosten in der *kurzfristigen Erfolgsrechnung*.

Tipp:

Lassen Sie sich vom Sachbearbeiter Ihrer Lohnbuchhaltung monatlich die Lohnbuchungsliste vorlegen – am besten in elektronischer Form zum Einlesen![74]

Stolperstein 6: Die Buchhaltung bekommt keine Informationen über ausstehende Eingangsrechnungen

Fehlende Eingangsrechnungen

Häufig läuft die BWA auch im Bereich Eingangsrechnungen Gefahr, über Kommunikationsdefizite zu stolpern: Von in Anspruch genommenen Lieferungen und Leistungen erfährt die Buchhaltung oft erst dann, wenn Lieferscheine oder Rechnungen auf ihrem Schreibtisch landen. Der eigenen Liquidität mag es gut tun, wenn ein Lieferant mit der Rechnungsstellung auf sich warten lässt, eine realistische Darstellung der Ertragslage ist jedoch nur möglich, wenn die Buchung bereits in dem Monat erfolgt, in dem die Leistung in Anspruch genommen worden ist.

Beispiel: Verspätete Rechnung eines Subunternehmers

Im Juni war für Hubert Huber ein Subunternehmer im Bereich Computersicherheit an vier Tagen zum Tagessatz von 500 € für einen Kunden tätig. Zum Zeitpunkt der Erstellung seiner Juni-Buchhaltung, in der zweiten Juliwoche, lag immer noch keine Rechnung vor. Diese Rechnung erhält er erst in der letzten Juliwoche mit Rechnungsdatum vom 25. Juli.

Stichtag 30. Juni

- Die Rechnung liegt zwar noch nicht vor, aber der zu erwartende Aufwand ist abschätzbar.
- Da die Dienstleistung für einen konkreten Kundenauftrag in Anspruch genommen wurde, ist sie auch im direkten Aufwand (Wareneinsatz) zu berücksichtigen.
- Ohne vorliegende Rechnung ist weder der genaue Rechnungsbetrag noch das exakte Rechnungsdatum bekannt. Bilanztechnisch ist noch keine Verbindlichkeit entstanden, weshalb die Gegenbu-

[74] Siehe Checkliste „Bruttolohnbuchungsliste" auf beiliegender CD (Ordner 6).

chung nicht auf dem Kreditorenkonto erfolgt, sondern auf einem Rückstellungskonto.

Buchung zum 30. Juni:

5904 Fremdleistung Computersicherheit	2.000 €	
an 3070 Sonstige Rückstellungen		2.000 €

Stichtag 31. Juli

Der Eingang der tatsächlichen Rechnung macht eine Umbuchung der sonstigen Rückstellung an Verbindlichkeiten gegenüber Lieferanten notwendig.

Buchung zum 31. Juli:

3070 Sonstige Rückstellungen	2.000 €	
1405 Vorsteuer	380 €	
an 76001 PC Spezial		2.380 €

Siehe CD-ROM

Tipp:

Die Checkliste auf der beiliegenden CD hilft Ihnen, Aufwendungen, für die es (noch) keine Belege oder Rechnungen gibt, zu erfassen. Natürlich bleibt im Einzelfall abzuwägen, ob die Abgrenzung sinnvoll ist, was bei kleinen Geschäftsvorfällen nicht immer der Fall ist.

Stolperstein 7: Die Ausbuchung uneinbringlicher Forderungen aus Lieferungen und Leistungen wird verschleppt

Wann ist eine Forderung uneinbringlich?

Der Zeitpunkt, ob und wann eine Forderung gegenüber einem Kunden als uneinbringlich einzustufen ist, lässt sich nicht immer klar und eindeutig bestimmen. Den gefährlichen Turbulenzen, die die Insolvenz eines Kunden auslösen kann, entgeht Ihr Unternehmen aber eher, wenn Sie sich zeitnah zur Ausbuchung uneinbringlicher Forderungen entschließen, anstatt unrealistische „Hoffnungszahlen" in Ihren Büchern zu halten. Denn nur dann weisen Sie das Ergebnis aus, das Sie auch erwirtschaftet haben.

Beispiel: Hubers Kunde ist zahlungsunfähig

Die Ulmer Umland GmbH, bei der Huber im letzten Jahr die Reorganisation des Netzwerks durchgeführt hatte, erklärt sich im Juli zahlungsunfähig. Durch Anfrage an die Kreditreform erfährt Huber, dass er nicht als Einziger auf sein Geld wartet. Die Restzahlung in Höhe von brutto 3.100 € wird er wohl in den Wind schreiben müssen.

Stichtag 31. Juli

- Die Schufa-Auskunft hat die Uneinbringlichkeit dokumentiert, weshalb der Buchhalter die Forderung im Juli ausbucht.
- Der Kontenrahmen sieht für Fälle dieser Art eine Reihe von Konten vor (6930–6939).

Buchung zum 31. Juli:

6936 Forderungsverluste netto	2.521 €	
3805 Umsatzsteuer	479 €	
an 12001 Ulmer Umland GmbH		3.000 €

Ein Festhalten an „irrealen Zahlen“ führt zu einer Verfälschung der BWA-Zahlen. Herr Huber würde sich auf diese Weise reich rechnen.

Tipp:

Warten Sie nicht, bis über einen insolventen Kunden das Insolvenzverfahren eröffnet wird, sondern nehmen Sie die Ausbuchung sofort vor. Sie erhalten bei Ausbuchung einer Forderung die bereits gezahlte Umsatzsteuer vom Finanzamt zurück.

Eine Forderung auszubuchen bedeutet nicht „Aus den Augen, aus dem Sinn“. Legen Sie sich einen Ordner für alle Sonderfälle Ihrer Forderungen an, gleichgültig ob sie tituliert sind oder nicht, und überprüfen Sie von Zeit zu Zeit die Durchsetzbarkeit der einzelnen Forderungen.

Stolperstein 8: Bei Veräußerung von Anlagegütern wird deren Buchwert nicht ausgebucht

Anlagenabgang

Wird ein Wirtschaftsgut des Anlagevermögens veräußert, erzielt das Unternehmen auf der einen Seite einen Erlös, auf der anderen Seite stellt der Abgang aus dem Anlagevermögen einen Aufwand dar. Häufig geschieht es in der Buchhaltungspraxis, dass unterjährig nur der Erlös verbucht wird, während die Verringerung des Anlagevermögens um den darin enthaltenen Buchwert bis zur Erstellung des Jahresabschlusses unberücksichtigt bleibt.

Beispiel: Huber muss seinen Firmentransporter verkaufen

Für den Verlust seines Firmentransporters bei einem Unfall im Mai wird Hubert Huber von der Versicherung mit 2.000 € entschädigt, für den lädierten Transporter kann ein Käufer gefunden werden, der 12.931 € netto bezahlt. Der Transporter steht in den Büchern mit einem Restbuchwert von 10.000 €. Obwohl 14.931 € netto in Hubers Kasse klingeln, schmerzt der Verlust des Wagens.

Stichtag 31. Mai

Sowohl die Versicherungsentschädigung als auch den Erlös aus dem Verkauf des Wagens zu verbuchen, ist eine buchhalterische Fingerübung. Um aber den gesamten Vorgang komplett und richtig abzuschließen, verbucht der Buchhalter auch den Abgang auf das Standardkonto 4855 „Anlagenabgang bei Buchgewinn" – und zwar im selben Monat Mai.

Buchungen zum 31. Mai

1300 Sonstige Vermögensgegenstände	2.000 €	
an 4970 Versicherungsentschädigungen		2.000 €

1800 Sparkasse Kraichgau Nr. 19640511	15.027 €	
an 4845 Erlöse Sachanlageverkäufe USt.		12.931 €
an 3805 Umsatzsteuer		2.069 €

4855 Abgänge Sachanlagen Restbuchwert	10.000 €	
an 560 Sonstige Transportmittel		10.000 €

Die Ausbuchung des Autos aus dem Anlagevermögen verhindert, dass das *vorläufige Ergebnis* für den Mai bzw. für das kumulierte Geschäftsjahr um 10.000 € zu hoch ist.

Der tatsächliche Gewinn der Transaktion ist begrenzt auf den Differenzbetrag von 4.931 € (12.931 € + 2.000 € – 10.000 €).

Tipp:

Beachten Sie auch andere einmalige Vorgänge! Dazu gehören zum Beispiel die Lohnfortzahlung im Krankheitsfall. Weitere Beispiele bietet Ihnen die Checkliste auf der CD.

Siehe CD-ROM

2. Problemfeld: Aperiodische Zahlungen

Stolperstein 9: Tantiemen und Weihnachtsgelder werden im Dezember verbucht

Buchung von aperiodischen Zahlungen

Zahlungen wie Weihnachts- und Urlaubsgeld oder Tantiemen werden zwar in einem ganz konkreten Monat – November oder Dezember – überwiesen, wirtschaftlich betreffen sie aber nicht nur diesen Auszahlungsmonat.

Vielmehr zählen sie zu den Entgelten für die Jahresleistung, die der Mitarbeiter erbracht hat, weshalb diese Einmalzahlungen auf zwölf Monate umzurechnen sind. Monat für Monat ist ein Zwölftel zu verbuchen.[75]

Beispiel: Hubert Huber und seine Einmalzahlungen

Hubert Huber bietet seinen Mitarbeitern als Incentive eine Tantieme zusätzlich zum Grundgehalt. Ausbezahlt wird diese aber erst im Dezember, zusammen mit dem Weihnachtsgeld.

Natürlich kann er im Voraus nur die geplanten Zahlungen berücksichtigen. Als Weihnachtsgeld hat er mit seinen Mitarbeitern ein 13. Monatsgehalt vereinbart, Tantiemen wurden individuell abgesprochen.

Im Rahmen seiner Jahresplanung setzt er die im Dezember voraussichtlich zu zahlenden Weihnachtsgelder mit 7.020 € an, für Tantiemezahlungen hat er ein Budget von 6.000 € veranschlagt.

[75] Siehe Berechnung Tantieme/Weihnachtsgeld auf beiliegender CD (Ordner 6).

Stichtag 30. Juni

- Die Tantiemen und Weihnachtsgelder in Höhe von 13.020 € werden nicht erst im Dezember verbucht, sondern zu jedem Monatsende als rechnerischer Aufwand von 1.085 €.
- Für diese im Monatsturnus wiederkehrende Buchung empfiehlt sich das individuell angelegte Verbindlichkeitenkonto „3631 Abgr. Tantieme/Weihnachtsgeld – rechnerisch“.
- Für den monatlichen Aufwand hat sein Buchhalter in der Kontenklasse „Sonstige Kosten/Personalkosten“ ein individuelles Konto „6026 Tantieme/Weihnachtsgeld – rechnerisch“ angelegt, das monatlich in der BWA-Position *Personalkosten* Berücksichtigung findet.

Buchung (monatlich wiederkehrend):

6026 Tantieme/Weihnachtsgeld – rechnerisch	1.085 €	
an 3631 Abgr. Tantieme/Weihnachtsgeld – rechnerisch		1.085 €

Stichtag 31. Dezember

Im Dezember werden die jetzt faktisch fälligen Gehälter von der Lohnbuchhaltung berechnet. In der Finanzbuchhaltung werden die Lohnbuchungslisten eingepflegt (siehe Stolperstein 5) und im Gegenzug die zwölf rechnerischen Abgrenzungsbuchungen storniert.

Buchung zum 31. Dezember:

6026 Tantieme/Weihnachtsgeld – rechnerisch	13.020 €	
an 3631 Abgr. Tantieme/Weihnachtsgeld – rechnerisch		13.020 €

Ohne den buchhalterischen Kniff, ein unterjährig zu bebuchendes Personalaufwandskonto für Weihnachtsgeld und Tantiemen anzulegen, würde der Blick auf das vorläufige Dezember-Ergebnis keinen Sinn machen. Im Gegenzug wäre der Ausweis der Ertragslage für die anderen elf BWAs um je tausend Euro zu optimistisch.

Tipp:

Nutzen Sie die Funktion „wiederkehrende Buchungen" zur Berücksichtigung der monatlichen Abgrenzungen, die nahezu jedes Buchhaltungsprogramm anbietet. Vergleichen Sie dazu die Ausführungen in Kapitel 6.2 zur Nutzung moderner Hilfsmittel.

Stolperstein 10: Leasingsonderzahlungen werden zum Zeitpunkt der Zahlung verbucht

Im Rahmen von Leasingverträgen werden oft Sonderzahlungen vereinbart, die zu Beginn der Vertragslaufzeit fällig sind. Der zu zahlende Betrag darf aber nicht im Fälligkeitsmonat als Aufwand eingebucht werden. Vielmehr ist der Aufwand – verteilt über die Dauer der Grundmietzeit – als zusätzliche monatliche Leasinggebühr zu behandeln.

Die Sonderzahlung ist demnach eine „Zahlung *vor* Aufwand", die zum Zeitpunkt der Zahlung als aktiver Rechnungsabgrenzungsposten berücksichtigt wird.

Beispiel: Leasingraten und Leasingsonderzahlungen

Hubert Huber wird im Juli einen Pkw leasen. Die Grundmietzeit beträgt 36 Monate, die monatlichen Leasingraten in Höhe von 400 € zzgl. MwSt. sind ab 1. Juli immer zum Monatsersten fällig. Darüber hinaus ist zu Beginn der Leasinglaufzeit eine Sonderzahlung in Höhe von 5.400 € leisten.

Stichtag 31. Juli

- Die Leasingsonderzahlung in Höhe von 5.400 € ist im Zeitpunkt der Zahlung als so genannte aktive Rechnungsabgrenzung auf das Konto „1901 ARA Leasingsonderzahlung" zu buchen.
- Für die nächsten 36 Monate sind – zusätzlich zu den Leasingraten in Höhe von 400 € – monatlich 150,00 € auf das Konto „6561 Leasing Fahrzeugkosten" zu buchen. Es fließt in die BWA-Position *Kfz-Kosten* ein.

Buchung 31. Juli:

1901 ARA Leasingsonderzahlung	5.400 €	
1403 Vorsteuer	1.026 €	
an 1801 Sparkasse Kraichgau Nr. 19640511		6.426 €

Buchung (monatlich wiederkehrend):

6561 Leasing Fahrzeugkosten	150 €	
an 1901 ARA Leasingsonderzahlung		150 €

6561 Leasing Fahrzeugkosten	400 €	
1405 Vorsteuer	76 €	
an 1801 Sparkasse Kraichgau Nr. 19640511		476 €

Nur die Berücksichtigung der Sonderzahlung als *monatlicher* Aufwand führt zu einem korrekten Juli-Ergebnis. Außerdem wird die verursachungsgerechte Aufwandsbuchung die Leasinggebühren während der gesamten Laufzeit auf das tatsächliche Maß anheben.

Stolperstein 11: Fremdkapitalzinsen werden erst zum Zeitpunkt der Zahlung berücksichtigt

So wie die Einmalzahlungen im Lohnbereich müssen auch die Zinsaufwendungen für Fremdkapital im Monatsrhythmus und nicht erst bei Fälligkeit berücksichtigt werden. Im Normalfall werden Fremdkapitalzinsen aber nicht nur einmal im Jahr fällig, sondern belasten je nach Darlehensvertrag quartalsweise oder halbjährlich, zu den entsprechenden Zinsterminen, Ihre Liquidität.

Beispiel: Huber zahlt Zinsen halbjährlich und bucht sie monatlich

Hubert Huber hat zu Beginn seiner Unternehmertätigkeit ein KfW-Darlehen über 50.000 € zur Finanzierung der Geschäftsausstattung sowie des Warenbestandes aufgenommen, das zu Beginn des Geschäftsjahres mit 40.000 € (Konto 3191) valutiert.

Die Zinsen in Höhe von 6 % p. a. belasten sein laufendes Geschäftskonto jeden März und September. Darüber hinaus steht noch ein Darlehen gegenüber der Fordbank mit einem Wert von 12.000 € offen. Der Zinsaufwand dafür beträgt ca. 600 € im Jahr.

Auch die Zinszahlungen für seinen Kontokorrentkredit fließen in die monatliche Zinsabgrenzung ein, da sie nicht regelmäßig abgebucht werden, sondern manchmal zum Monatsende, manchmal zu Beginn des nächsten Monats. Der Kontokorrentzins beträgt im Durchschnitt 12 %. Als durchschnittliche Überziehung rechnet Huber mit einem Betrag von 25.000 €.

Der geschätzte Zinsaufwand des Jahres:

Zinsen langfristig:	3.000,00 €
Zinsen kurzfristig	3.000,00 €
Gesamt:	**6.000,00 €**

Stichtag 30. Juni

- Gleichgültig, wann die Zinsen für die einzelnen Kredite fällig sind, verbucht werden sie gemeinsam in Form einer Monatsrate in Höhe von 500 €.[76]
- Dazu legt der Buchhalter ein individuelles Aufwandskonto „7321 Zinsaufwand – rechnerisch" an.
- Für die Gegenbuchung wird das individuelle Verbindlichkeitenkonto „3630 Abgr. Zinsen – rechnerisch" verwendet.
- In den Monaten, in denen die Banken tatsächlich Zinsen abbuchen, reduzieren diese Zahlungen die gebuchten Verbindlichkeiten (Konto „3630 Abgr. Zinsen – rechnerisch"). Der Ausweis erfolgt in der *kurzfristigen Erfolgsrechnung* unter Zinsaufwand.

Buchung (monatlich wiederkehrend):

7321 Zinsen – rechnerisch	500 €	
an 3630 Abgr. Zinsen – rechnerisch		500 €

Buchung bei Zahlung der Zinsen, z. B. zum 30. Juni:

3630 Abgr. Zinsaufwand – rechnerisch	850 €	
an 1801 Sparkasse Kraichgau Nr. 19640511		850 €

Stichtag 31. Dezember

- Da der am Jahresende ermittelte tatsächliche Zinsaufwand nie mit dem „rechnerischen", d. h. dem kalkulierten Zins überein-

[76] Siehe Berechnungsliste Zinsaufwand auf der CD (Ordner 6).

stimmt, muss der rechnerische Zinsaufwand im Rahmen des Jahresabschlusses storniert werden.

- Die Buchung des tatsächlichen Zinsaufwands, unterteilt in langfristig und kurzfristig, muss ebenfalls im Rahmen der Jahresabschlussarbeiten durch den Steuerberater vorgenommen werden.

Wenn Sie die Zinsaufwendungen nur nach *Zinszahlungen* buchen, verfälschen Sie die monatlichen *vorläufigen Ergebnisse*. Denn in den Fälligkeitsmonaten würde die *kurzfristige Erfolgsrechnung* zu stark beansprucht, in anderen Monaten würden zu gute *vorläufige Ergebnisse* ausgewiesen.

Stolperstein 12: Die Buchung der betrieblichen Ertragsteuern hält sich an die Vorauszahlungsbescheide

Nur Ertragsteuern

Da die Vorauszahlungen auf Körperschaft- und Gewerbesteuer viermal im Jahr fällig sind, stellt sich auch bei ihnen das Problem, dass die Buchungen – analog zu den Bankzinsen – monatlich vorzunehmen sind. Normalerweise sind die Vorauszahlungsbescheide Grundlage dieser Monatsbuchungen. Wenn aber firmeninterne Planungen vorliegen, die einen erheblich davon abweichenden Steueraufwand nach sich ziehen, ist nach Rücksprache mit Ihrem Steuerberater nicht der vom Finanzamt festgesetzte, sondern der „geplante" Steueraufwand zu verbuchen.

Beispiel: Hubert Huber plant höhere Steuern

Hubert Huber liegen Vorauszahlungsbescheide über Gewerbesteuer vor, die eine Steuerlast von 0 € festsetzen. Als Bemessungsgrundlage diente der Stadtverwaltung der Gewinn des vorletzten Geschäftsjahres. Da er jedoch seine Geschäftsaktivitäten ausweitet, weist ihn sein Steuerberater darauf hin, dass er aufgrund seines Geschäftsplans für das laufende Geschäftsjahr mit einem Gewerbesteueraufwand von 3.600 € rechnen muss.

Stichtag 30. Juni

- Wenn Hubers Buchhaltung den Vorauszahlungsbescheid zur Rechnungsgrundlage macht, muss sie keinen Gewerbesteueraufwand buchen.

- Die umsichtige Buchhaltung erfasst jedoch die Planzahlen des Steuerberaters und verbucht im Monatsrhythmus den voraussichtlichen Aufwand von 300 €.
- Dazu legt der Buchhalter das individuelle Aufwandskonto „7611 Gewerbesteuer – rechnerisch“ an, das unter der BWA-Position *Steuern Eink. und Erträge* in der *kurzfristigen Erfolgsrechnung* auszuweisen ist.
- Die Gegenbuchungen laufen über das ebenso individuell angelegte Verbindlichkeitskonto „3635 Abgr. Gewerbesteuer – rechnerisch“.

Buchung zum 30. Juni (monatlich wiederkehrend):

7611 Gewerbesteuer – rechnerisch	300 €	
an 3635 Abgr. Gewerbesteuer- rechnerisch		300 €

Stichtag 31. Dezember

- Am Jahresende berechnet der Steuerberater im Rahmen der Jahresabschlussbuchungen die tatsächliche Steuerbelastung. Die „rechnerischen“ Steuern werden storniert, der faktische Gewerbesteueraufwand wird in der Kontenklasse 7 verbucht.
- Die Buchung des tatsächlichen Gewerbesteueraufwandes unterbleibt hier, da die Berechnung erst im Rahmen der Jahresabschlussarbeiten vorgenommen wird.

Nur die monatliche Verbuchung der zu erwartenden Steuerlast anstatt der Verbuchung der Vorauszahlungen bei Fälligkeit führt zu einem realitätsnahen Abbild der Ertragslage.

Tipp:

Auch bei monatlich wiederkehrenden Buchungen sollten Sie die voraussichtliche Höhe der tatsächlichen Gewerbesteuerzahlungen von Zeit zu Zeit überprüfen und Ihre Buchungen gegebenenfalls anpassen. Werfen Sie dazu ab und zu einen Blick auf das Verbindlichkeitenkonto „Abgrenzung Gewerbesteuer - rechnerisch".

Stolperstein 13: Statt im Monatsturnus werden die Abschreibungen erst am Jahresende verbucht

Erfassung der Abschreibungen

Das Anlagevermögen wirkt sich über die Abschreibungen[77] erfolgsmindernd aus – ein Thema, das an der Buchhaltung oft vorbeigeht. Erst der Steuerberater berücksichtigt in der Regel die Abschreibungen als gewinnmindernde Jahresbuchung in der Gewinn- und Verlustrechnung, wenn er den Jahresabschluss erstellt. In Branchen mit hoher Anlageintensität, von der Vermögensverwaltung bis zur Spedition, kann das Nichtbeachten dieses einzigen Stolpersteins die BWA wertlos machen! Da aber eine genaue Erfassung der Abschreibungen auch bei Einsatz spezifischer Softwareprogramme aufwändig bleibt[78], rät die Autorin dieses Buches zu einem *Schätzverfahren*:

Schätzverfahren

Die Höhe der monatlichen Abschreibungen ermittelt sich aus dem Abschreibungsvolumen des Vorjahres zuzüglich der Abschreibung der geplanten Neu- und Ersatzinvestitionen des laufenden Geschäftsjahres.[79]

Beispiel: Hubert Huber bucht seine AfA monatlich

Für sein Anlagevermögen, das in der Bilanz mit einem Buchwert von 34.000 € ausgewiesen ist, hat sein Steuerberater für das letzte Jahr ein Abschreibungsvolumen von ca. 8.000 € ermittelt.

Für das laufende Geschäftsjahr kalkuliert Hubert Huber mit einem Investitionsbedarf von 12.000 € für Maschinen mit einer Nutzungsdauer von 3 Jahren. Daraus ergibt sich für das laufende Jahr ein Abschreibungsbetrag von 4.000 €.

Stichtag 30. Juni

- Die gesamte Abschreibungssumme in Höhe von voraussichtlich 12.000 € wird monatlich zu je 1.000 € auf dem Konto „6228 Ab-

---

[77] Der Terminus technicus für Abschreibungen lautet: Absetzung für Abnutzung.

[78] Für eine genaue Ermittlung werden die laufenden Investitionen zusammen mit den Werten des Vorjahres in einer separaten Anlagenbuchhaltung erfasst. Die Höhe der Abschreibungen ermittelt sich aus der voraussichtlichen Nutzungsdauer und wird in der Buchhaltung als monatlich wiederkehrende Buchungen erfasst.

[79] Siehe Checkliste auf CD (Ordner 6).

schreibung – rechnerisch" verbucht und in der BWA-Position *sonstige Kosten/Abschreibungen* ausgewiesen.

- Für die Gegenbuchung ist es ratsam, ein Konto „799 Bestand Abschreibung – rechnerisch" in der Kontenklasse „Anlagevermögen" anzulegen.[80]

Buchung (monatlich wiederkehrend):

6228 Abschreibung – rechnerisch	1.000 €	
an 799 Bestand Abschreibung – rechnerisch		1.000 €

Stichtag 31. Dezember

Da der Steuerberater für den Jahresabschluss die tatsächlichen Abschreibungen einbucht, müssen die rechnerischen Abschreibungen storniert werden.

Buchung am Jahresende:

6228 Abschreibung – rechnerisch	- 12.000 €	
an 799 Bestand Abschreibung – rechnerisch		- 12.000 €

Auch wenn Hubert Hubers Computerladen nicht unbedingt ein spezifisch anlagenintensives Geschäft ist, wäre ohne die monatliche Erfassung der Abschreibungen das *vorläufige Ergebnis* in den *kurzfristigen Erfolgsrechnungen* Monat für Monat um 1.000 € zu hoch.

Tipp:

Prüfen Sie auch die Erfassung weiterer Erträge und Aufwendungen, die zwar jährlich fällig sind, aber monatlich erfasst werden sollten: Beispiele sind die Kosten der Jahresabschlusserstellung, der Anspruch auf zu erhaltende Boni oder Sonderzahlungen für Versicherungsprämien, jährlich einmalige Aufwendungen für Energie, wie Heizöl u. a. Es bleibt auch hier eine Abwägung des Einzelfalls.

[80] Dieses Konto in der Kontenklasse 0 ist deshalb sinnvoll, weil der dort ausgewiesene Abschreibungsbetrag den Buchwert des Anlagevermögens reduziert.

3. Problemfeld: Richtige Kontenzuordnung

Die Zuordnung zum richtigen Konto ist zwar in den meisten Fällen offensichtlich, aber es gibt Ausnahmen.

Stolperstein 14: Die Skonti und Rabatte werden nicht auf separaten Konten verbucht

Obwohl alle Buchhaltungsprogramme standardmäßig eine Reihe von Konten für Erlösschmälerungen (Rabatte, Skonti, Boni etc.) haben, bleiben diese oft ungenutzt. Häufig werden einfach die um die Preisnachlässe reduzierten Umsatzerlöse gebucht, wodurch allerdings die Erfassung der tatsächlich erarbeiteten Umsatzsumme verfälscht wird.

Beispiel: Skonti und Rabatte auf einem eigenen Konto

Der Wettbewerbsdruck in seiner Branche zwang Hubert Huber im Juni, einem Kunden, der ohto GmbH, einen Rabatt in Höhe von 1.724 € einzuräumen.

Rechnungsbetrag:	6.034,00 €
abzgl. Rabatt	1.724,00 €
Gesamtbetrag	4.310,00 €
Zzgl. 19 % MWSt.	818,90 €
Bruttobetrag	**5.128,90 €**

Stichtag 30. Juni

Der Rabatt in Höhe von 1.724 € netto wird, wie alle Rabatte, Skonti und Boni, separat erfasst.

Buchungen zum 30. Juni:

11503 ohto GmbH	5.128,90 €	
4790 Gewährte Rabatte USt.	1.724,00 €	
an 4400 Erlöse Netzwerk		6.034,00 €
an 3805 Umsatzsteuer		818,90 €

Die im Monatsablauf separat verbuchten Erlösschmälerungen werden der BWA-Position *Umsatzerlöse* zugeordnet. Die differenzierte Buchung ist für die *kurzfristige Erfolgsrechnung* demnach ohne Belang. Aber der Wertenachweis der *kurzfristigen Erfolgsrechnung* bzw. ein Blick in die SuSa lässt durch den getrennten Ausweis der Erlösschmälerung eine schärfere Analyse des faktisch erzielten Umsatzes zu.

Stolperstein 15: Fremdleistungen werden als sonstige Kosten verbucht anstatt als Wareneinsatz

Fremdleistung und Fremdarbeit

Dieser Stolperstein steht und fällt mit der sauberen Unterscheidung zwischen einer Fremd*leistung* und einer Fremd*arbeit*. Fremdleistungen werden für die direkte Erfüllung von Kundenaufträgen eingekauft, Fremdarbeiten hingegen für allgemeine Aufgaben am und im Unternehmen.

Beispiel: Fremdleistungen und Fremdarbeiten

Im Januar hat Huber an einen Freelancer 1.000 € (ohne USt.) für dessen Beratungsleistungen im Rahmen eines Auftrags des Kunden Lang bezahlt. Im selben Monat hat er 600 € (ohne USt.) für einen Büroservice investiert, der die Organisation seines Büros auf Vordermann gebracht hat.

Stichtag 30. Januar

- Die dem Kunden zuzuordnenden Leistungen sind Fremdleistungen und demnach unter den zum Teil individuell angelegten Konten 5900 ff. zu buchen. In der BWA werden diese Konten dem variablen Wareneinsatz zugeordnet.
- Die Fremdarbeiten für seine Bürostruktur sind unter dem Konto 6780 zu buchen und erscheinen in der *kurzfristigen Erfolgsrechnung* unter der Position *Kosten Warenabgabe*.

Buchung zum 30. Januar:

5904 Fremdleistung Reparatur/Dienstl.	1.000 €	
an 1801 Sparkasse Kraichgau Nr. 19640511		1.000 €

6781 Fremdarbeiten Büro	600 €	
an 1801 Sparkasse Kraichgau Nr. 19640511		600 €

Für den Ausweis im *vorläufigen Ergebnis* ist die Unterscheidung zwar unerheblich, für die Analyse der Kostenstruktur und für die Ermittlung eines zuverlässigen Aufschlagsatzes ist sie aber von Bedeutung. Außerdem verfälscht eine unsaubere Abgrenzung den Deckungsbeitrag.

4. Problemfeld: Gewohnheitsfehler im Buchungsalltag

Stolperstein 16: Vermögen und Kapital aus dem Vorjahr werden nicht ordnungsgemäß übernommen

Schlussbilanzwerte des Vorjahres

In der Praxis werden die Eröffnungsbilanzwerte oftmals weder rechtzeitig noch vollständig gebucht. Damit schneidet ein Unternehmen sich aber sein „Vorleben" ab, das Vermögen, das Eigenkapital und das Fremdkapital. Obwohl im Januar ein neues Wirtschaftsjahr beginnt, darf die Firma buchhalterisch nicht bei Null anfangen!

Beispiel: Hubert Huber und sein Vorleben

Zum Stichtag 31.12. des Vorjahres stehen in Hubers Büchern folgende Buchwerte:

Anlagevermögen	34.001,00 €
Umlaufvermögen	79.747,87 €
Eigenkapital	30.061,61 €
Fremdkapital	61.080,03 €

Der Forderungsbestand gegenüber seinen Kunden, Teil des Umlaufvermögens, summiert sich auf 61.816,01 €.

Stichtag zum 1. Januar

Der Buchhalter übernimmt im Januar nicht nur die Schlussbilanzwerte der Debitoren und der Kreditoren, sondern auch die Saldi sämtlicher anderer Bestandskonten.

Das nachfolgende Beispiel zeigt exemplarisch die Eröffnungsbilanzbuchungen für den Debitor Linnemann & Co. und für das Eigenkapital auf.

Buchungsbeispiele zum 1. Januar:

11303 Linnemann & Co	1.800,00 €	
an 9008 Saldenvorträge Debitoren		1.800,00 €

9000 Saldenvorträge Sachkonten	30.061,61 €	
an 2010 Variables Kapital		30.061,61 €

Nur durch den korrekten und zeitnahen Ausweis des Gesamtkapitals kann man dessen Entwicklung lückenlos nachvollziehen und eine verlässliche Eigenkapitalquote ermitteln. Die kurzfristigen Vermögens- und Kapitalkonten bilden zudem die Grundlage der *statischen Liquidität.*

Tipp:

Da die endgültigen Schlussbilanzwerte erst mit Erstellung des Jahresabschlusses im Laufe des Geschäftsjahres vorliegen, dann überträgt man die „vorläufigen", also die noch nicht endgültig abgestimmten Werte.

Mit einem Blick sehen Sie, ob alle Eröffnungsbilanzwerte erfasst sind: Die Summe der Kontenklasse 9 in der Summen- und Saldenliste muss den Saldo Null ergeben.

Stolperstein 17: Stornobuchungen werden wie ganz normale Ausgleichsbuchungen behandelt.

Minusbuchungen

In Unkenntnis der Auswirkungen auf das von der BWA gezeichnete Unternehmensprofil wird in dem Bereich Stornobuchungen regelmäßig ungenau gearbeitet. Auch wenn dies den Saldo nicht berührt, so ist grundsätzlich jede Stornobuchung über eine Minusbuchung abzuwickeln. Dabei ist gleichgültig, ob es sich um Debitorenkonten handelt, auf denen sich annullierte Rechnungen wieder finden, oder die rein rechnerischen Verbindlichkeitskonten.

Beispiel: Gegenbuchung oder Stornobuchung?

Hubert Huber hat im Juni der Sago GmbH eine Rechnung über 12.875 € inkl. MwSt. gestellt. Diese wurde an die hauseigene Buchhaltung weitergeleitet und dort auch, wie es sich gehört, prompt eingebucht.

Da es aber bei der Auftragserfüllung zu Verzögerungen gekommen ist, wurde die Rechnung annulliert. Im Juli wurde die Leistung, nach endgültiger Leistungsabnahme, nochmals in der gleichen Höhe fakturiert.

Stichtag 30. Juni

- Im Juni wurde ein Umsatzerlös verbucht, der (noch) keiner war. Erst mit der Lieferung im Juli wurde der Umsatz realisiert. Daraufhin musste die Juni-Buchung storniert werden.
- Im Juni fand die Fehlbuchung über 12.875 € inkl. MwSt. auf dem Debitorenkonto Sago GmbH statt, die Gegenbuchung erfolgte auf dem Umsatzerlöskonto 4402.
- Für denselben Monat erfolgt die „Stornobuchung": Dies geschieht richtigerweise nicht über eine reguläre Gegen- bzw. Ausbuchung, sondern durch eine Minusbuchung auf der gleichen Seite wie die Einbuchung.

Buchung zum 30. Juni:

11900 Sago GmbH	12.875 €	
an 4405 Erlöse Netzwerke		10.819 €
an 3805 Umsatzsteuer		2.056 €

Stornobuchung:

11900 Sago GmbH	- 12.875 €	
an 4405 Erlöse Netzwerke		- 10.819 €
an 3805 Umsatzsteuer		- 2.056 €

Durch diese Storno- bzw. Minusbuchung weisen die Jahresverkehrszahlen auf dem Debitorenkonto 11900 richtigerweise sowohl im Soll als auch im Haben einen Betrag von 0 € aus.

Stichtag 31. Juli

Mit der tatsächlichen Leistungserbringung und abermaligen Rechnungsstellung im Juli wird der Rechnungsbetrag ganz regulär als Umsatzerlös verbucht.

Buchung zum 31. Juli:

11900 Sago GmbH	12.875 €	
an 4405 Umsatzerlös Netzwerke		10.819 €
an 3805 Umsatzsteuer		2.056 €

Würde die Stornierung über eine Gegenbuchung statt über eine Minusbuchung abgewickelt, hätte dies den Gewinn natürlich nicht tangiert, wohl aber wären Umsatz und Gegenbuchung je in doppelter Höhe auf dem Debitorenkonto aufgetaucht.

Tipp:

Nutzen Sie das Instrument der Stornobuchungen! Aufgebauschte Umsätze durch fehlerhafte Buchungen insbesondere auf den Debitorenkonten führen zu unnötigen Irritationen.

Stolperstein 18: Buchungskonten sind den BWA-Positionen falsch oder gar nicht zugeordnet

Die Standardkonten werden von den Buchhaltungsprogrammen in aller Regel automatisch den einzelnen Positionen der *kurzfristigen Erfolgsrechnung* zugeordnet. Bei den individuell angelegten Sachkonten, z. B. bei einem Erlöskonto, das für einen inhaltlich abgegrenzten Geschäftsbereich neu angelegt wurde, muss diese Zuordnung manchmal manuell erfolgen.

Beispiel: Richtig gebucht und falsch zugeordnet

Hubert Huber gelingt es früher als erwartet, in seinem neuen Geschäftsbereich Computersicherheit Umsätze zu generieren, weil ein Kunde einen Auftrag in Höhe von 2.500 € erteilt hat. Die Leistung wird bereits im Mai erbracht und fakturiert.

Stichtag 31. Mai

Der Mai-Umsatz in Höhe von 2.500 € wird auf dem eigens dafür angelegten Konto „4405 Erlöse Computersicherheit" verbucht. Nur wenn Hubers Buchhalter im Lexware-Programm die Eingabemaske für das Konto 4405 vollständig bearbeitet hat, taucht der Umsatz auch tatsächlich in der BWA-Position *Umsatzerlöse* in der *kurzfristigen Erfolgsrechnung* auf.

Buchung zum 31. Mai:

21901 Sicherheithoch 10	2.975 €	
an 4405 Erlöse Computersicherheit		2.500 €
an 3805 Umsatzsteuer		475 €

Wäre dieses Konto nicht zugeordnet worden, hätte die BWA einen um 2.500 € niedrigeren Umsatzerlös ausgewiesen.

Tipp:

Gehen Sie bei Neuanlage eines Kontos die gesamte Anlagemaske durch! Auch zu Beginn des Geschäftsjahres sollten Sie prüfen, ob auch wirklich jedes Konto unter der gewünschten BWA-Position ausgewiesen wird. Bei DATEV drucken Sie dazu den „Wertenachweis" aus, bei Lexware die „Kostenstatistik 1 mit Darstellung der Konten".

Stolperstein 19: Die Planzahlen werden nicht eingegeben

Die Vorzüge des Soll-/Ist-Vergleichs wurden in Kapitel 2 und 5 ausführlich diskutiert: Da dieses BWA-Modul Soll- und Ist-Zahlen gegenüberstellt, macht es Abweichungen evident. Dafür muss die Buchhaltung am Jahresanfang die Planzahlen bzw. das Budget auf jedem Konto und für jeden der zwölf Monate eintragen.[81]

Beispiel: Alles läuft nach Plan?

Hubert Huber hat im Januar eine detaillierte Umsatz- und Erfolgsplanung vorgenommen, um die Ergebnisse der beabsichtigten Strukturveränderungen seines Unternehmens kontrollieren zu können.

Stichtag 30. Juni

Nachdem der Buchhalter die monatlichen Soll-Zahlen seines Chefs Konto für Konto erfasst hat[82], macht der Soll-/Ist-Vergleich keine weitere Arbeit mehr.

[81] DATEV bietet nicht die Budgeteingabe für einzelne Konten, sondern nur für separate BWA-Positionen an.

[82] Bei Lexware geschieht dies unter der Funktion Budgetverwaltung.

Auszug aus dem Soll-/Ist-Vergleich (siehe Kapitel 2.2):

Konto		Bezeichnung	Ist	Plan
			Jan. – Juni	Jan. – Juni
4402	H	Umsatzerlöse Netzwerke	59.568,96 €	90.000 €
4405	H	Erlöse Computersicherheit	9.310,34 €	0 €

Nur eine implementierte Planung bringt die Diskrepanzen ans Licht und zeigt Ihnen, warum Sie das gesetzte Ziel nicht erreichen.

Stolperstein 20: Die Kontenrevision findet nur unzureichend statt

Stimmen die Konten?

Es empfiehlt sich, die komplette Buchhaltung zumindest vierteljährlich, besser aber monatlich zu überprüfen und Konto für Konto durchzublättern.[83] Der Fehler steckt im Detail: Die Darlehensrückzahlung könnte auf einem falschen Konto ausgewiesen und nie korrigiert worden sein, vielleicht wurden die Debitoren und Kreditoren nicht abgestimmt und so weiter.

Beispiel: Hubert Huber und die durchlaufenden Posten

In Hubers Buchhaltung tauchte im Juni eine Belastung des Bankkontos über 1.500 € auf, die der Buchhalter nicht zuordnen konnte. Erst im nächsten Monat hat er Gelegenheit, seinen Chef darauf anzusprechen, und erfährt, dass dieser Geld für private Zwecke abgehoben hat.

Stichtag 30. Juni

Um die Buchhaltung im Juni abschließen zu können, bucht sie den Betrag auf das Konto „1370 Ungeklärte Posten“. Nach Klärung wird der Betrag auf das Privatentnahmekonto des Chefs umgebucht.

Buchung zum 30. Juni:

1370 Durchlaufende Posten	1.500 €	
an 1800 Sparkasse Kraichgau Nr. 19640511		1.500 €

[83] Für diese so genannte Kontenrevision finden Sie auf der CD die Checkliste „Raten Sie Ihre Buchhaltung“ (siehe Ordner 6).

Buchung zum 31. Juli:

2100 Privatentnahme	1.500 €	
an 1370 Durchlaufende Posten		1.500 €

Da die durchlaufenden Posten zum Monatsende bekanntlich der BWA-Position *sonstige Vermögensgegenstände* zugeordnet wurden, entstand im Juni der Eindruck, es bestünden Forderungen gegenüber Dritten, während tatsächlich die Privatentnahmen des Chefs um 1.500 € höher waren als tatsächlich ausgewiesen.

Tipp:

Achten Sie auf regelmäßige Kontenrevisionen. Jeder Buchhalter kennt das Kopfzerbrechen, das ein Konto 1370 mit einer langen Liste von ungeklärten Positionen am Jahresende bereitet.

6.2 So machen Sie Ihre Buchhaltung fit für die BWA

Wer die BWA als Zahlenprofil seines Unternehmens in die betrieblichen Entscheidungsprozesse einbinden will, muss sich zuerst um die Buchhaltung kümmern. Da das Rechnungswesen das Herz Ihres Unternehmens ist, sind die Rahmenentscheidungen zur Finanzbuchhaltung Chefsache!

Personelle Überlegungen

Den Ausgangspunkt bilden dabei folgende *personelle* Überlegungen:

- Wer arbeitet der Buchhaltung zu und übernimmt das Sortieren der Belege nach Sachgruppen und Chronologie?
- Wer kontiert und erfasst die Belege, das Kassenbuch, die Auszüge der Geschäftsbanken, die Rechnungsein- und -ausgänge?
- Wer kümmert sich um die pünktliche Abgabe der Umsatzsteuer-Voranmeldung?
- Wer erstellt die monatlichen Auswertungen?

Sachliche Überlegungen

Folgende *sachliche* Überlegungen gewährleisten, dass Ihre Buchhaltung nicht nur Umsatzsteuer-Voranmeldungen für das Finanzamt hervorbringt, sondern in der Lage ist, Ihnen betriebswirtschaftliche Auswertungen vorzulegen, die sich als wirksame Steuerungsinstrumente einsetzen lassen:

- Die Entscheidung, die Buchhaltung im eigenen Betrieb zu erstellen, beginnt mit der Entscheidung für eine *Buchhaltungssoftware.*
- Im Rahmen der Grundeinstellung dieser Software entscheiden Sie zwischen *Einnahmen-Überschussrechnung* oder *Bilanzierung.*
- Das Aufstellen des *Kontenplans* ist eine ebenso notwendige wie aufwändige Arbeit für den detaillierten Einblick in die Geschäftszahlen.

6.2.1 Auswahl der Buchhaltungssoftware

Die Buchhaltungssoftware sollte grundsätzlich im gleichen System bleiben wie die EDV Ihres Unternehmens, zumindest sollten beide kompatibel sein. Oft fällt die Entscheidung für einen der beiden Marktführer – DATEV oder Lexware –, mit denen fast jeder Buchhalter vertraut ist.[84]

Beispiel: Hubers Buchhalterin beherrscht ihr Handwerk aus dem Effeff

Hubert Huber organisiert seine Warenwirtschaft wie auch seine Rechnungsstellung über Lexware. Zu diesem Programm gehört ein Buchhaltungssystem, so dass Huber auch die Buchhaltung im Haus erledigen lässt.

Eine von seinem Steuerberater empfohlene Buchhalterin kommt zweimal die Woche für vier Stunden vorbei. Dies reicht bei einem 6-Mann-Betrieb wie dem des Herrn Huber aus, um nicht nur die Buchungen einzugeben, sondern auch weitere Verwaltungsarbeiten, wie das Sortieren der Belege, zu erledigen.

Hauptsächlich aber kümmert sich die Buchhalterin um die monatlichen Umsatzsteuer-Voranmeldungen, die BWAs erstellt sie frist-, fach- und formgerecht.

[84] Die Ordnungsmäßigkeit des Programms sollte auf jeden Fall durch einen Wirtschaftsprüfer oder eine Wirtschaftprüfungsgesellschaft testiert sein. Nur bei den größeren Anbietern ist dies selbstverständlich.

6.2.2 Einnahmen-Überschussrechnung oder Bilanzierung?

Rechtsform des Unternehmens

Die Gretchenfrage mit weit reichenden Auswirkungen stellt jedes Buchhaltungsprogramm im Rahmen seiner Grundeinstellungen: Einnahmen-Überschussrechnung oder Bilanzierung? Jeder Betrieb, der im Handelsregister eingetragen ist oder einen Gewinn von mehr als 30.000 € oder einen Umsatz von mehr als 350.000 € erzielt, muss bilanzieren. Kleingewerbetreibende und Freiberufler dürfen zwischen beiden Optionen wählen.

- Die *Einnahmen-Überschussrechnung* nach § 4 Satz 3 EStG ist einfach zu handhaben, weil der Gewinn durch die bloße Gegenüberstellung der Zahlungsein- und -ausgänge ermittelt wird.
- Im Gegensatz dazu ist der *Betriebsvermögensvergleich* ein vergleichsweise aufwändiges Verfahren, bei dem alle Forderungen und Verbindlichkeiten sowie die halbfertigen Produkte und Lagerbestände erfasst werden.
- Nur die Bilanz weist den tatsächlich erwirtschafteten Gewinn aus.

Tipp:

Klicken Sie bei der Grundeinstellung prinzipiell auf „Gewinnermittlung durch Betriebsvermögensvergleich", weil Sie nur so brauchbare BWAs erhalten.

6.2.3 Aufstellen eines individuellen Kontenplans

Ziel: Transparenz der Geschäftsvorfälle

Nur wenn die Buchhaltungskonten individuell angelegt, also auf Ihr Unternehmen zugeschnitten sind, werden die Geschäftsvorfälle für Sie transparent. Erst wenn Sie einen individuellen Kontenplan aufgestellt haben, lassen sich die Geschäftsvorfälle im Rückblick nachvollziehen bzw. in der Planung steuern.

Grundsätzlich gilt: Die Unternehmenssteuerung durch die BWA beginnt mit der Steuerung Ihres Kontenplans.

Tipp:

Erarbeiten Sie gemeinsam mit Ihrem Buchhalter die Buchhaltungsstruktur, insbesondere also den Kontenplan. Er kann Ihre Vorstellungen nur umsetzen, wenn er sie kennt.

Kontenrahmen

Jedes Buchhaltungsprogramm schlägt einen oder mehrere so genannte *Kontenrahmen* vor. Besonders verbreitet sind die Standardkontenrahmen SKR 03 und SKR 04.[85] Aus dieser Auflistung aller verfügbaren Konten treffen Sie eine konkrete Auswahl.

Folgen Sie bei der Kontenauswahl der Maxime „So viele Konten wie nötig, aber so wenig Konten wie möglich."

Individuelle Konten

Trotz des Gebots zur Beschränkung der Kontenzahl empfiehlt es sich in der Regel, zusätzlich zu den Standardkonten *individuelle Konten* anzulegen, die in keinem Kontenrahmen stehen.

Die Gesamtheit der ausgewählten Standardkonten und der individuell angelegten Konten nennt man Kontenplan.

Beispiel: Kontenplan und Kontenplanung

Die neue Buchhalterin erarbeitet zusammen mit Hubert Huber eine Buchhaltungsstruktur, d. h. einen Kontenplan. Huber möchte gerne eine Reihe von individuellen Konten anlegen. Exemplarisch für solche „Individualkonten" sind nachfolgend die Umsatzerlöse und die Wareneingänge genannt.

Konten: Umsatzerlöse

Die *Umsatzerlöse* werden nicht pauschal auf dem Standardkonto „4400 Umsatzerlöse" verbucht, sondern für jeden der sieben Produktbereiche auf separaten Konten ausgewiesen.

[85] DATEV und Lexware stellen beide optional zur Verfügung: Der Kontenrahmen SKR 04 folgt der Gliederung des Handelsgesetzbuches (Bilanz- und Gewinn- und Verlustschema nach §§ 266 und 275 HGB). Er eignet sich besonders gut zu Analysezwecken.

Konto-Nr.	Kontobezeichnung
4400	Erlöse Hardware[86]
4401	Erlöse Software
4402	Erlöse Netzwerke
4403	Erlöse Serviceverträge
4404	Erlöse Reparatur/Dienstleistung
4405	Erlöse Computersicherheit
4409	Erlöse Ladengeschäft

Konten: Wareneingänge

Auch den Wareneingang bucht er nicht auf das Standardsammelkonto „5400 Wareneingang“, sondern auf sieben Wareneingangskonten, deren Gliederung identisch mit der Gliederung der Umsatzerlöse ist.

Konto-Nr.	Kontobezeichnung
5400	Wareneingang Hardware[87]
5401	Wareneingang Software
5402	Wareneingang Netzwerke
5403	Wareneingang Serviceverträge
5404	Wareneingang Reparatur/Dienstleistung
5405	Wareneingang Computersicherheit
5409	Wareneingang Ladengeschäft

Konten Fremdleistung

Auch den Kontenbereich „5900 Fremdleistungen“ hat er nach derselben Logik aufgegliedert.

Konto-Nr.	Kontobezeichnung
5900	Fremdleistung Hardware
5901	Fremdleistung Software
5902	Fremdleistung Netzwerke
5903	Fremdleistung Serviceverträge
5904	Fremdleistung Reparatur/Dienstleistung
5905	Fremdleistung Computersicherheit
5909	Fremdleistung Ladengeschäft

[86] Da er das Standardkonto 4400 Umsatzerlöse für Umsatzerlöse Hardware verwendet, hat er es entsprechend umbenannt.

[87] Auch hier wird das Standardkonto 5400 für eines der Produktbereiche verwendet und entsprechend umbenannt.

Auch in anderen Bereichen lohnt es sich für Hubert Huber, aus Gründen der Kostentransparenz individuelle Konten anzulegen: So z. B. für den Personalbereich die Konten 6000 ff., für den Firmenfuhrpark die Konten 6500 ff. und für die Werbekosten die Konten 6600 ff.[88]

6.2.4 Nutzen Sie moderne Hilfsmittel in der Buchhaltung

Erst die moderne Datenverarbeitung hat die Erstellung von BWAs soweit vereinfacht, dass sie zu einem gängigen Instrument der Unternehmenssteuerung werden konnten.

Im Wesentlichen geht es, wenn man von modernen Hilfsmitteln spricht, um den automatisierten Import von Daten, deren manuelle Bearbeitung fehleranfällig und zeitaufwändig ist.

- *Warenwirtschaftssystem*

  Immer mehr Firmensoftwareprogramme – z. B. Lexware und Addison – ergänzen ihr Warenwirtschaftssystem um ein Buchhaltungsprogramm. Die Abwicklung des gesamten Warenstroms stellt die Informationen über Warenbestand und Wareneinsatz für die Buchhaltung per Mausklick bereit.

- *Elektronisches Kassenbuch*

  Mit dieser – bis dato allerdings nur bei DATEV verfügbaren Option – erübrigt sich das manuell geführte Kassenbuch. Wann immer gewünscht, kann das „Kassenblatt" am PC kontiert und ins Buchhaltungsprogramm importiert werden. Das mühsame Nachrechnen im Fall von Differenzen zwischen Kassenbestand und Buchhaltungszahlen entfällt ebenso wie das doppelte Erfassen der Belegnummern und Euro-Zahlen.

- *Import der Ausgangsrechnungen*

  Wer seine Ausgangsrechnungen über ein Computerprogramm verwaltet, kann diese oft – z. B. bei Lexware – direkt in die Buchhaltung einspielen. Damit entfällt die Kontierung der Ausgangs-

[88] Siehe dazu die Summen- und Saldenliste im Buchanhang unter Kapitel 3.

rechnungen ebenso wie deren Erfassung mit Rechnungsnummer, Rechnungsbetrag und Kontonummer.

- *Import der Lohnbuchungslisten*

  Wird die Lohnbuchhaltung mit dem gleichen Programm erstellt wie die Buchhaltung, lässt sich per Mausklick der gesamte Lohnaufwand der Abrechnungsperiode in die Buchhaltung transportieren.

- *Kontoauszugsmanager*

  Dieses Programm-Modul, das von Lexware und von DATEV angeboten wird, überspielt jede Bewegung auf Ihrem Bankkonto automatisch und direkt an Ihre Finanzbuchhaltung. Damit ersparen Sie Ihrer Buchhalterin das separate Eingeben der Beträge und das mühsame Abstimmen der Salden am Monatsende. Der Nutzen des Programms verdoppelt sich durch eine integrierte „Lerndatei", die sukzessive ständig Buchungssätze vorschlägt, die nur noch per Mausklick bestätigt werden müssen.

- *Programmierung der „wiederkehrenden Buchungen"*

  Sowohl bei DATEV als auch bei Lexware ist es möglich, die Parameter der betragsmäßig gleich bleibenden Buchungen, z. B. die der Abgrenzungsbuchungen für Zinsen und Abschreibungen, zu hinterlegen und sie dann Monat für Monat mit einem einzigen Mausklick abzurufen.

Exkurs: Die BWA für Freiberufler und Kleingewerbetreibende

Einnahmen-Ausgaben-BWA

Viele Kleinunternehmer erstellen am Ende des Jahres keine Bilanz, sondern ermitteln ihren Gewinn aus Gründen der Vereinfachung durch eine Einnahmen-Überschussrechnung nach § 4 Abs. 3 EStG.[89]

[89] Diese Form der Gewinnermittlung erlaubt meistens die Inanspruchnahme der Ist-Versteuerung. Dabei muss die Umsatzsteuer nicht für den Monat der Leistungserbringung bezahlt werden, sondern erst für den Monat, in dem die Zahlung des Kunden erfolgt ist.

Wer von dieser Möglichkeit Gebrauch macht, erhält oft unterjährig – zum Monats- oder Quartalsende – eine so genannte Einnahmen-Ausgaben-BWA.

Diese BWA-Form sieht ähnlich aus wie das Standardmodul der *kurzfristigen Erfolgsrechnung*, es sind aber ausschließlich die im Abrechnungszeitraum geflossenen Gelder berücksichtigt, weder die tatsächlich erbrachten Leistungen noch die tatsächlich in Anspruch genommenen Aufwendungen werden ausgewiesen.

Die Buchhaltung für die Einnahmen-Ausgaben-BWA

Der Buchhaltungsaufwand ist erheblich geringer als bei Unternehmern, die ihren Gewinn durch Bilanzierung ermitteln, weil folgende Belege nicht erfasst werden müssen:

- noch nicht bezahlte Ausgangsrechnungen
- noch nicht bezahlte Eingangsrechnungen
- Warenbestände und halbfertige Leistungen
- alle anderen Positionen, so lange sie nicht bezahlt wurden

Im Prinzip werden nur die Kassen- und Bankbelege verbucht. Einzige Ausnahme ist das Anlagevermögen, das, nicht anders als bei bilanzierenden Unternehmen, über Abschreibungen in die Buchhaltung einfließt.

Die Bedeutung der Einnahmen-Ausgaben-BWA

Da die Einnahmen-Ausgaben-BWA eine einfache Dokumentation der faktischen Einzahlungen und Auszahlungen ist, hat sie keine Aussagekraft.

- Die *Gesamtleistung* umfasst nicht die gesamte Leistung des Unternehmens, sondern nur die von den Kunden bezahlten Rechnungen.
- Die erhaltenen und die bezahlten *Umsatzsteuern* werden nicht als Durchlaufposten berücksichtigt, sondern wie ganz normale Einnahmen und Ausgaben.

- Die Umsatzerlöse werden nur in Höhe des tatsächlich gezahlten Betrags gebucht, ohne dass gewährte *Skonti* und *Rabatte* gesondert dargestellt werden.
- Der *Wareneinsatz* wird nicht angezeigt, sondern ausschließlich die in der Periode gezahlten Eingangsrechnungen. Damit sagt auch der *Rohertrag* nichts aus.
- Es gibt keine Summen- und Saldenliste, aus der die *Forderungen* und *Verbindlichkeiten* ersichtlich sind.
- Sie erhalten weder eine *statische Liquidität* noch eine *Bewegungsbilanz*; auch der *Soll-/Ist-Vergleich* ist nicht möglich.

Tipp:

Auch wenn Sie Ihren Jahresgewinn nach § 4 Abs. 3 EStG ermitteln, sollten Sie sich für eine „ordentliche" Buchhaltung entscheiden und alle Erlöse und Aufwendungen erfassen, unabhängig vom Zahlungseingang und -ausgang: Geben Sie sich nicht mit einer reinen Einnahmen-Ausgaben-Buchhaltung zufrieden!

7 So präsentieren Sie die BWA Banken und Mitarbeitern

Die BWA ist eine Visitenkarte Ihres Unternehmens, die vor allem im Gespräch mit Geldgebern eine enorm wichtige Rolle spielt. Eingebunden in einen professionellen Controlling-Report öffnet die BWA mitunter Türen, Tore und Tresore. Kapitalgeber, wie Banken und Business Angels, und nicht zuletzt die eigenen Gesellschafter erwarten aktuelle Unternehmenszahlen, die korrekt aufbereitet und ansprechend präsentiert werden.

Präsentation der BWA gegenüber Banken und anderen Geldgebern

Geldgeber wollen aktuelle Zahlen

Für die Kommunikation mit Banken und anderen Geldgebern bleiben Bilanzen sowie Gewinn- und Verlustrechnungen nach wie vor unerlässlich. Allerdings haben diese Vermögensberechnungen zwei gravierende Mängel: Erstens werden sie nur zum Ende des Wirtschaftsjahres aufgestellt und zweitens zeichnen sie ein Unternehmensbild, das zum Zeitpunkt der Präsentation seine Halbwertzeit eigentlich schon überschritten hat.

Daher wird zunehmend nach dem unterjährigen und vor allem zeitnahen Dokument der monatlichen BWA gefragt, nicht nur, wenn es um kurzfristige Entscheidungen wie eine Ausweitung Ihres Kontokorrentkredits geht.

Präsentation der BWA innerhalb des Unternehmens

Aber auch innerhalb Ihres Unternehmens kann die BWA eine wichtige Rolle spielen, um gegenüber den Führungskräften oder dem Außendienst angestrebte oder erreichte Ziele zu kommunizieren. Im Montag-Meeting macht ein professioneller Report eben eine bessere Figur als ein theoriegrauer Computerausdruck.

In Kapitel 7.1 erfahren Sie, wie ein professioneller Controlling-Bericht aufgebaut wird. Kapitel 7.2 zeigt den Nutzen der BWA in wichtigen Mitarbeitergesprächen, wie dem Strategie- und dem Vertriebsmeeting.

Vier Grundregeln für die Präsentation einer BWA

Natürlich sieht jede BWA-Präsentation je nach Unternehmen und Anlass anders aus. Dennoch folgen solche Präsentationen gewissen Grundregeln, die Sie bei der Präsentation Ihrer BWA beachten sollten:

Regel 1: Stellen Sie die BWA-Zahlen empfängerorientiert zusammen! Für den Vertriebler sind andere BWA-Zahlen ausschlaggebend als für den Banker.

Regel 2: Beschränken Sie sich in Ihrer Darstellung auf das Wesentliche! Wesentliches von Unwesentlichem zu unterscheiden ist die Kunst jeder Kommunikation und somit auch jeder Präsentation.

Regel 3: Strukturen Sie Ihre BWA-Präsentation klar und übersichtlich! Denn schnell wird Leselust zur Leselast.

Regel 4: Bereiten Sie die BWA-Zahlen optisch ansprechend auf! So sichern Sie sich die Aufmerksamkeit Ihres Adressaten.

Das Beispiel des Schiffskapitäns lässt sich auch hier anführen: Er kann seine Reederei nur überzeugen, wenn er seine Zahlen in einer ansprechenden, formgerechten Dokumentation vorlegt.

Diese Dokumentation wird anders aussehen als das unübersichtliche Logbuch, das der Kapitän in der Offizierskabine seiner Führungscrew präsentiert.

7.1 Die BWA als Grundlage für Bankgespräche und Gesellschafterversammlungen

Banker lieben Papier: Wer zu einem Kreditgespräch gebeten wird, muss in aller Regel umfangreiche Unterlagen zusammenstellen. Meist wird schon im Voraus eine Liste der geforderten Unterlagen überreicht: aktueller Auftragsbestand, monatliche Auswertung, Planungsinstrumente, Debitorenliste, Kreditorenliste etc. Häufig entscheidet sich bereits in diesem Stadium, ob eine Kreditzusage erteilt wird oder nicht. Wenn es wochenlang dauert, bis die Unterlagen endlich beisammen sind, oder wenn sie gar mehrfach angefordert werden müssen, lässt dies auf eine „verbesserungsfähige" Betriebsorganisation schließen.

Kreditgespräche sind Bewerbungsgespräche

Oberflächlich zusammengestellte oder gar inkorrekte Zahlenwerke haben eine ähnlich negative Außenwirkung wie schlecht geputzte Schuhe. Denn im Prinzip ist ein Kreditgespräch ein Bewerbungsgespräch. Der Banker verhält sich nicht anders als Sie selbst, wenn Sie aus den eingegangenen Bewerbungen nur die in die nähere Auswahl nehmen, die der Form entsprechen. Auch Gesellschafter dürfen eine formal und inhaltlich gelungene Darstellung ihres Unternehmens und der Tätigkeit des Geschäftsführers voraussetzen.

Zu Ihrer Orientierung

Im Rahmen des laufenden Kundenkontakts genügt dem Banker auch eine *kurzfristige Erfolgsrechnung*, eine Deckungsbeitrag-Erfolgsrechnung oder eine vergleichende BWA zusammen mit der Summen- und Saldenliste.

Für den besonderen Termin z. B. eines Kreditgesprächs wird dagegen eine umfassende Darstellung der Unternehmenslage erwartet. Zu dieser Darstellung gehört auch der im Folgenden dargestellte Controlling-Bericht.

Die nachfolgenden Ausführungen sowie die Vorlagen auf der CD beschränken sich nicht auf die BWA, sondern zielen auf die professionelle Gesamtdarstellung Ihres Unternehmens.

7.1.1 So gestalten Sie einen Controlling-Bericht

Im Folgenden wird das Modell eines so genannten *Controlling-Berichts* aus 15 bis 25 Seiten vorgeschlagen, der dem Anspruch jedes Bankgesprächs und jeder Gesellschafterversammlung genügen sollte. Der Controlling-Bericht enthält alles, was Banker und Gesellschafter im Zusammenhang mit Unternehmenszahlen von Ihnen verlangen, gleichgültig, welche Namen Sie für die diversen Reports, Bescheide, Listen etc. auch verwenden.

Im Zentrum des Berichts stehen die BWA oder Daten, die aus einzelnen BWA-Modulen entnommen sind:

- Die Deckungsbeitrag-Erfolgsrechnung (DBE) ist die für den Controlling-Bericht entscheidende Form der BWA. Sie wird eins zu eins übernommen. Die angehängten Kennzahlen (Unternehmens QuickCheck, Cashflow- und Break-Even-Analyse) werden in Form von Grafiken übernommen.
- Die *kurzfristige Erfolgsrechnung* ist nicht Teil des Berichts, weil deren Dateninhalte bereits über die DBE vermittelt werden. Dasselbe gilt für den *Soll-/Ist*-Vergleich.
- Weniger interessiert den Banker das Modul der Bewegungsbilanz, da er für Vermögensfragen bessere Informationsgrundlagen zur Hand hat, z. B. die Bilanz, die Summen- und Saldenliste.
- Die Liquidität wird in dem hier vorgestellten Controlling-Bericht nur in Form des Cashflow einfließen.
- Die Summen- und Saldenliste als Datenpool auch für die DBE gehört als unerlässlicher Bestandteil zu den Anlagen des Controlling-Berichts.

In einem anschließenden Exkurs lernen Sie exemplarisch für viele Möglichkeiten die wichtigsten Chefkennzahlen grafisch aufbereitet kennen.

Siehe CD-ROM

Zu Ihrer Orientierung

Auf der beiliegenden CD finden Sie den Controlling-Bericht des Computerfachgeschäfts Hubert Huber (13 Seiten zzgl. Anlagen). Drucken Sie den Bericht aus und legen Sie ihn neben sich auf den Schreibtisch, während Sie dieses Kapitel bearbeiten.

7.1.2 Der Controlling-Bericht

Deckblatt

Der erste Blick fällt auf das Firmenlogo, das – meist farbig – den Charakter der Seite prägt. Wenn das Logo den Firmennamen nicht enthält, steht er unterhalb des Logos. Weitere Essentials sind: Firmeninhaber, Firmenadresse und der Begriff „Controlling-Bericht" (mit Betrachtungsmonat).

Inhaltsverzeichnis (Sheet 1)

Was für das Inhaltsverzeichnis gilt, sollte auch auf den ganzen Bericht zutreffen: Es ist klar strukturiert und beschränkt sich auf die Hauptpunkte. Vermeiden Sie zergliederte Unterpunkte und Dezimalzahlen. Das Inhaltsverzeichnis schließt mit einer aufzählenden Liste der Anlagen (Auftragsbestand, Summen- und Saldenliste etc.).

Unternehmensziele (Sheet 2)

Dieses Blatt enthält eine Liste der selbstgesteckten Ziele – unterteilt in kurzfristige, mittelfristige und langfristige. Für jede dieser drei Zielkategorien werden 2-5 Zielvorgaben mit je einem Halbsatz formuliert.

- *Kurzfristige Ziele* überblicken etwa ein Jahr. Sie sollten konkret und griffig sein, z. B. Umsetzung des vorliegenden Auftragsbestands, Aufstockung des Personals um zwei Mitarbeiter, Eröffnung eines Ladengeschäfts etc.
- *Mittelfristige Ziele* sind taktische Ziele für die nächsten zwei bis fünf Jahre. Die Realisierung dieser Ziele ist noch nicht Gegenstand des Geschäftsbetriebs, es finden aber bereits vorbereitende Maßnahmen statt (z. B. Marktanalysen, Recherchen, Sondierungsgespräche).
- *Langfristige Ziele* lassen sich auf die Formel bringen: „Wo will ich als Unternehmer in zehn Jahren stehen?" Hier werden Unternehmensvisionen formuliert (z. B. regionale Marktführerschaft oder Beteiligungen).

Grafische Zusammenfassung **(Sheet 3-4)**

Dieses Blatt enthält keinen Text, sondern vier Diagramme, die den Jahresverlauf der wichtigsten Zahlen aus der DBE bzw. der *kurzfristigen Erfolgsrechnung* grafisch darstellen:

- Die *Ergebnisstruktur* bildet für das aufgelaufene Geschäftsjahr die Euro-Werte der vier wichtigsten Ergebnisquellen ab: Erstens die Gesamtleistung, zweitens der Deckungsbeitrag, der zur Fixkostendeckung verwendet werden kann; drittens das Betriebsergebnis als Erfolg aus dem operativen Geschäft sowie viertens das *vorläufige Ergebnis* als „Gesamterfolg" des Unternehmens.
- Die *Kostenstruktur* bildet die Säulen der wichtigsten Kostentreiber ab: Meistens sind dies erstens die Materialkosten und zweitens die Personalkosten, die z. B. bei Hubert Huber zusammengerechnet 88 % aller anfallenden Kosten ausmachen. An dritter Stelle stehen oft die Raumkosten, nicht nur bei Handelsgeschäften mit exorbitanten Ladenmieten.
- Die *Cashflow-Analyse* bildet den Saldo der Geldflüsse aus der Umsatztätigkeit des laufenden Geschäftsjahres ab und zeigt die Entwicklung kumuliert über die einzelnen Monate auf. Dazu wird aus verhandlungstaktischen Gründen der Cashflow *ohne* Berücksichtigung von Unternehmerlöhnen/Privatentnahmen abgebildet.
- Die Grafik des *Break-Even-Punkts* zeigt, wie der zur Deckung der Fixkosten erforderliche Mindestumsatz im Verlauf der Monate variiert. Eine zweite Kurve im Break-Even-Diagramm sollte den Verlauf der tatsächlich erreichten Gesamtleistung während des Geschäftsjahres dokumentieren, weil das Verhältnis beider Kurven die Krisensicherheit eines Unternehmens bestimmt. Die dritte Kurve der geplanten Break-Even-Leistung veranschaulicht die Abweichung zu den Ist-Zahlen.

Kommentar zur Zusammenfassung

Auf Sheet 4 können bereits firmeninterne Kenntnisse zu augenfälligen Abweichungen dokumentiert und kommentiert werden.

Deckungsbeitrag-Erfolgsrechnung (Sheet 5-6)

Auf den Seiten 5-6 des Controlling-Berichts wird die in Kapitel 5 vorgestellte DBE auf einer Seite abgebildet. Die gesonderte Darstellung einzelner Geschäftsbereiche bleibt, die Fixkosten werden jedoch verkürzt dargestellt. Die dritte DBE-Seite mit den weiteren Analysen und Kennzahlen wird nicht detailliert berücksichtigt.

Kommentar zu den Zahlen

Auf dem Sheet 6 für den „Kommentar zur Deckungsbeitrag-Erfolgsrechnung" werden diejenigen Positionen diskutiert, bei denen große Abweichungen zwischen Ist- und Sollwert auffallen. Sprechen Sie eine Abweichungsproblematik detailliert und offensiv an. Dass man nicht jede Planerwartung erfüllt, ist durchaus legitim!

Ertragsplanung (Sheet 7-8)

Die zweiseitige Ertragsplanung behandelt als Geschäftsplan die Erträge und Aufwendungen des kompletten Jahres. Für jede BWA-Position zwischen *Umsatzerlös* und *vorläufigem Ergebnis* sind die Planzahlen formuliert – und zwar Monat für Monat, von Januar bis Dezember. Der Ertragsplan bildet sowohl die Grundlage für den rückwärts gerichteten Blick, ob die Planzahlen in den vergangenen Monaten erfüllt wurden, als auch für den Blick nach vorne, welche Erträge in den kommenden Monaten erzielt werden sollen.

Kommentar zu den Zahlen

Das Sheet 7, der „Kommentar zur Ertragsplanung", beginnt mit Erklärungen zu der Gesamtleistung, z. B. dass man stabile Zahlen oder Umsatzsteigerungen erwartet. Diese Kommentare sollten mit konkreten, nachvollziehbaren Gründen untermauert werden.

Im nächsten Schritt wird erläutert, welche Kosten die projizierte Umsatzentwicklung bedingt. Der Kommentar schließt mit einem zusammenfassenden Fazit über die gewonnenen Erkenntnisse.

Liquiditätsplanung (Sheet 9-10)

Ausgehend von der Ertragsplanung legt die Liquiditätsplanung offen, wann die geplanten Erträge zu Geld werden und wann die geplanten Kosten das Konto belasten. In der Liquiditätsplanung wird der zu Beginn der Betrachtung vorliegende Kontostand mit den laut

Geschäftsplan zu erwartenden Ein- und Auszahlungen aus dem laufenden Betrieb fortgeschrieben. Dabei werden insbesondere Zahlungsziele sowie alle liquiditätswirksamen Zahlungen (z. B. geplante Privatentnahmen und -einlagen, Darlehensauszahlungen und -tilgungen, die Finanzierung von Investitionen etc.) mit berücksichtigt. In den unteren vier Zeilen von Sheet 10 weisen Sie für jeden Monat aus, wann Ihr Konto ins Minus zu rutschen droht.

Kommentar zu den Zahlen

Das Sheet „Kommentar zur Liquiditätsplanung" benennt als Erstes die Zahlungsziele, mit denen der Betrieb rechnen muss. Dazu zählen nicht nur die üblichen 30 Tage, sondern auch unregelmäßige Zahlungsströme, erwartete Anzahlungen bei Aufträgen etc.

Im zweiten Teil des Kommentars beziehen Sie Stellung zu Unterdeckungen, die ebenso aus dem Liquiditätsplan ersichtlich sind wie Ihre Kapitaldienstfähigkeit. Das Fazit schließt den Kommentar ab.

Planfortschreibung (Sheet 11-12)

In der Planfortschreibung wird hochgerechnet, wie das komplette Geschäftsjahr verläuft, wobei für die abgelaufenen Monate die Istzahlen zu Grunde gelegt werden, für die zukünftigen Monate die Planzahlen. Disponibel ist nur das sich aus diesem „Mix" von Ist- und Planzahlen ergebende *vorläufige Ergebnis*! Eine Spalte „Ist-Werte hochgerechnet für 12 Monate" transportiert das Vergangenheitsszenario in die Zukunft und eignet sich für Plausibilitätsüberlegungen.

Kommentar zu den Zahlen

Im Sheet „Kommentar zur Planfortschreibung" sollten Sie die oben geschilderte Vorgehensweise erläutern, weil das Tool der Planfortschreibung noch nicht allen Banken bekannt ist.

Es werden die entscheidenden BWA-Positionen unter dem Aspekt der möglicherweise eintretenden Szenarien diskutiert.

Im Fazit kann noch Stellung zu den Auswirkungen auf den Cashflow bezogen werden.

Schlussfolgerung (Sheet 13)

Unternehmensziele aufgreifen

Dieses Blatt verdichtet die Resultate der einzelnen Sheets zu einem Fazit. Hier könnten Sie an Ihre Überlegungen zu den Unternehmenszielen (Sheet 2) anknüpfen. Führen sie z. B. aus, wie sich die kurzfristigen Ziele angesichts der in diesem Controlling-Bericht belegten Planerfüllungen erreichen lassen.

Anlagen[90]

Siehe CD-ROM

Neben möglichen Sonderwünschen Ihres Geldgebers (z. B. der Gesellschaftsvertrag oder Markt- und Wettbewerbsanalysen), denen Sie in der Anlage gerecht werden müssen, gibt es eine Liste von Unterlagen und Dokumenten, die von den Banken regelmäßig erwartet werden:

- Der letzte *Steuerbescheid* (Einkommensteuerbescheid bei Personengesellschaften, Körperschaftsteuerbescheid bei Kapitalgesellschaften).
- *Vermögensaufstellung*
- Ein *Organigramm* gibt die Führungsstruktur Ihres Unternehmens wieder, auch Ansprechpartner und Vertretungen. Als Vorlage können Sie das Modell-Organigramm auf der CD verwenden.
- Der *Auftragsbestand* ist der Umsatz von morgen und deshalb wichtig für die Plausibilitätsbeurteilung Ihrer Planung. Sofern dieser nicht bereits zur Verfügung steht, können Sie sich am Muster auf der CD orientieren.
- *Die Summen- und Saldenliste* umfasst alle Konten und ermöglicht es, die von Ihnen präsentierten Zahlen zu verifizieren.
- Die *ABC-Analyse der Kunden* benennt Ihre zehn wichtigsten Kunden und die mit ihnen erzielten Umsatzvolumina im aufgelaufenen Geschäftsjahr. Sie dokumentieren Ihre (hoffentlich nicht vorhandene) Abhängigkeit von einem Großkunden.

---

[90] Alle Anlagen zum Controlling-Bericht finden Sie auf der CD (Ordner 7).

- Die *ABC-Analyse der Lieferanten* zeigt die Abhängigkeit Ihres Unternehmens von den Hauptlieferanten und den gewährten Konditionen.
- Zu Investitions-, Finanz- und Umsatzplanung, die die Ertrags- und Liquiditätsplanung ergänzen, finden Sie ebenfalls Anleitungen auf der CD.

7.1.3 Mit der Ampelgrafik die Kennzahlen verdeutlichen

Für den Gesellschafter wie für den Banker ist die grafische Aufbereitung Ihrer wichtigsten Kennzahlen in Form einer Ampelgrafik sehr aufschlussreich.

Grafische Darstellung der Chefkennzahlen

Die Ampelgrafik leistet eine optisch sehr ansprechende Darstellung einer Auswahl von Unternehmenszahlen.

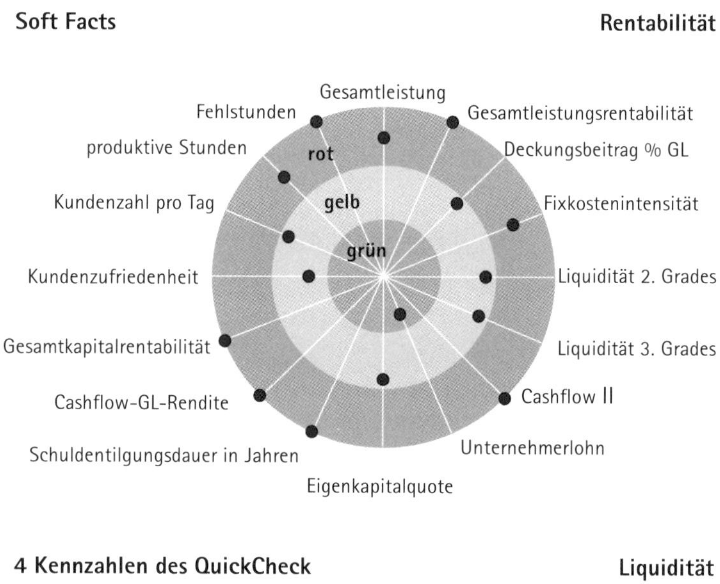

Abbildung: Ampelgrafik

Jede Zahl wird in den Ampelfarben rot, gelb, grün markiert. In welchem Farbbereich eine Zahl markiert wird, hängt vom Grad der Planerfüllung ab:

- Markierungen im roten Bereich sind im Innenbereich (Note 4) gekennzeichnet, wenn die Ist-Zahlen zwischen 20 und 49 % unter Plan liegen, im Außenbereich (Note 5) wenn die erreichten Zahlen 50 % und mehr unter Plan liegen.
- Markierungen im gelben Bereich stehen im Außenbereich mit der Note 3 bei einer Planuntererfüllung zwischen -0,10 bis -19 % und im Innenbereich bei einer Note 2, wenn eine geringfügige Planübererfüllung von 0,0 % bis 19,00 % eingetreten ist. Die Markierung im grünen Bereich taucht i. d. R. immer dann auf, wenn die Planerfüllung über 20 % liegt.
- Die konzentrischen Kreise sind in vier 90-Grad-Sektoren mit je vier Unternehmenszahlen aufgeteilt.
- Der Sektor *QuickCheck* (links unten) benennt die vier klassischen Kennzahlen nach Kralicek, die sich in der Welt der Analysten als sichere Warnzeichen für die Schieflage eines Unternehmens durchgesetzt haben: Eigenkapitalquote, Schuldentilgungsdauer, Gesamtkapitalrentabilität und Cashflow-GL-Rendite.
- Der Sektor *Soft Facts* (links oben) benennt vier Kennzahlen, die nichts mit Buchhaltung und Rechnungswesen zu tun haben, sondern als rein statistische Angaben gesondert erfasst werden müssen: Die „Kundenzufriedenheit" gibt Aufschluss über die Kundenbindung. Die „Kundenanzahl pro Tag" ist besonders für Betriebe mit Ladengeschäft wichtig. Die Zahlen der „produktiven Stunden" der Mitarbeiter sowie deren „Fehlstunden" liefert die Lohnbuchhaltung.
- Der Sektor *Liquidität* (rechts unten) stellt die Deckungsgrade der *statischen Liquidität*, insbesondere deren Abweichung vom Plan, grafisch dar. Aus der DBE stammen die Angaben zum Cashflow vor Unternehmerlohn sowie die Höhe des Unternehmerlohns (Privatentnahmen).
- Der Sektor *Rentabilität* (rechts oben) bewegt sich im Rahmen der klassischen BWA und deren Erfolgszahlen: Gesamtleistung

und Gesamtleistungsrentabilität, Deckungsbeitrag % GL und Fixkostenintensität.

Siehe CD-ROM

Für alle können Sie mit einem Excel-Rechner auf der CD (Ordner 7) jederzeit eigene Parameter erfassen und bewerten lassen.

Kommentar zu den Chefkennzahlen

Die Chefkennzahlen werden auf drei Seiten dargestellt: Auf der ersten Seite die Ampelgrafik, auf der zweiten Seite die der Ampelgrafik zu Grunde liegenden Informationen in Form tabellarischer Übersichten. Auf der dritten Seite steht Ihr Kommentar zu den Chefkennzahlen. Hier haben Sie Gelegenheit, Stellung zu beziehen, warum die Zahlen so sind, wie sie sind.

7.2 Die BWA als Grundlage für die Mitarbeiterbesprechung

Die BWA als Instrument der Mitarbeiterführung

Kommunikation ist die Basis jeder kooperativen Unternehmenskultur, die das sperrige Unternehmenspatriarchat durch Teamwork ersetzt hat.

Der Erfolg der Teamarbeit hängt davon ab, dass neben den Zielen auch die Zahlen des Unternehmens offen kommuniziert werden. Dies kann auch mithilfe der BWA geschehen, womit diese zu einem Instrument der Mitarbeiterführung wird. Im konkreten Fall kann dies heißen, dass man im Rahmen der Schulung der Vertriebs- und Verkaufsmitarbeiter nicht nur nackte Verkaufszahlen bespricht, sondern dass auch deren Auswirkungen auf die Monatsergebnisse diskutiert werden.

Ist Ihren Mitarbeitern bewusst, welche weiter reichenden Auswirkungen Preisnachlässe beim Verkauf eines Produktes haben? Wissen sie, welche Konsequenzen es hat, Fehler zu machen, nicht nur für sie, sondern auch für das Unternehmen? Nur auf Grundlage der BWA lassen sich solche Fragen fundiert beantworten!

Dabei kommen im Normalfall statt der kompletten BWA nur inhaltlich und grafisch bearbeitete Auszüge auf den Tisch.

Hierzu ein paar Beispiele:

- Das Zusammenspiel von Gesamtleistung und Deckungsbeitrag, um die Spielräume bei der Preisgestaltung zu vermitteln.
- Die variablen und fixen Kosten eines Geschäftsbereichs, um dessen Rentabilität mithilfe der Mitarbeiter zu verbessern.
- Die Relation von Personalkosten und Gesamtleistung, um die Produktivität der einzelnen Arbeitsleistung zu kommunizieren.
- Die Sensibilisierung der Mitarbeiter für die Fixkosten.
- Die Sensibilisierung der Mitarbeiter für die offenen Posten, dokumentiert in der Summen und Saldenliste.

Zu Ihrer Orientierung

Auf der beiliegenden CD (Ordner 7) finden Sie zwei Powerpoint-Präsentationen: eine für das Strategiemeeting des Computerhändlers Hubert Huber, die andere für dessen Besprechung mit den Vertriebsleuten. Beide Präsentationen könnten Vorlage für Ihr nächstes Meeting sein ...

7.2.1 Das Strategiemeeting

Besprechung der Unternehmensziele

Strategiemeetings, die mindestens einmal pro Monat auf der Agenda stehen sollten, beschäftigen sich mit den mittelfristigen Unternehmenszielen. Im Kreis der Führungsmannschaft oder der ganzen Belegschaft werden die Realisierung dieser Ziele diskutiert und konkrete Maßnahmen beschlossen. Sinnvoll sind solche Strategiemeetings, bei denen nicht das Unternehmen als solches und als ganzes be- und zerredet wird, sondern begrenzte Themenausschnitte besprochen werden, z. B. eine bestimmte Produktlinie oder ein bestimmter Geschäftsbereich.

Die Gesprächsgrundlage für solche Strategiediskussionen bilden BWA-Zahlen, die hierfür entsprechend aufbereitet und präsentiert werden.

Beispiel: Strategiemeeting

Hubert Huber bespricht mit seinen neun Mitarbeitern, entweder im Geschäftsbereich Ladengeschäft den Turnarround zu schaffen oder das defizitäre Ladengeschäft zu schließen.

Hubert Huber legt seine *Gesamtleistung* 79.556 € im ersten Halbjahr 2022 offen und rechnet im Strategiemeeting vor, dass angesichts der variablen Kosten (53.983 €) und der zuordenbaren *Personalkosten* (25.785 €) und der zuordenbaren *Fixkosten* (4.800 €) eine *Unterdeckung* von 5.000 € bleibt.

Huber bespricht mit seinen Leuten, welche Alternativen bleiben: Steigerung der Kundenanzahl oder des Umsatzes pro Kunden oder eine Umschichtung der Produktstruktur.

7.2.2 Das Vertriebsmeeting

Die meisten Chefs veranstalten mit ihren Vertriebsleuten regelmäßige Treffen und Schulungen.

Dazu gehören nicht nur aktuelle Markt- und Produktschulungen, sondern auch umfangreiche Informationen über das Unternehmen, das im Rahmen der Verkaufsaktivitäten repräsentiert wird.

Auch die *Offenen-Posten-Liste* muss dabei zur Sprache kommen: Die Vertriebler müssen die Zahlungsmoral der Kunden kennen, bevor sie Verträge mit ihnen eingehen. Zugleich lässt sich im Rahmen eines netten Verkaufsgesprächs auch höflich auf etwaige Außenstände hinweisen …

Aber auch die Welt der BWAs und DBEs, in der der gestandene Vertriebsmensch reichlich fremdelt, muss man bei solchen Vertriebsmeetings betreten, vor allem wenn es um das leidige Thema der *Preiserhöhungen* geht.

Unisono stöhnen die Vertriebler an diesem Gesprächspunkt auf, das Produkt werde aus dem Markt kalkuliert und man könne mit der Konkurrenz nicht mehr mithalten.

Hier ist der Chef in der Pflicht, die Preiskalkulation verständlich zu machen und anhand einfacher Rechnungen mit den drei BWA-

Kennzahlen Gesamtleistung, variable Kosten und Deckungsbeitrag klarzumachen, wie die Verhandlungsspielräume bemessen sind.

Insbesondere ist bei jeder Preiserhöhung rechnerisch vorzuexerzieren, welche Absatzrückgänge maximal tolerierbar sind, damit das Unternehmen genauso viel „verdient". Dies gilt vice versa für Preissenkungen und Absatzsteigerungen.

Beispiel: Vertriebsmeeting

Hubert Huber bespricht mit seinem Außendienstler, dass er mit den bisherigen Preisen auf keinen grünen Zweig kommt und dass demnach im Geschäftsbereich Netzwerke/Hardware/Software eine Preiserhöhung von 10 % unumgänglich sei!

Auch seinen Außendienstler, der sofort den Absatzrückgangsteufel an die Wand malt, versucht er zu überzeugen:

„Selbst wenn der Absatz um 27 % zurückgeht, sind wir unterm Strich nicht schlechter gestellt als früher, haben dafür aber fast ein Drittel weniger Arbeit, was sich auch positiv auf die Fixkosten auswirkt."

Tipp

Beiliegende CD enthält ein Rechenprogramm darüber, um wie viel die Absätze bei einer Preiserhöhung (Preissenkung) sinken dürfen (steigen müssen), damit der Deckungsbeitrag unverändert bleibt.

Abkürzungsverzeichnis

Abgr.	Abgrenzung
betriebl. Rohertrag	betrieblicher Rohertrag
betriebl. Steuern	betriebliche Steuern
BKB	betriebswirtschaftlicher Kurzbericht
BWA	betriebswirtschaftliche Auswertung
DB	Deckungsbeitrag
DBE	Deckungsbeitrag-Erfolgsrechnung
Dienstl.	Dienstleistung
Erh. Aktiva	Erhöhung Aktiva
GK	Gesamtkosten
GL	Gesamtleistung
H	Haben
KiSt.	Kirchensteuer
kum.	kumuliert
L. u. L.	Lieferungen und Leistungen
Mat./Wareneinsatz	Material- und Wareneinsatz
ME	Materialeinsatz
MH	Mittelherkunft
Mind. Passiva	Minderung Passiva
MV	Mittelverwendung
PK	Personalkosten
Reparatur/Instandh.	Reparatur und Instandhaltung
RHB-Stoffe	Roh-, Hilfs- und Betriebsstoffe
S	Soll
so. betr. Erlöse	sonstige betriebliche Erlöse
sonst. neutr. Aufw.	sonstiger neutraler Aufwand
sonst. neutr. Ertr.	sonstige neutrale Erträge
Steuern Eink. u. Ertr.	Steuern vom Einkommen und Ertrag
SuSa	Summen- und Saldenliste
verr. kalk. Kosten	verrechnete kalkulatorische Kosten
Versich./ Beiträge	Versicherungen und Beiträge
vorl.	vorläufig

Stichwortverzeichnis

Anhang

Die Auswertungen und Unterlagen aus dem Buchanhang beziehen sich auf das Beispiel-Unternehmen von Hubert Huber. Die Seiten aus dem Anhang sind perforiert und lassen sich leicht heraustrennen und beim Durcharbeiten neben das Buch legen. Alle Arbeitsmittel finden Sie auch auf der CD zum Ausdrucken.

Einige Tabellen sind sehr umfangreich. Die *kurzfristige Erfolgsrechnung* und andere Auswertungen mussten aus Gründen der besseren Lesbarkeit auf zwei Seiten aufgeteilt werden und entsprechen nicht der Originalform.

Der Anhang enthält die folgenden Unterlagen:

Hubert Huber e. K.	Kurzfristige Erfolgsrechnung Juni 2022 (Teil 1)					
Zeile	**Bezeichnung**	**Jun/2022**	**% Gesamt-Leistung**	**% Gesamt-Kosten**	**% Personal-Kosten**	**Aufschlag**
1	Umsatzerlöse	57.419,32	94,25			
2	Best.Verdg. FE/UE	3.500,00	5,75			
3	Akt. Eigenleistungen	0,00	0,00			
4	**Gesamtleistung**	60.919,32	100,00	224,74	350,48	
5	Mat./Wareneinsatz	31.968,96	52,48	117,94	183,92	100,00
6	**Rohertrag**	28.950,36	47,52	106,80	166,56	90,56
7	So. betr. Erlöse	301,72	0,50	1,11	1,74	
8	**Betriebl. Rohertrag**	29.252,08	48,02	107,92	168,29	91,50
	Kostenarten:					
9	Personalkosten	17.381,71	28,53	64,12	100,00	
10	Raumkosten	1.781,03	2,92	6,57	10,25	
11	Betriebl. Steuern	0,00	0,00	0,00	0,00	
12	Versich./Beiträge	430,00	0,71	1,59	2,47	
13	Besondere Kosten	0,00	0,00	0,00	0,00	
14	Kfz-Kosten	863,80	1,42	3,19	4,97	
15	Werbe-/Reisekosten	2.646,54	4,34	9,76	15,23	
16	Kosten Warenabgabe	0,00	0,00	0,00	0,00	
17	Abschreibungen	1.000,00	1,64	3,69	5,75	
18	Reparatur/Instandh.	172,41	0,28	0,64	0,99	
19	Sonstige Kosten	2.831,03	4,65	10,44	16,29	
20	**Gesamtkosten**	27.106,52	44,50	100,00	155,95	
21	**Betriebsergebnis**	2.145,56	3,52			
22	Zinsaufwand	500,00	0,82			
23	Sonst. neutr. Aufw					
24	**Neutraler Aufwand**	500,00	0,82			
25	Zinserträge	0,00	0,00			
26	Sonst. neutr. Ertr	150,00	0,25			
27	Verr. kalk. Kosten	0,00	0,00			
28	**Neutraler Ertrag**	150,00	0,25			
29	Kontenklasse 8	0,00	0,00			
30	**Ergebnis vor Steuern**	1.795,56	2,95			
31	Steuern Eink.u.Ertr	300,00	0,49			
32	**Vorläufiges Ergebnis**	1.495,56	2,45			

DATEV

Kurzfristige Erfolgsrechnung Juni 2022 (Teil 2)						
Zeile	Bezeichnung	Jan/2022 - Jun/2022	% Gesamt-Leistung	% Gesamt-Kosten	% Personal-Kosten	Aufschlag
1	Umsatzerlöse	288.147,63	99,65			
2	Best.Verdg. FE/UE	1.000,00	0,35			
3	Akt. Eigenleistungen	0,00	0,00			
4	**Gesamtleistung**	289.147,63	100,00	207,49	324,92	
5	Mat./Wareneinsatz	138.124,10	47,77	99,12	155,21	100,00
6	**Rohertrag**	151.023,53	52,23	108,37	169,71	109,34
7	So. betr. Erlöse	1.810,32	0,63	1,30	2,03	
8	**Betriebl. Rohertrag**	152.833,85	52,86	109,67	171,74	110,65
	Kostenarten:					
9	Personalkosten	88.991,15	30,78	63,86	100,00	
10	Raumkosten	9.227,24	3,19	6,62	10,37	
11	Betriebl. Steuern	0,00	0,00	0,00	0,00	
12	Versich./Beiträge	2.580,00	0,89	1,85	2,90	
13	Besondere Kosten	0,00	0,00	0,00	0,00	
14	Kfz-Kosten	4.832,93	1,67	3,47	5,43	
15	Werbe-/Reisekosten	10.801,66	3,74	7,75	12,14	
16	Kosten Warenabgabe	600,00	0,21	0,43	0,67	
17	Abschreibungen	6.603,44	2,28	4,74	7,42	
18	Reparatur/Instandh.	1.853,45	0,64	1,33	2,08	
19	Sonstige Kosten	13.864,22	4,79	9,95	15,58	
20	**Gesamtkosten**	139.354,09	48,19	100,00	156,59	
21	**Betriebsergebnis**	13.479,76	4,66			
22	Zinsaufwand	3.000,00	1,04			
23	Sonst. neutr. Aufw					
24	**Neutraler Aufwand**	3.000,00	1,04			
25	Zinserträge	0,00	0,00			
26	Sonst. neutr. Ertr	7.081,03	2,45			
27	Verr. kalk. Kosten	0,00	0,00			
28	**Neutraler Ertrag**	7.081,03	2,45			
29	Kontenklasse 8	0,00	0,00			
30	**Ergebnis vor Steuern**	17.560,79	6,07			
31	Steuern Eink.u.Ertr	1.800,00	0,62			
32	**Vorläufiges Ergebnis**	15.760,79	5,45			

Vorläufige Betriebswirtschaftliche Auswertung-Kostenstatistik I (normal)						
		Juni 2022				
Zeile	A. Kostenstatistik I	Saldo	% Ges.-Leistung	% Ges.-Kosten	% Pers.-Kosten	Aufschl.
1	Umsatzerlöse	57.419,32	94,25			
2	Bestandsveränd. F/U Erz	3.500,00	5,75			
3	Aktiv. Eigenleistungen	0,00	0,00			
4	**Gesamtleistung**	**60.919,32**	**100,00**	**224,74**	**350,48**	
5	Mat./Warenverbr.	31.968,96	52,48	117,94	183,92	100,00
6	**Rohertrag**	**28.950,36**	**47,52**	**106,80**	**166,56**	**90,56**
7	So. betr. Erlöse	301,72	0,50	1,11	1,74	
8	**Betriebl. Rohertrag**	**29.252,08**	**48,02**	**107,92**	**168,29**	**91,50**
9	Personalkosten	17.381,71	28,53	64,12	100,00	54,37
10	Raumkosten	1.781,03	2,92	6,57	10,25	5,57
11	Betriebl. Steuern	0,00	0,00	0,00	0,00	
12	Versicherungen/Beiträge	430,00	0,71	1,59	2,47	1,35
13	Telefonkosten	418,10	0,69	1,54	2,41	
14	Fahrzeugkosten	863,80	1,42	3,19	4,97	
15	Reisekosten	137,93	0,23	0,51	0,79	
16	Geschenke	43,10	0,07	0,16	0,25	
17	Bewirtungskosten	267,24	0,44	0,99	1,54	
18	Kosten Warenabgabe	0,00	0,00	0,00	0,00	
19	Abschreibungen	1.000,00	1,64	3,69	5,75	
20	Reparatur/Instandh.	0,00	0,00	0,00	0,00	
21	sonstige Kosten	4.783,61	7,85	17,65	27,52	
22	**Gesamtkosten**	**27.106,52**	**44,50**	**100,00**	**155,95**	
23	**Betriebsergebnis**	**2.145,56**	**3,52**			
24	Zinsaufwand	500,00	0,82			
25	Sonst. neutr. Aufwand	0,00	0,00			
26	**Neutr. Aufwand**	**500,00**	**0,82**			
27	Zinserträge	0,00	0,00			
28	Sonst. neutr.Erträge	150,00	0,25			
29	**Neutr. Ertrag Ges**	**150,00**	**0,25**			
30	**Ergebnis vor Steuern**	**1.795,56**	**2,95**			
31	Steuern Eink. und Ertrag	300,00	0,49			
32	**Vorl. Ergebnis**	**1.495,56**	**2,45**			

Vorläufige Betriebswirtschaftliche Auswertung-Kostenstatistik I (normal)						
		Jahresverkehrszahlen kumuliert				
Zeile	**A. Kostenstatistik I**	**Saldo**	**% Ges.-Leistung**	**% Ges.-Kosten**	**% Pers.-Kosten**	**Aufschl.**
1	Umsatzerlöse	288.147,63	99,65			
2	Bestandsveränd. F/U Erz	1.000,00	0,35			
3	Aktiv. Eigenleistungen	0,00	0,00			
4	**Gesamtleistung**	**289.147,63**	**100,00**	**211,44**	**324,92**	
5	Mat./Warenverbr.	138.124,10	47,77	101,00	155,21	100,00
6	**Rohertrag**	**151.023,53**	**52,23**	**110,44**	**169,71**	**109,34**
7	So. betr. Erlöse	3.206,88	1,11	2,35	3,60	
8	**Betriebl. Rohertrag**	**154.230,41**	**53,34**	**112,78**	**173,31**	**111,66**
9	Personalkosten	88.991,15	30,78	65,08	100,00	64,43
10	Raumkosten	9.227,24	3,19	6,75	10,37	6,68
11	Betriebl. Steuern	0,00	0,00	0,00	0,00	
12	Versicherungen/Beiträge	2.580,00	0,89	1,89	2,90	1,87
13	Telefonkosten	2.531,88	0,88	1,85	2,85	
14	Fahrzeugkosten	4.832,93	1,67	3,53	5,43	
15	Reisekosten	771,55	0,27	0,56	0,87	
16	Geschenke	344,81	0,12	0,25	0,39	
17	Bewirtungskosten	999,99	0,35	0,73	1,12	
18	Kosten Warenabgabe	0,00	0,00	0,00	0,00	
19	Abschreibungen	4.000,00	1,38	2,93	4,49	
20	Reparatur/Instandh.	862,07	0,30	0,63	0,97	
21	sonstige Kosten	21.609,03	7,47	15,80	24,28	
22	**Gesamtkosten**	**136.750,65**	**47,29**	**100,00**	**153,67**	
23	**Betriebsergebnis**	**17.479,76**	**6,05**			
24	Zinsaufwand	3.000,00	1,04			
25	Sonst. neutr. Aufwand					
26	**Neutr. Aufwand**	**3.000,00**	**1,04**			
27	Zinserträge	0,00	0,00			
28	Sonst. neutr.Erträge	3.081,03	1,07			
29	**Neutr. Ertrag Ges**	**3.081,03**	**1,07**			
30	**Ergebnis vor Steuern**	**17.560,79**	**6,07**			
31	Steuern Eink. und Ertrag	1.800,00	0,62			
32	**Vorl. Ergebnis**	**15.760,79**	**5,45**			

Hubert Huber e. K.		**Bewegungsbilanz Juni 2022**			
Bezeichnung		Mittelverwendung Erh. Aktiva/Mind. Passiva	Prozent	Mittelherkunft Erh. Passiva/Mind. Aktiva	Prozent
Anlagevermögen	AKTIVA				
Imm. Vermögensggst.			0,00		0,00
Sachanlagen			0,00	4.000	8,33
Finanzanlagen			0,00		0,00
Umlaufvermögen					
Unf./Fert. Erzeugn.		1.000	2,08		0,00
RHB-Stoffe/Waren		6.000	12,50		0,00
Kasse/Bank/Postbank			0,00	1.620	3,37
Wechsel/Schecks/WP			0,00		0,00
Forderungen L.u.L.		5.400	11,25		0,00
Sonst. Vermög.Ggst.		1.000	2,08		0,00
Verbindl. L.u.L.	PASSIVA		0,00	7.460	15,54
Wechselverbindl.			0,00		0,00
Sonst. Verbindl.			0,00	11.601	24,17
Anleihen/Kredite		6.500	13,54		0,00
Vor-/Umsatzsteuer			0,00		6,89
Wertb./Rückst./RAP			0,00	4.250	8,85
SoPo mit RL-Anteil		2.000	4,17		0,00
Einlagen still. Ges.					
Kapital					
Privat		26.100	54,37		0,00
Rücklagen			0,00		0,00
Vorl. Gewinn/Verlust			0,00	15.761	32,83
Summe Mittelverwendg.		48.000	100,00		
Summe Mittelherkunft				48.000	100,00

Hubert Huber e. K.

Statische Liquidität Juni 2022 (Teil 1)

	Zum Juni 2022			
Bezeichnung	**Mittel**	**Verbindlichkeiten**	**Über-/Unterdeckung**	**D. Grad**
Kasse	437,10			
Postbank	1.050,00			
Bank		20.121,78		
Barliquidität	1.487,10	20.121,78	-18.634,68	0,07
Wertpapiere/Schecks				
Forderungen L. u. L.	67.216,43			
Sonst. Vermög. Ggst.	19.839,66			
Vor-/USt-Saldo		3.558,88		
Verbindl. L. u. L.		59.960,00		
Wechselverbindl.				
Sonst. Verbindl.	14,40	23.515,53		
Liquidität 2. Grades	88.557,59	107.156,19	-18.598,60	0,83
In Arb. befindl. Auftr.	9.500,00			
Waren (Bestand)	30.500,00			
Ware Kundenkommission	15.000,00			
Liquidität 3. Grades	143.557,59	107.156,19	36.401,40	1,34

Hubert Huber e. K.

Statische Liquidität Juni 2022 (Teil 2)

	Zum Mai 2022			
Bezeichnung	**Mittel**	**Verbindlichkeiten**	**Über-/Unterdeckung**	**D. Grad**
Kasse	87,10			
Postbank	1.050,00			
Bank	15.501,18	33.841,63		
Barliquidität	16.638,28	33.841,63	-17.203,35	0,49
Wertpapiere/Schecks				
Forderungen L. u. L.	59.420,00			
Sonst. Vermög. Ggst.	18.339,66			
Vor-/USt-Saldo		4.986,52		
Verbindl. L. u. L.		40.850,00		
Wechselverbindl.				
Sonst. Verbindl.		15.463,95		
Liquidität 2. Grades	94.397,94	95.142,10	-744,16	0,99
In Arb. befindl. Auftr.	8.500,00			
Waren (Bestand)	33.000,00			
Ware Kundenkommission	6.500,00	4.986,52		
Liquidität 3. Grades	142.397,94	100.128,62	42.269,32	1,42

Hubert Huber e. K.	Soll-/Ist-Vergleich Juni 2022 (Teil 1)				
Bsp.	**Bezeichnung**	**Ist Jun/2022**	**Plan Jun/2022**	**Abweichung absolut**	**Abweichung in %**
5	Umsatzerlöse	57.419,32	51.500,00	5.919,32	11,49
	Best.Verdg. FE/UE	3.500,00	1.650,00	1.850,00	112,12
	Akt.Eigenleistungen	0,00	0,00	0,00	0,00
	Gesamtleistung	**60.919,32**	**53.150,00**	**7.769,32**	**14,62**
	Mat./Wareneinsatz	31.968,96	32.325,00	-356,04	-1,10
2	**Rohertrag**	**28.950,36**	**20.825,00**	**8.125,36**	**39,02**
	So. betr. Erlöse	301,72	332,00	-30,28	-9,12
	Betriebl. Rohertrag	**29.252,08**	**21.157,00**	**8.095,08**	**38,26**
	Kostenarten:				
4	Personalkosten	17.381,71	7.578,00	9.803,71	129,37
	Raumkosten	1.781,03	1.485,00	296,03	19,93
	Betriebl. Steuern	0,00	0,00	0,00	0,00
	Versich./Beiträge	430,00	629,00	-199,00	-31,64
	Besondere Kosten	0,00	0,00	0,00	0,00
	Kfz-Kosten (o. St.)	863,80	1.282,00	-418,20	-32,62
4	Werbe-/Reisekosten	2.646,54	1.539,00	1.107,54	71,96
	Kosten Warenabgabe	0,00	0,00	0,00	0,00
	Abschreibungen	1.000,00	1.000,00	0,00	0,00
	Reparatur/Instandh.	172,41	350,00	-177,59	-50,74
	Sonstige Kosten	2.831,03	1.737,00	1.094,03	62,98
3	**Gesamtkosten**	**27.106,52**	**15.600,00**	**11.506,52**	**73,76**
	Betriebsergebnis	**2.145,56**	**5.557,00**	**-3.411,44**	**-61,39**
	Zinsaufwand	500,00	500,00	0,00	0,00
	Sonst. neutr. Aufw	0,00	0,00	0,00	0,00
	Neutraler Aufwand	**500,00**	**500,00**	**0,00**	**0,00**
	Zinserträge	0,00	0,00	0,00	0,00
	Sonst. neutr. Ertr	150,00	0,00	150,00	0,00
	Verr. kalk. Kosten	0,00	0,00	0,00	0,00
	Neutraler Ertrag	**150,00**	**0,00**	**150,00**	**0,00**
	Kontenklasse 8	0,00	0,00	0,00	0,00
	Ergebnis vor Steuern	**1.795,56**	**5.057,00**	**-3.261,44**	**-64,49**
	Steuern Eink.u.Ertr	300,00	600,00	-300,00	-50,00
1	**Vorläufiges Ergebnis**	**1.495,56**	**4.457,00**	**-2.961,44**	**-66,44**

DATEV

Soll-/Ist-Vergleich Juni 2022 (Teil 2)					
	Bezeichnung	**Ist Jan/2022**	**Plan Jan/2022**		**Abweichung**
Bsp.		**Jun/2022**	**Jun/2022**	**absolut**	**in %**
5	Umsatzerlöse	288.147,63	369.500,00	-81.352,37	-22,02
	Best.Verdg. FE/UE	1.000,00	-440,00	1.440,00	327,27
	Akt.Eigenleistungen	0,00	0,00	0,00	0,00
	Gesamtleistung	**289.147,63**	**369.060,00**	**-79.912,37**	**-21,65**
	Mat./Wareneinsatz	138.124,10	196.374,00	-58.249,90	-29,66
2	**Rohertrag**	**151.023,53**	**172.686,00**	**-21.662,47**	**-12,54**
	So. betr. Erlöse	1.810,32	1.992,00	-181,68	-9,12
	Betriebl. Rohertrag	**152.833,85**	**174.678,00**	**-21.844,15**	**-12,51**
	Kostenarten:				
4	Personalkosten	88.991,15	50.404,00	38.587,15	76,56
	Raumkosten	9.227,24	8.910,00	317,24	3,56
	Betriebl. Steuern	0,00	0,00	0,00	0,00
	Versich./Beiträge	2.580,00	3.351,00	-771,00	-23,01
	Besondere Kosten	0,00	0,00	0,00	0,00
	Kfz-Kosten (o. St.)	4.832,93	7.903,00	-3.070,07	-38,85
4	Werbe-/Reisekosten	10.801,66	15.525,00	-4.723,34	-30,42
	Kosten Warenabgabe	600,00	0,00	600,00	0,00
	Abschreibungen	6.603,44	6.000,00	603,44	10,06
	Reparatur/Instandh.	1.853,45	2.506,00	-652,55	-26,04
	Sonstige Kosten	13.864,22	18.412,00	-4.547,78	-24,70
3	**Gesamtkosten**	**139.354,09**	**113.011,00**	**26.343,09**	**23,31**
	Betriebsergebnis	**13.479,76**	**61.667,00**	**-48.187,24**	**-78,14**
	Zinsaufwand	3.000,00	3.000,00	0,00	0,00
	Sonst. neutr. Aufw	0,00	0,00	0,00	0,00
	Neutraler Aufwand	**3.000,00**	**3.000,00**	**0,00**	**0,00**
	Zinserträge	0,00	0,00	0,00	0,00
	Sonst. neutr. Ertr	7.081,03	0,00	7.081,03	0,00
	Verr. kalk. Kosten	0,00	0,00	0,00	0,00
	Neutraler Ertrag	**7.081,03**	**0,00**	**7.081,03**	**0,00**
	Kontenklasse 8	0,00	0,00	0,00	0,00
	Ergebnis vor Steuern	**17.560,79**	**58.667,00**	**-41.106,21**	**-70,07**
	Steuern Eink.u.Ertr	1.800,00	3.600,00	-1.800,00	-50,00
1	**Vorläufiges Ergebnis**	**15.760,79**	**55.067,00**	**-39.306,21**	**-71,38**

Hubert Huber e. K.	**Vorjahresvergleich Juni 2022 (Teil 1)**				
Bsp.	**Bezeichnung**	**Jun/2022**	**Jun/2021**	**Veränderungen** absolut	**in %**
2	**Umsatzerlöse**	**57.419,32**	**25.261,68**	**32.157,64**	**127,30**
	Best.Verdg. FE/UE	3.500,00	1.500,00	2.000,00	133,33
	Akt.Eigenleistungen	0,00	0,00	0,00	0,00
	Gesamtleistung	**60.919,32**	**26.761,68**	**34.157,64**	**127,64**
2	Mat./Wareneinsatz	31.968,96	12.743,37	19.225,59	150,87
	Rohertrag	**28.950,36**	**14.018,31**	**14.932,05**	**106,52**
	So. betr. Erlöse	301,72	301,72	0,00	0,00
	Betriebl. Rohertrag	**29.252,08**	**14.320,03**	**14.932,05**	**104,27**
	Kostenarten:				
	Personalkosten	17.381,71	2.723,32	14.658,39	538,25
	Raumkosten	1.781,03	1.000,00	781,03	78,10
	Betriebl. Steuern				
	Versich./Beiträge	430,00	571,76	-141,76	-24,79
	Besondere Kosten	0,00	0,00	0,00	0,00
	Kfz-Kosten (o. St.)	863,80	949,09	-85,29	-8,99
	Werbe-/Reisekosten	2.646,54	941,62	1.704,92	181,06
	Kosten Warenabgabe	0,00	252,76	-252,76	-100,00
	Abschreibungen	1.000,00	1.083,67	-83,67	-7,72
	Reparatur/Instandh.	172,41	103,45	68,96	66,66
	Sonstige Kosten	2.831,03	895,72	1.935,31	216,06
	Gesamtkosten	**27.106,52**	**8.521,39**	**18.585,13**	**218,10**
	Betriebsergebnis	**2.145,56**	**5.798,64**	**-3.653,08**	**-63,00**
	Zinsaufwand	500,00	500,00	0,00	0,00
	Sonst. neutr. Aufw	0,00	0,00	0,00	0,00
	Neutraler Aufwand	**500,00**	**500,00**	**0,00**	**0,00**
	Zinserträge	0,00	0,00	0,00	0,00
	Sonst. neutr. Ertr	150,00	0,00	150,00	0,00
	Verr. kalk. Kosten	0,00	0,00	0,00	
	Neutraler Ertrag	**150,00**	**0,00**	**150,00**	**0,00**
	Kontenklasse 8	0,00	0,00	0,00	0,00
	Ergebnis vor Steuern	**150,00**	**0,00**	**150,00**	**0,00**
	Steuern Eink.u.Ertr	300,00	0,00	300,00	0,00
1	**Vorläufiges Ergebnis**	**-150,00**	**0,00**	**-150,00**	**0,00**

DATEV

Vorjahresvergleich Juni 2022 (Teil 2)					
Bsp.	**Bezeichnung**	**Jan/2022 - Jun/2022**	**Jan/2021- Jun/2021**	**Veränderungen absolut**	**in %**
2	Umsatzerlöse	288.147,63	162.866,38	125.281,25	76,92
	Best.Verdg. FE/UE	1.000,00	-400,00	1.400,00	350,00
	Akt.Eigenleistungen	0,00	0,00	0,00	0,00
	Gesamtleistung	**289.147,63**	**162.466,38**	**126.681,25**	**77,97**
2	Mat./Wareneinsatz	138.124,10	99.706,44	38.417,66	38,53
	Rohertrag	**151.023,53**	**62.759,94**	**88.263,59**	**140,64**
	So. betr. Erlöse	1.810,32	1.810,32	0,00	0,00
	Betriebl. Rohertrag	**152.833,85**	**64.570,26**	**88.263,59**	**136,69**
	Kostenarten:				
	Personalkosten	88.991,15	22.382,25	66.608,90	297,60
	Raumkosten	9.227,24	6.050,00	3.177,24	52,52
	Betriebl. Steuern				
	Versich./Beiträge	2.580,00	3.046,52	-466,52	-15,31
	Besondere Kosten	0,00	0,00	0,00	0,00
	Kfz-Kosten (o. St.)	4.832,93	6.073,45	-1.240,52	-20,43
	Werbe-/Reisekosten	10.801,66	4.362,31	6.439,35	147,61
	Kosten Warenabgabe	600,00	252,76	347,24	137,38
	Abschreibungen	6.603,44	6.501,68	101,76	1,57
	Reparatur/Instandh.	1.853,45	189,66	1.663,79	877,25
	Sonstige Kosten	13.864,22	12.499,48	1.364,74	10,92
	Gesamtkosten	**139.354,09**	**61.358,11**	**77.995,98**	**127,12**
	Betriebsergebnis	**13.479,76**	**3.212,15**	**10.267,61**	**319,65**
	Zinsaufwand	3.000,00	3.000,00	0,00	0,00
	Sonst. neutr. Aufw	0,00	0,00	0,00	0,00
	Neutraler Aufwand	**3.000,00**	**3.000,00**	**0,00**	**0,00**
	Zinserträge	0,00	0,04	-0,04	-100,00
	Sonst. neutr. Ertr	7.081,03	0,00	7.081,03	0,00
	Verr. kalk. Kosten	0,00	0,00	0,00	0,00
	Neutraler Ertrag	**7.081,03**	**0,04**	**7.080,99**	**###.###**
	Kontenklasse 8	0,00	0,00	0,00	0,00
	Ergebnis vor Steuern	**17.560,79**	**212,19**	**17.348,60**	**8.175,97**
	Steuern Eink.u.Ertr	1.800,00	1.400,00	400,00	28,57
1	**Vorläufiges Ergebnis**	**15.760,79**	**-1.187,81**	**16.948,60**	**1.426,88**

Hubert Huber e. K.	**Branchenvergleich Juni 2022 (Teil 1)**				
Bsp.	**Bezeichnung**	**Eigener Betrieb** **Jun/2022**	%	**Branche** %	**Abweichung**
	Umsatzerlöse	57.419,32	94,25	99,94	-5,69
	Best.Verdg. FE/UE	3.500,00	5,75	0,06	5,69
	Akt.Eigenleistungen	0,00	0,00	0,00	0,00
	Gesamtleistung	**60.919,32**	**100,00**	**27.909,82**	**33.009,50**
	Mat./Wareneinsatz	31.968,96	52,48	54,54	-2,06
	Rohertrag	**28.950,36**	**47,52**	**45,46**	**2,06**
	So. betr. Erlöse	301,72	0,50	1,59	-1,09
	Betriebl. Rohertrag	**29.252,08**	**48,02**	**47,05**	**0,97**
	Kostenarten:				
2	Personalkosten	17.381,71	28,53	20,70	7,83
	Raumkosten	1.781,03	2,92	4,05	-1,13
	Betriebl. Steuern	0,00	0,00	0,13	-0,13
	Versich./Beiträge	430,00	0,71	0,48	0,23
	Besondere Kosten	0,00	0,00	0,04	-0,04
	Kfz-Kosten (o. St.)	863,80	1,42	2,92	-1,50
	Werbe-/Reisekosten	2.646,54	4,34	1,09	3,25
	Kosten Warenabgabe	0,00	0,00	0,62	-0,62
	Abschreibungen	1.000,00	1,64	1,31	0,33
	Reparatur/Instandh.	172,41	0,28	0,17	0,11
	Sonstige Kosten	2.831,03	4,65	4,00	0,65
	Gesamtkosten	**27.106,52**	**44,50**	**35,50**	**9,00**
	Betriebsergebnis	**2.145,56**	**3,52**	**11,55**	**-8,03**
	Zinsaufwand	500,00	0,82	0,93	-0,11
	Sonst. neutr. Aufw	0,00	0,00	0,12	-0,12
	Neutraler Aufwand	**500,00**	**0,82**	**1,05**	**-0,23**
	Zinserträge	0,00	0,00	0,03	-0,03
	Sonst. neutr. Ertr	150,00	0,25	0,21	0,04
	Verr. kalk. Kosten	0,00	0,00	0,01	-0,01
	Neutraler Ertrag	**150,00**	**0,25**	**0,25**	**0,00**
	Kontenklasse 8	0,00	0,00	0,00	0,00
	Ergebnis vor Steuern	**1.795,56**	**2,95**	**10,75**	**-7,80**
	Steuern Eink.u.Ertr	**300,00**	**0,49**	**0,41**	**0,08**
1	**Vorläufiges Ergebnis**	**1.495,56**	**2,45**	**10,34**	**-7,89**

DATEV

Branchenvergleich Juni 2022 (Teil 2)					
	Bezeichnung	**Eigener Betrieb**		**Branche**	**Abweichung**
Bsp.		**Jan/2022-Jun/2022**	**%**	**%**	
	Umsatzerlöse	288.147,63	99,65	100,06	-0,41
	Best.Verdg. FE/UE	1.000,00	0,35	-0,06	0,41
	Akt.Eigenleistungen	0,00	0,00	0,00	0,00
	Gesamtleistung	**289.147,63**	**100,00**	**172.431,54**	**116.716,09**
	Mat./Wareneinsatz	138.124,10	47,77	58,59	-10,82
	Rohertrag	**151.023,53**	**52,23**	**41,41**	**10,82**
	So. betr. Erlöse	1.810,32	0,63	1,67	-1,04
	Betriebl. Rohertrag	**152.833,85**	**52,86**	**43,09**	**9,77**
	Kostenarten:				
2	Personalkosten	88.991,15	30,78	19,81	10,97
	Raumkosten	9.227,24	3,19	3,98	-0,79
	Betriebl. Steuern	0,00	0,00	0,15	-0,15
	Versich./Beiträge	2.580,00	0,89	0,86	0,03
	Besondere Kosten	0,00	0,00	0,05	-0,05
	Kfz-Kosten (o. St.)	4.832,93	1,67	3,01	-1,34
	Werbe-/Reisekosten	10.801,66	3,74	1,28	2,46
	Kosten Warenabgabe	600,00	0,21	0,75	-0,54
	Abschreibungen	6.603,44	2,28	1,13	1,15
	Reparatur/Instandh.	1.853,45	0,64	0,24	0,40
	Sonstige Kosten	13.864,22	4,79	3,78	1,01
	Gesamtkosten	**139.354,09**	**48,19**	**35,04**	**13,15**
	Betriebsergebnis	**13.479,76**	**4,66**	**8,05**	**-3,39**
	Zinsaufwand	3.000,00	1,04	0,66	0,38
	Sonst. neutr. Aufw	0,00	0,00	0,10	-0,10
	Neutraler Aufwand	**3.000,00**	**1,04**	**0,76**	**0,28**
	Zinserträge	0,00	0,00	0,04	-0,04
	Sonst. neutr. Ertr	7.081,03	2,45	0,56	1,89
	Verr. kalk. Kosten	0,00	0,00	0,01	-0,01
	Neutraler Ertrag	**7.081,03**	**2,45**	**0,60**	**1,85**
	Kontenklasse 8	0,00	0,00	0,00	0,00
	Ergebnis vor Steuern	**17.560,79**	**6,07**	**7,89**	**-1,82**
	Steuern Eink.u.Ertr	**1.800,00**	**0,62**	**0,45**	**0,17**
1	**Vorläufiges Ergebnis**	**15.760,79**	**5,45**	**7,44**	**-1,99**

142599/10023/2022 **Kanzlei-Rechnungswesen V.5.31**
Hubert Huber e.K. **Summen und Salden (pro Monat) Juni 2022** **Blatt 1**
Alle Konten **Konto 1 bis 9999**

Konto	Bezeichnung	Eröffnungs-bilanzwert	Monatswert		kumulierter Wert		Saldo
			Soll	Haben	Soll	Haben	
135	EDV-Software	1.000,00 S					1.000,00 S
520	PKW	1,00 S					1,00 S
560	Sonstige Transportmittel	12.000,00 S				10.000,00	2.000,00 S
670	GWG bis 410 Euro	1.000,00 S					1.000,00 S
690	Sonst. Geschäftsausstattg.	20.000,00 S	8.000,00		12.000,00		32.000,00 S
799	Bestand Abschreibung - rechnerisch			1.000,00		6.000,00	6.000,00 H
	Summe Klasse 0	34.001,00 S	8.000,00	1.000,00	12.000,00	16.000,00	36.001,00 S
		0,00 H					6.000,00 H
1099	In Arbeit befindliche Aufträge	8.500,00 S	3.500,00		5.000,00	4.000,00	9.500,00 S
1140	Waren (Bestand)	33.000,00 S	6.000,00	9.750,00	17.500,00	20.000,00	30.500,00 S
1141	Ware Kundenkommission	6.500,00 S	10.500,00		10.500,00	2.000,00	15.000,00 S
1180	Geleistete Anzahlungen auf Vorräte	5.000,00 S				5.000,00	0,00 S
1200	Forderungen a. Lief. u. Leist.	61.816,01 S	48.646,43	40.850,00	255.091,43	249.691,01	67.216,43 S
1300	Sonstige Vermögensgegens-tände				2.000,00		2.000,00 S
1370	Durchlaufende Posten		1.500,00		1.500,00		1.500,00 S
1405	Abziehbare VSt		5.683,72	20,69	25.298,42	41,38	25.257,04 S
1435	Steuerüberzahlungen	13.839,66 S			2.500,00		16.339,66 S
1460	Geldtransit						0,00 S
1600	Kasse	245,20 S	4.000,00	3.650,00	8.200,00	8.008,10	437,10 S
1700	Postbank Nr. 20310307	1.800,00 S				750,00	1.050,00 S
1800	Sparkasse Kraichgau Nr. 19640511	10.863,01 S	15.150,00	42.442,84	184.080,00	206.734,67	11.791,66 H
1801	Sogenal Muhlhouse Nr. 08195603	29.923,24 H	45.311,51	19.800,00	218.922,52	197.329,40	8.330,12 H
1999	Zu erwartende Boni geschätzt		500,00		3.00,00	750,00	2.250,00 S
	Summe Klasse 1	141.563,88 S	140.791,66	116.513,53	733.592,37	694.304,56	171.050,23 S
		29.923,24 H					20.121,78 H
2010	Variables Kapital	30.061,61 H					30.061,61 H
2011	Variables Kapital						0,00 S
2100	Privatentnahmen allgemein		4.000,00		24.000,00		24.000,00 S
2130	Unentgeltliche Wertabgabe		350,00		2.100,00		2.100,00 S
2998	Sonderp. Rückl. § 7g Abs. 3,7 EStG	2.000,00 H			2.000,00		0,00 S
	Summe Klasse 2	0,00 S	4.350,00	0,00	28.100,00	0,00	26.100,00 S
		32.061,61 H					30.061,61 H
3070	Sonstige Rückstellungen			2.000,00		2.000,00	2.000,00 H

Konto	Bezeichnung	Eröffnungs-bilanzwert	Monatswert		kumulierter Wert		Saldo
			Soll	Haben	Soll	Haben	
3095	Rückstellungen Jahresabschl. u. Prüfung	2.930,00 H		250,00		1.500,00	4.430,00 H
3096	Rückstellungen Beratung - rechnerisch	500,00 H		500,00		3.000,00	3.500,00 H
3180	Darl. Fordbank Nr. 2001 (-1 Jahr)				1.500,00	3.000,00	1.500,00 H
3181	Darl. Spark. Kraichg. Nr. 40512 (-1 J.)				5.000,00	10.000,00	5.000,00 H
3190	Darl. Fordbank Nr. 2001 (1-5 Jahre)	12.000,00 H			3.000,00		9.000,00 H
3191	Darl. Spark. Kraichg. Nr. 40512 (1-5 J.)	40.000,00 H			10.000,00		30.000,00 H
3270	Erhaltene Anzahlungen USt			2.000,00	862,07	2.862,07	2.000,00 H
3300	Verbindl. Lief. u. Leist.	52.500,00 H	21.500,00	40.6100,00	158.850,00	166.310,00	59.960,00 H
3561	Darlehen Schäfer Hans	1.700,00 H					1.700,00 H
3630	Abgr. Zinsen - rechnerisch		850,00	500,00	3.014,40	3.000,00	14,40 S
3631	Abgr. Tantieme/Weihnachtsg. - rechnerisch			1.085,67		6.514,02	6.514,02 H
3635	Abgr. Gewerbesteuer - rechnerisch			300,00		1.800,00	1.800,00 H
3720	Verbindl. Lohn u. Gehalt	2.400,00 H			2.400,00		0,00 S
3730	Verbindl. Lohn- u. KiSt	1.300,00 H		1.515,10	8.300,00	8515,10	1.515,10 H
3740	Verbindl. Soziale Sicherheit			3.486,41		3.486,41	3.486,41 H
3805	Umsatzsteuer USt 16 %		5.810,86	10.642,80	27.395,21	74.961,10	47.565,89 H
3815	USt. Nicht fällig USt 16 %		7.731,07	12.134,52	61.642,45	61.642,45	0,00 S
3820	Umsatzsteuervorauszahlung		5.000,00		19.000,00		19.000,00 S
3841	USt. Vorjahr				2.500,00	2.500,00	0,00 S
3845	USt. Frühere Jahre	250,03 H					250,03 H
	Summe Klasse 3	0,00 S	40.891,93	75.024,50	303.464,13	351.091,15	19.014,40 S
		113.580,03 H					180.221,45 H
4338	Nicht steuerbare Umsätze Drittland					5.000,00	5.000,00 H
4400	Erlöse Hardware			16.059,39		78.990,39	78.990,39 H
4401	Erlöse Software			1.604,59		9.363,20	9.363,20 H
4402	Erlöse Netzwerke			8.509,66		55.147,58	55.147,58 H
4403	Erlöse Serviceverträge			5.331,90	107,76	27.956,86	27.849,10 H
4404	Erlöse Rep./Dienstleistung			6.465,51		24.655,14	24.655,14 H
4405	Erlöse Computersicherheit			5.000,00		9.310,34	9.310,34 H
4409	Erlöse Ladengeschäft			16.379,31	-6.034,48	75.000,00	81.034,48 H
4645	Verwend. von Gegenst. (Kfz)			301,72		1.810,32	1.810,32 H
4735	Gewährte Skonti USt		206,90		1.478,46		1.478,46 S
4790	Gewährte Rabatte USt		1.724,14		1.724,14		1.724,14 S
4800	Bestandsveränd. unfertige Erzeugnisse			3.500,00	4.000,00	5.000,00	1.000,00 H
4845	Erlöse Sachanlageverkäufe USt					12.931,03	12.931,03 H

Konto	Bezeichnung	Eröffnungs-bilanzwert	Monatswert		kumulierter Wert		Saldo
			Soll	Haben	Soll	Haben	
4855	Abgänge Sachanlagen Restbuchwert				10.000,00		10.000,00 S
4860	Grundstückserträge			150,00		150,00	150,00 H
4936	Erträge Auflösung SoPo Ansparabschreib.					2.000,00	2.000,00 H
4970	Versicherungsentschädigungen					2.000,00	2.000,00 H
	Summe Klasse 4	0,00 S	1.931,04	63.302,08	11.275,88	309.314,86	13.202,60 S
		0,00 H					311.241,58 H
5200	Wareneingang ohne Steuer		4.250,00		4.250,00		4.250,00 S
5400	Wareneingang Hardware		12.896,55		41.991,37		41.991,37 S
5401	Wareneingang Software		862,07		5.689,65		5.689,65 S
5402	Wareneingang Netzwerke		6.163,79		24.094,82		24.094,82 S
5403	Wareneingang Serviceverträge		862,07		3.232,75		3.232,75 S
5404	Wareneingang Rep./Dienstl.				2.758,63		2.758,63 S
5405	Wareneingang Ladengeschäft						0,00 S
5409	Wareneingang Ladengeschäft		8.620,69		54.741,37		54.741,37 S
5735	Erhaltene Skonti Vorsteuer			129,31		258,62	258,62 H
5769	Erhaltene Boni - geschätzt			500,00		3.000,00	3.000,00 H
5880	Bestandsveränderung Waren		9.750,00	6.000,00	20.000,00	17.500,00	2.500,00 S
5881	Bestandsveränderung Kundenkommission			10.500,00	2.000,00	10.500,00	8.500,00 H
5904	Fremdleistung Reparatur/Dienstl.		2.000,00		4.500,00		4.500,00 S
5905	Fremdleistung Computersicherheit		2.400,00		4.400,00		4.400,00 S
5992	Vertriebsprovision Netzwerke		1.293,10		1.724,13		1.724,13 S
	Summe Klasse 5	0,00 S	49.098,27	17.129,31	169.382,72	31.258,62	149.882,72 S
		0,00 H					11.758,62 H
6010	Löhne Techniker variabel		8.198,51		39.091,06		39.091,06 S
6011	Löhne Ladenmitarbeiter variabel		2.464,21		16.785,26		16.785,26 S
6020	Gehälter Verwaltung		620,00		3.720,00		3.720,00 S
6021	Gehälter Marketing		1.116,00		6.696,00		6.696,00 S
6022	Gehälter Vertrieb		1.200,00		2.316,00		2.316,00 S
6026	Tantieme/Weihnachtsg. - rechnerisch		1.085,67		6.514,02		6.514,02 S
6030	Aushilfslöhne		2.583,52		13.013,60		13.013,60 S
6040	Pausch. Steuer für Aushilfen		23,80		142,80		142,80 S
6075	Zuschüsse Agenturen für Arbeit			150,00		900,00	900,00 H
6130	Freiw. soz. Aufw. Lohnst. fr.				172,41		172,41 S

Konto	Bezeichnung	Eröffnungs-bilanzwert	Monatswert		kumulierter Wert		Saldo
			Soll	Haben	Soll	Haben	
6140	Aufw. für Altersversorgung		240,00		1.440,00		1.440,00 S
6228	Abschreibung - rechnerisch		1.000,00		6.000,00		6.000,00 S
6241	Sonderabschreibung, § 7g Abs. 1 und 2						0,00 S
6285	Forderungsverluste USt				603,44		603,44 S
6310	Miete		800,00		4.800,00		4.800,00 S
6311	Miete Büro		300,00		1.800,00		1.800,00 S
6315	Miete Garage		50,00		300,00		300,00 S
6325	Gas, Strom, Wasser		150,00		1.380,69		1.380,69 S
6326	Nebenkosten Büro		351,72		601,72		601,72 S
6330	Reinigung		129,31		344,83		344,83 S
6400	Versicherungen		50,00		300,00		300,00 S
6401	BU-Versicherung		150,00		900,00		900,00 S
6402	Elektronikversicherung		200,00		1.200,00		1.200,00 S
6403	Unfall-; Haftpflichtvers.		30,00		180,00		180,00 S
6460	Reparatur/Instandh. Anlagen u. Maschinen				862,07		862,07 S
6495	Wart.k. für Hard- u. Softw.		172,41		991,38		991,38 S
6530	Lfde. Kfz-Betriebskosten FR AA 1001		64,66		566,82		566,82 S
6531	Lfde. Kfz-Betriebskosten FR BB 2002		129,31		557,46		557,46 S
6561	Leasingfahrzeugkosten FR AA 1001		445,69		2.674,14		2.674,14 S
6575	Sonstige Aufwendungen FR AA 1001 0 % VSt		129,31		538,81		538,81 S
6576	Sonstige Aufwendungen FR BB 2002 0 % VSt		94,83		495,70		495,70 S
6600	Werbekosten Security		862,07		2.155,17		2.155,17 S
6601	Werbekosten online		1.034,48		4.978,43		4.978,43 S
6602	Werbekosten - Print		301,72		1.551,71		1.551,71 S
6610	Geschenke bis 40 Euro		43,10		344,81		344,81 S
6640	Bewirtungskosten		267,24		999,99		999,99 S
6668	Kilometergelderstattung Arbeitnehmer		137,93		771,55		771,55 S
6770	Verkaufsprovisionen		1.293,10	1.293,10	1.724,13	1.724,13	0,00 S
6781	Fremdarbeiten Büro				600,00		600,00 S
6800	Porto		350,00		775,00		775,00 S
6805	Telefon Laden		112,07		499,99		499,99 S
6806	Mobil AA		43,10		474,13		474,13 S
6807	Mobil BB		146,55		637,93		637,93 S
6808	Mobil CC		43,10		514,65		514,65 S
6810	Internet		73,28		405,18		405,18 S
6815	Bürobedarf		163,62		730,42		730,42 S
6825	Rechts- u. Beratungskosten		500,00		3.000,00		3.000,00 S
6827	Abschl.- u. Prüfungskosten		250,00		1.500,00		1.500,00 S
6840	Mietleasing		300,00		1.800,00		1.800,00 S

Konto	Bezeichnung	Eröffnungs-bilanzwert	Monatswert		kumulierter Wert		Saldo
			Soll	Haben	Soll	Haben	
6845	Werkzeuge und Kleingeräte				409,50		409,50 S
6850	Sonstiger Betriebsbedarf		129,31		1.422,42		1.422,42 S
6855	Nebenkosten d. Geldverk.		720,00		2.295,00	600,00	1.695,00 S
	Summe Klasse 6	0,00 S 0,00 H	28.549,62	1.443,10	142.578,22	3.224,13	140.254,09 S 900,00 H
7321	Zinsaufwand - rechnerisch		500,00		3.000,00		3.000,00 S
7601	Einkommensteuer - rechnerisch						0,00 S
7611	Gewerbesteuer - rechnerisch		300,00		1.800,00		1.800,00 S
	Summe Klasse 7	0,00 S 0,00 H	800,00	0,00	4.800,00	0,00	4.800,00 S 0,00 H
9000	Saldenvorträge Sachkonten	9.316,01 S					9.316,01 S
9008	Saldenvortr. Debitoren	61.816,01 H					61.816,01 H
9009	Saldenvorträge Kreditoren	52.500,00 S					52.500,00 S
	Summe Klasse 9	61.816,01 S 61.816,01 H	0,00	0,00	0,00	0,00	61.816,01 S 61.816,01 H
	Summe Sachkonten	237.380,89 S 237.380,89 H	274.412,52	274.412,52	1.405.193,32	1.405.193,32	622.121,05 S 622.121,05 H

DATEV

142599/10023/2022 | **Kanzlei-Rechnungswesen V.5.31**
Hubert Huber e.K. | **Summen und Salden (pro Monat) Juni 2022** | **Blatt 1**
Alle Konten Konto 10000 bis 69999

Konto	Bezeichnung	Eröffnungs-bilanzwert	Monatswert		kumulierter Wert		Saldo
			Soll	Haben	Soll	Haben	
10010	Anstrengend Albert	3.000,00 S	500,00		3.000,00	5.500,00	500,00 S
10099	Atze Markus e. K.	1.750,00 S				1.750,00	0,00 S
10101	BA Köln	140,94 S				140,94	0,00 S
10103	Berufsak. Freiburg/Breisgau	450,00 S	1.650,00	2.450,00	9.900,00	8.900,00	1.450,00 S
10110	BB Consulting SE	250,00 S				250,00	0,00 S
10201	CSNeuwald		250,00	250,00	2.250,00	2.000,00	250,00 S
10211	Chrysantheme e. K.				8.000,00		8.000,00 S
10300	Dirigent A	580,00 S				580,00	0,00 S
10400	Engelrecht e. K.				3.500,00	3.500,00	0,00 S
10501	Finanzamt				3.500,00	3.500,00	0,00 S
10603	Geht auch so	500,00 S	250,00	250,00	1.500,00	2.000,00	0,00 S
10611	Gerymed GmbH				2.500,00	2.500,00	0,00 S
10703	Heinrich Hilflos	500,00 S	250,00	250,00	1.500,00	2.000,00	0,00 S
10801	IHK - Bildungszentrum	250,00 S			150,00	400,00	0,00 S
10900	Kloster SARL	500,00 S				500,00	0,00 S
11000	Alles Könner	2.500,00 S				2.500,00	0,00 S
11111	Kernikids			3.500,00	7.000,00	3.500,00	3.500,00 S
11200	Nord – Süd GmbH	6.795,07 S				6.795,07	0,00 S
11202	Volkshochsch. Freiburg Süd	500,00 S				500,00	0,00 S
11300	LangLang SARL	250,00 S	5.000,00		15.000,00	10.000,00	5.250,00 S
11301	Mitternacht GmbH			1.500,00	5.000,00	3.500,00	1.500,00 S
11303	Linnemann & Co	1.800,00 S	500,00	500,00	3.000,00	3.500,00	1.300,00 S
11400	Pilatus Petrus	250,00 S			1.500,00	1.750,00	0,00 S
11401	Oll inclusice	200,00 S	1.300,00		11.300,00	11.500,00	0,00 S
11402	Olimat GmbH			1.500,00	1.500,00	1.500,00	0,00 S
11499	Oldtimer Club Colmar	1.500,00 S				1.500,00	0,00 S
11500	Reisemacher e. K.	1.000,00 S	3.900,00	3.650,00	13.700,00	14.050,00	650,00 S
11501	Poseidon			3.500,00	3.500,00	3.500,00	0,00 S
11503	Ohto GmbH		5.128,900		14.128,90	9.000,00	5.128,90 S
11601	Societe speciale				5.500,00	5.500,00	0,00 S
11700	Reich – Ranki Sanitär	1.000,00 S	5.400,00		11.700,00	6.000,00	6.700,00 S
11701	T3Q Solutions Company		1.861,33	1.500,00	3.361,33	1.500,00	1.861,33 S
11800	Sagnicht GmbH	500,00 S			3.100,00	500,00	3.100,00 S
11801	Radi GmbH		250,00	250,00	5.500,00	5.250,00	250,00 S
11900	Sago GmbH				5.500,00	5.250,00	250,00 S
11901	VHS Nördlicher Breisgau		250,00	250,00	17.500,00	17.250,00	250,00 S
12000	Ungethüm GmbH	1.500,00 S	3.000,00		3.000,00	600,00	3.900,00 S
12001	Ulmer Umland GmbH			3.000,00	6.000,00	3.000,00	3.000,00 S
12101	Unmöglich GmbH				5.000,00	5.000,00	0,00 S
12202	VHS Basel			2.500,00	5.000,00	2.500,00	2.500,00 S
12203	Van dir Aigue Sarl				9.125,00	9125,00	0,00 S
12301	Xiri-Xari GmbH		12.746,20		12.746,20		12.746,20 S
12401	YAYA GmbH		110,00	3.500,00	8.830,00	8.500,00	330,00 S
12502	Zarahlabd GmbH			1.500,00	1.500,00	1.500,00	0,00 S

Konto	Bezeichnung	Eröffnungs-bilanzwert	Monatswert		kumulierter Wert		Saldo
			Soll	Haben	Soll	Haben	
12511	Zauberkeller GmbH			2.500,00	5.000,00	2.500,00	2.500,00 S
12555	Zentralboy				11.000,00	11.000,00	0,00 S
13010	Nörgler GmbH	4.000,00 S	500,00	500,00	3.000,00	6.500,00	500,00 S
16000	Ziele GmbH				5.500,00	5.500,00	0,00 S
16001	Zufallsgenerator GmbH	750,00 S				750,00	0,00 S
	Summe Gruppe 1	30.466,01 S	42.846,43	32.850,00	239.291,43	204.341,01	65.416,43 S
		0,00 H					0,00 H
20001	Angst Hase			2.500,00	2.500,00	2.500,00	0,00 S
20002	Alpha Disco						0,00 S
20003	Achtsamumsam		3.000,00	3.000,00	3.000,00	3.000,00	0,00 S
21001	Vau-net GmbH	400,00 S				400,00	0,00 S
21003	Voulier SA	1.000,00 S	2.800,00		2.800,00	2.000,00	1.800,00 S
21901	Sicherheithoch 10			2.500,00	2.500,00	2.500,00	0,00 S
22001	Xact4u AG	500,00 S				500,00	0,00 S
23000	Y. V. O. N. SARL	20.000,00 S				20.000,00	0,00 S
23507	Yildrim Aschad Immobilien	8.450,00 S				8.450,00	0,00 S
23800	Zielgenau Gmbh				5.000,00	5.000,00	0,00 S
24005	Zerrer Erwin e. K.	1.000,00 S				1.000,00	0,00 S
	Summe Gruppe 2	31.350,00 S	5.800,00	8.000,00	15.800,00	45.350,00	1.800,00 S
		0,00 H					0,00 H
	Summe Debitoren	61.816,01 S	48.646,43	40.850,00	255.091,43	249.691,01	67.216,43 S
		0,00 H					0,00 H

DATEV

142599/10023/2022 | **Kanzlei-Rechnungswesen V.5.31**
Hubert Huber e.K. | **Summen und Salden (pro Monat) Juni 2022** | **Blatt 1**
Alle Konten | **Konto 70000 bis 78001**

Konto	Bezeichnung	Eröffnungs-bilanzwert	Monatswert		kumulierter Wert		Saldo
			Soll	Haben	Soll	Haben	
70000	Allmann GmbH	48.000,00 H			47.000,00		1.000,00 H
70001	Allover GmbH				500,00	500,00	0,00 S
70600	PC Groß GmbH		5.000,00	20.250,00	35.000,00	64.500,00	29.500,00 H
70601	PC Sunrise		3.500,00	6.960,00	26.000,00	37.410,00	11.410,00 H
70602	PC International				3.500,00	7.000,00	3.500,00 H
72100	UHU Beratungs GmbH		3.000,00	2.000,00	4.500,00	4.500,00	0,00 S
74000	ZZ Rechtsanwälte Ziegler & Ziegler	4.500,00 H			4.500,00		0,00 S
75001	I-Punkt Internet		10.000,00	11.400,00	26.550,00	38.100,00	11.550,00 H
76001	PC special				9.800,00	12.800,00	3.000,00 H
78001	Z-Kabel GmbH				1.500,00	1.500,00	0,00 S
	Summe Gruppe 7	0,00 S	21.500,00	40.610,00	158.850,00	166.310,00	0,00 S
		52.500,00 H					59.960,00 H
	Summe Kreditoren	0,00 S	21.500,00	40.610,00	158.850,00	166.310,00	0,00 S
		52.500,00 H					59.960,00 H

DATEV

Hubert Huber e. K. **Wertenachweis Kurzfristige Erfolgsrechnung Juni 2022 (Teil 1)**							
Zeile	Bezeichnung	Konto		Zeile	Konten-/ Zeilenbeschriftung	Jun/2022 Konten/Zeilen	BWA-Werte
1020	Umsatzerlöse	4338	H		N. steuerb. Ums. Drittland	0,00	57.419,32
		4400	H		Erlöse Hardware	16.059,39	
		4401	H		Erlöse Software	1.604,59	
		4402	H		Erlöse Netzwerke	8.509,66	
		4403	H		Erlöse Serviceverträge	5.331,90	
		4404	H		Erlöse Reparatur/Dienstl.	6.465,51	
		4405	H		Erlöse Computersicherheit	5.000,00	
		4409	H		Erlöse Ladengeschäft	16.379,31	
		4735	H		Gewährte Skonti USt	-206,90	
		4790	H		Gewährte Rabatte USt	-1.724,14	
1040	Best. Veränd. FE/UE	4800	H		Best.Veränd. unf. Erzeugn.	3.500,00	3.500,00
1051	Gesamtleistung			1020	Umsatzerlöse	57.419,32	60.919,32
				1040	Best.Verdg. FE/UE	3.500,00	
1060	Mat./Wareneink.	5200	S		Wareneing. ohne Steuer	4.250,00	31.968,96
		5400	S		Wareneing. Hardware	12.896,55	
		5401	S		Wareneing. Software	862,07	
		5402	S		Wareneing. Netzwerke	6.163,79	
		5403	S		Wareneing. Servicevertr.	862,07	
		5404	S		Wareneing. Rep./Dienstl.	0,00	
		5409	S		Wareneing. Ladengeschäft	8.620,69	
		5735	S		Erhalt. Skonti Vorsteuer	-129,31	
		5769	S		Erhaltene Boni - geschätzt	-500,00	
		5880	S		Bestandsveränd. Waren	3.750,00	
		5881	S		Best.Veränd. Kundenkommis.	-10.500,00	
		5904	S		Fremdleistung Rep./Dienstl.	2.000,00	
		5905	S		Fremdleistung Comp.Sicherh.	2.400,00	
		5992	S		Vertriebsprovis. Netzwerke	1.293,10	
1080	Rohertrag			1051	Gesamtleistung	60.919,32	28.950,36
				1060	Mat./Wareneinkauf	31.968,96	
1090	So. betr. Erlöse	4645	H		Verwend. von Gegenst. (Kfz)	301,72	301,72
1092	Betriebl. Rohertrag			1080	Rohertrag	28.950,36	29.252,08
				1090	So. betr. Erlöse	301,72	

Wertenachweis Kurzfristige Erfolgsrechnung Juni 2022 (Teil 2)

Zeile	Bezeichnung	Konto		Zeile	Konten-/ Zeilenbeschriftung	Jan./2022- Jun./2022 Kont./Zeilen	BWA-Werte	Fkt-Schl.
1020	Umsatzerlöse	4338	H		N. steuerb. Ums. Drittland	5.000,00	288.147,63	0
		4400	H		Erlöse Hardware	78.990,39		0
		4401	H		Erlöse Software	9.363,20		0
		4402	H		Erlöse Netzwerke	55.147,58		0
		4403	H		Erlöse Serviceverträge	27.849,10		0
		4404	H		Erlöse Reparatur/Dienstl.	24.655,14		0
		4405	H		Erlöse Computersicherheit	9.310,34		0
		4409	H		Erlöse Ladengeschäft	81.034,48		0
		4735	H		Gewährte Skonti USt	-1.478,46		0
		4790	H		Gewährte Rabatte USt	-1.724,14		0
1040	Best. Veränd. FE/UE	4800	H		Best.Veränd. unf. Erzeugn.	1.000,00	1.000,00	0
1051	Gesamtleistung			1020	Umsatzerlöse	288.147,63	289.147,63	1
				1040	Best.Verdg. FE/UE	1.000,00		1
1060	Mat./Wareneink.	5200	S		Wareneingang ohne Steuer	4.250,00	138.124,10	25
		5400	S		Wareneingang Hardware	41.991,37		25
		5401	S		Wareneingang Software	5.689,65		25
		5402	S		Wareneingang Netzwerke	24.094,82		25
		5403	S		Wareneingang Servicevertr.	3.232,75		25
		5404	S		Wareneingang Rep./Dienstl.	2.758,63		25
		5409	S		Wareneingang Ladengeschäft	54.741,37		25
		5735	S		Erhaltene Skonti Vorsteuer	-258,62		25
		5769	S		Erhaltene Boni - geschätzt	-3.000,00		25
		5880	S		Bestandsveränderung Waren	2.500,00		25
		5881	S		Best.Veränd. Kundenkommis.	-8.500,00		25
		5904	S		Fremdleistung Rep./Dienstl.	4.500,00		25
		5905	S		Fremdleistung Comp.Sicherh.	4.400,00		25
		5992	S		Vertriebsprovis. Netzwerke	1.724,13		25
1080	Rohertrag			1051	Gesamtleistung	289.147,63	151.023,53	2
				1060	Mat./Wareneinkauf	138.124,10		2
1090	So. betr. Erlöse	4645	H		Verwend. von Gegenst. (Kfz)	1.810,32	1.810,32	0
1092	Betriebl. Rohertrag			1080	Rohertrag	151.023,53	152.833,85	1
				1090	So. betr. Erlöse	1.810,32		1

	DB-Erfolgsrechnung 30.06.2022 (Teil 1)				
	Bezeichnung	kum. Planwert	% GL	% GL Gesch.ber.	Aufschlag
	GESAMTLEISTUNG (GL) gesamt	**369.060**	**100,00**		
1	GL Netzwerke/Hardware/Software	226.060	61,25	100,00	
2	GL Dienstleistung	58.000	15,72	100,00	
3	GL Ladengeschäft	85.000	23,03	100,00	
	VARIABLE KOSTEN	**-221.600**	**-60,04**		
	var. Kosten Netzwerke/Hardware/Software	**-134.925**		**-59,69**	
	var.Kosten Dienstleistung	**-31.425**		**-54,18**	
	var.Kosten Ladengeschäft	**-55.250**		**-65,00**	
4	Material Netzwerke/Hardware/Software	-109.700	-29,72	-48,53	100,00
5	Material Dienstleistung	-13.580	-3,68	-23,41	100,00
6	Material Ladengeschäft	-55.250	-14,97	-65,00	100,00
7	Verkaufsprovision Netzwerke	0	0,00		
8	FI Netzwerke/Hardware/Software	0	0,00		
9	FI Dienstleistung	-17.845	-4,84	-30,77	
10	FI Ladengeschäft	0	0,00		
11	Produktivlöhne Netzwerke/Hardware	-25.225	-6,83	-11,16	
	DECKUNGSBEITRAG (DB) gesamt	**147.460**	**39,96**	**39,96**	
	DB Netzwerke/Hardware/Software	**91.135**	**24,69**	**40,31**	**-83,08**
	DB Dienstleistung	**26.575**	**7,20**	**45,82**	**-195,69**
	DB Ladengeschäft	**29.750**	**8,06**	**35,00**	**-53,85**
	FIXKOSTEN	**-87.783**	**-23,79**		
12	Personalkosten ohne Produktivlöhne	-25.179	-6,82		
13	Raumkosten	-8.910	-2,41		
14	Versicherungen/ Beiträge	-3.351	-0,91		
15	KFZ-Kosten	-7.903	-2,14		
16	Werbekosten	-10.600	-2,87		
17	Reise-Fortbildungskosten	-5.181	-1,40		
18	Rep./Instandhaltung	-2.506	-0,68		
19	Abschreibungen UV/AV	-6.000	-1,63		
20	Kommunikationskosten	-9.173	-2,49		
21	Sonstige Kosten	-8.980	-2,43		
	OPERATIVES ERGEBNIS	**59.677**	**16,17**		
22	**SONS.BETRIEBL.ERLÖSE**	**1.992**	**0,54**		
	LEISTUNGSERGEBNIS	**61.669**	**16,71**		
	ZINSERGEBNIS	**-3.000**	**-0,81**		
23	Zinserträge	0	0,00		
24	Zinsaufwendungen	-3.000	-0,81		
24					
	BETRIEBSERGEBNIS	**58.669**	**15,90**		
	NEUTRALES ERGEBNIS	**0**	**0,00**		
25	Sonst. Neutr. Aufwand	0	0,00		
26	Sonst. Neutr. Erträge	0	0,00		
26					
	ERGEBNIS VOR STEUERN	**58.669**	**15,90**		
27	**Gewerbesteuer**	**-3.600**			
	VORL. ERGEBNIS	**55.069**	**14,92**		

	DB-Erfolgsrechnung	30.06.2022 (Teil 2)					
	Bezeichnung	**kum. Istwert**	**% GL**	**% GL Gesch.ber.**	**Aufschlag**	**Abw. abs.**	**Abw. in %**
	GESAMTLEISTUNG (GL) gesamt	**289.148**	**100,00**			**-79.912**	**-21,65**
1	GL Netzwerke/Hardware/Software	147.777	51,11	100,00		-78.283	-34,63
2	GL Dienstleistung	61.815	21,38	100,00		3.815	6,58
3	GL Ladengeschäft	79.556	27,51	100,00		-5.444	-6,40
	VARIABLE KOSTEN	**-177.215**	**-61,29**	**-61,29**		**51.030**	**-23,03**
	var. Kosten Netzw./Hardw./Softw.	**-108.341**		**-73,31**		**26.584**	**-19,70**
	var.Kosten Dienstleistung	**-14.891**		**-24,09**		**16.534**	**-52,61**
	var.Kosten Ladengeschäft	**-53.983**		**-67,86**		**1.267**	**-2,29**
4	Material Netzw./Hardw./Softw.	-67.526	-23,35	-45,69	100,00	42.174	-38,44
5	Material Dienstleistung	-5.991	-2,07	-9,69	100,00	7.589	-55,88
6	Material Ladengeschäft	-53.983	-18,67	-67,86	100,00	1.267	-2,29
7	Verkaufsprovision Netzwerke	-1.724	-0,60	-2,17		-1.724	0,00
8	FI Netzwerke/Hardware/Software	0	0,00			0	0,00
9	FI Dienstleistung	-8.900	-3,08	-14,40		8.945	-50,13
10	FI Ladengeschäft	0	0,00			0	
11	Produktivlöhne Netzwerke/Hardware	-39.091	-13,52	-26,45		-13.866	54,97
	DECKUNGSBEITRAG (DB) gesamt	**111.933**	**38,71**	**38,71**		**-35.527**	**-24,09**
	DB Netzwerke/Hardware/Software	**39.436**	**13,64**	**26,69**	**-58,40**	**-51.699**	**-56,73**
	DB Dienstleistung	**46.923**	**16,23**	**75,91**	**-783,18**	**20.348**	**76,57**
	DB Ladengeschäft	**25.573**	**8,84**	**32,14**	**-47,37**	**-4.177**	**-14,04**
	FIXKOSTEN	**-100.262**	**-34,67**			**-12.479**	**14,22**
12	Personalkosten ohne Produktivlöhne	-49.900	-17,26			-24.721	98,18
13	Raumkosten	-9.227	-3,19			-317	3,56
14	Versicherungen/ Beiträge	-2.580	-0,89			771	-23,01
15	KFZ-Kosten	-4.833	-1,67			3.070	-38,85
16	Werbekosten	-8.685	-3,00			1.915	-18,06
17	Reise-Fortbildungskosten	-2.116	-0,73			3.065	-59,15
18	Rep/Instandhaltung	-1.853	-0,64			653	-26,04
19	Abschreibungen UV/AV	-6.603	-2,28			-603	10,06
20	Kommunikationskosten	-3.306	-1,14			5.867	-63,96
21	Sonstige Kosten	-11.157	-3,86			-2.177	24,24
	OPERATIVES ERGEBNIS	**11.671**	**4,04**			**-48.006**	**-80,44**
22	**SONS.BETRIEBL.ERLÖSE**	**1.810**	**0,63**			**-182**	**-9,12**
	LEISTUNGSERGEBNIS	**13.481**	**4,66**			**-48.188**	**-78,14**
	ZINSERGEBNIS	**-3.000**	**-1,04**			**0**	**0,00**
23	Zinserträge	0	0,00			0	0,00
24	Zinsaufwendungen	-3.000	-1,04			0	0,00
24							
	BETRIEBSERGEBNIS	**10.481**	**3,62**			**-48.188**	**-82,14**
	NEUTRALES ERGEBNIS	**7.081**	**2,45**			**-7.081**	**0,00**
25	Sonst. Neutr. Aufwand	0	0,00			0	0,00
26	Sonst. Neutr. Erträge	7.081	2,45			7.081	0,00
26							
	ERGEBNIS VOR STEUERN	**17.562**	**6,07**			**-41.107**	**-70,07**
27	**Gewerbesteuer**	**-1.800**				**-1.800**	
	VORL. ERGEBNIS	**15.762**	**5,45**			**-39.307**	**-71,38**

Cashflow-Analyse zum 30.06.2022

	Bezeichnung	kum. Planwert	% GL	kum. Istwert	% GL
	Cashflow-Analyse				
	VORL. ERGEBNIS	**55.069**		**15.762**	
	+ Abschreibungen auf Anlagevermögen	6.000		6.000	
	+ Einstellung in Sonderposten	0		0	
	- Auflösung Sonderposten	0		-2.000	
	+ Einstellung in Pensionsrückstellung	0		0	
	Cashflow	**61.069**	**16,55**	**19.763**	**6,83**
	- Unternehmerlohn	-26.100		-26.100	
	Cashfllow nach Unternehmerlohn	**34.968,65**	**9,48**	**-6.337,48**	**-2,19**
	Break - Even - Analyse -				
	unter Berücksichtigung des Zinsaufwands:				
	Fixkosten	87.783		100.262	
	Zinsaufwand	3.000		3.000	
	Fixkosten inkl. Zinsaufwand	90.783		103.262	
	Deckungsbeitrag (% GL)	39,96 %		38,71 %	
	Break-Even-Leistung	**227.211**	**61,56**	**266.749**	**92,25**
	unter Berücksichtigung der Privatentnahmen:				
(1)	Fixkosten	87.783		100.262	
(2)	Zinsaufwand	3.000		3.000	
(3)	Privatentnahmen	26.100		26.100	
(4)	Deckungsbedarf (1) + (2) + (3)	116.883		129.362	
(5)	Deckungsbeitrag (% GL)	39,96 %		38,71 %	
(6)	**Break-Even-Leistung (4) / (5)**	**292.533,36**	**79,26**	**334.171,72**	**115,57**
(7)	**Gesamtleistung**	**369.060,00**	**100,00**	**289.147,93**	**100,00**
(8)	**Über-bzw. Unterleistung (+/-) (7)-(6)**	**76.526,64**	**20,74**	**-45.023,79**	**-15,57**

Unternehmens QuickCheck 30.06.2022

Analyse	Kennzahl	Wert der Kennzahl	Note
finanzielle Stabilität	Eigenkapitalquote	11,09 %	3
	Schuldentilgungsdauer	negativ	5
	Zwischennote	**4,0**	
Ertragslage	Gesamtkapitalrentabilität	- 8,25 %	5
	Cashflow-GL-Rendite	negativ	5
	Zwischennote	5,0	

Gesamtnote	4,5

142599/10023/2022 Kanzlei-Rechnungswesen
Hubert Huber e. k.

Kurzfristige Erfolgsrechnung Juni 2022

Bezeichnung	Monatswert	% Gesamt-Leistung		% Gesamt-Kosten		% Personal-Kosten	
Umsatzerlöse	57.419,32	94,25					
Best.Verdg. FE/UE	3.500,00	5,75					
Akt.Eigenleistungen	0,00	0,00					
Gesamtleistung	**60.919,32**	**100,00**		**224,74**	**9.**	**350,48**	**11.**
Mat./Wareneinsatz	31.968,96	52,48	7.	117,94		183,92	12.
Rohertrag	**28.950,36**	**47,52**	**4.**	**106,80**		**166,56**	
So. betr. Erlöse	301,72	0,50		1,11		1,74	
Betriebl. Rohertrag	**29.252,08**	**48,02**		**107,92**		**168,29**	
Kostenarten							
Personalkosten	17.381,71	28,53	6.	64,12	10.	100,00	
Raumkosten	1.781,03	2,92		6,57		10,25	
Betriebl. Steuern	0,00	0,00		0,00		0,00	
Versich./Beiträge	430,00	0,71		1,59		2,47	
Besondere Kosten	0,00	0,00		0,00		0,00	
Kfz-Kosten (o. St.)	863,80	1,42		3,19		4,97	
Werbe-/Reisekosten	2.646,54	4,34		9,76		15,23	
Kosten Warenabgabe	0,00	0,00		0,00		0,00	
Abschreibungen	1.000,00	1,64		3,69		5,75	
Reparatur/Instandh.	172,41	0,28		0,64		0,99	
Sonstige Kosten	2.831,03	4,65		10,44		16,29	
Gesamtkosten	**27.107**	**44,50**	**5.**	**100,00**		**155,95**	
Betriebsergebnis	**2.145,56**	**3,52**	**3.**				
Zinsaufwand	500,00	0,82					
Sonst. neutr. Aufw	0						
Neutraler Aufwand	**500,00**	**0,82**					
Zinserträge	0	0,00					
Sonst. neutr. Ertr	150,00	0,25	8.				
Verr. kalk. Kosten	0	0,00					
Neutraler Ertrag	**150,00**	**0,25**	**2.**				
Kontenklasse 8							
Ergebnis vor Steuern	**1.795,56**	**2,95**					
Steuern Eink.u.Ertr	300,00	0,49					
Vorläufiges Ergebnis	**1.495,56**	**2,45**	**1.**				

Vergleichen Sie die Kostenstruktur des aktuellen Monats mit der durchschnittlichen Kostenstruktur des Jahres (kumulierter Wert)

Gesamtleistungsrendite des Monats

Das vorläufige Ergebnis entspricht dem derzeitigen Stand der Buchführung. Abschuss-/Abgrenzungsbuchungen können es noch verändern.

DATEV Blatt 1

Aufschlag		Kumulierter Wert	% Gesamt-Leistung		% Gesamt-Kosten		% Personal-Kosten		Aufschlag	
		288.147,63	99,65							
		1.000,00	0,35							
		0,00	0,00							
Gesamtleistung je 100,- Euro Personalaufwand										
		289.147,63	**100,00**		**207,49**	**9.**	**324,92**	**11.**		
100,00		138.124,10	47,77	7.	99,12		155,21	12.	100,00	
90,56	**13.**	**151.023,53**	**52,23**	**4.**	**108,37**		**169,71**		**109,34**	**13.**
		1.810,32	0,63		1,30		2,03			
91,50		**152.833,85**	**52,86**		**109,67**		**171,74**		**110,65**	
Personalintensität										
		88.991,15	30,78	6.	63,86	10.	100,00			
		9.227,24	3,19		6,62		10,37			
		0,00	0,00		0,00		0,00			
		2.580,00	0,89		1,85		2,90			
		0,00	0,00		0,00		0,00			
		4.832,93	1,67		3,47		5,43			
		10.801,66	3,74		7,75		12,14			
		600,00	0,21		0,43		0,67			
		6.603,44	2,28		4,74		7,42			
		1.853,45	0,64		1,33		2,08			
		13.864,22	4,79		9,95		15,58			
		139.354	**48,19**	**5.**	**100,00**		**156,59**			
		13.479,76	**4,66**	**3.**						
		3.000,00	1,04							
		0								
		3.000,00	**1,04**							
		0	0,00							
		7.081,03	2,45	8.						
		0	0,00							
		7.081,03	**2,45 %**	**2.**						
		17.560,79	**6,07**							
		1.800,00	0,62							
		15.760,79	**5,45**	**1.**						

Durchschn. Gesamtleistungsrendite des Jahres

Notizen